U0872402

YINGKE® 盈科

盈科全国业务指导委员会系列丛书

无罪的逻辑

金融犯罪无罪判例解析及辩护要点

盈科律师事务所／编

刘 高／著

法律出版社 LAW PRESS · CHINA

北京

图书在版编目(CIP)数据

无罪的逻辑 : 金融犯罪无罪判例解析及辩护要点 / 盈科律师事务所编 ; 刘高著. -- 北京 : 法律出版社, 2022

ISBN 978-7-5197-6896-6

Ⅰ. ①无… Ⅱ. ①盈… ②刘… Ⅲ. ①金融犯罪-辩护-案例-中国 Ⅳ. ①D924.335

中国版本图书馆 CIP 数据核字(2022)第 122973 号

无罪的逻辑:金融犯罪无罪判例解析及辩护要点
WUZUI DE LUOJI: JINRONG FANZUI WUZUI PANLI JIEXI JI BIANHU YAODIAN

盈科律师事务所 编
刘 高 著

策划编辑 朱海波
责任编辑 朱海波
装帧设计 汪奇峰

出版发行 法律出版社
编辑统筹 法律应用出版分社
责任校对 蒋 橙
责任印制 刘晓伟
经 销 新华书店

开本 710 毫米×1000 毫米 1/16
印张 18 **字数** 280 千
版本 2022 年 10 月第 1 版
印次 2022 年 10 月第 1 次印刷
印刷 天津嘉恒印务有限公司

地址:北京市丰台区莲花池西里 7 号(100073)
网址:www.lawpress.com.cn
投稿邮箱:info@lawpress.com.cn
举报盗版邮箱:jbwq@lawpress.com.cn

销售电话:010-83938349
客服电话:010-83938350
咨询电话:010-63939796

版权所有·侵权必究

书号:ISBN 978-7-5197-6896-6
定价:68.00 元

凡购买本社图书,如有印装错误,我社负责退换。电话:010-83938349

盈科全国业务指导委员会系列丛书编委会

总 主 编 李 华

出版统筹 郭 琪 丁 萌 张思媛 张静彤

本书编著者

刘 高

YINGKE® 盈科

序　一

金融市场是关于创新、繁荣、泡沫、危机、重建、完善的行为历程。在这个金融市场体系中,金融违法犯罪不仅是促生与催化市场欺诈与非理性繁荣的重要诱因,而且是金融市场风险的产物。高效监管与控制金融违法犯罪,是完善金融市场机制与发挥金融市场支持实体经济增长积极作用的制度基础。因此,如何通过公正、合理的立法、执法与司法措施提升规制金融犯罪的制度效率,一直是金融犯罪理论与实务研究的重点、难点、热点问题。当然,这些努力中,也包括金融犯罪案件的辩护实务。

本书以金融犯罪理论与实务中的重点、难点、热点问题为导向,相对系统且深度地阐述金融犯罪研究中的重要问题,以无罪案例为引导,以核心概念与刑法知识点、刑法规范文本为串联,以金融刑法解释为主要内容,以金融刑法反思为思维拓展,通过对金融犯罪无罪案例的专题研究,深化对刑法理论与实务的认知、判断、理解与反思。

本书内容注重金融法与刑法的交叉,将刑法理论与司法实践相结合,在剖析刑法条文的原意和精神的基础上,重点对相关立法及司法解释进行了详细的分析和解读。

本书主要具有以下特点:

一、问题意识

案例的选择与核心刑法概念的布局都围绕着金融刑法理论与实务中亟须深入研究的问题而展开。突出刑法理论与实务中的争议性问题,不仅仅提出刑法世界中的理论分歧与实务操作差异,更是提出金融刑法观念冲撞与现实断裂的根源性争议。在刑法解释与反思中,不仅对基本问题进行理论与实务结合的观点阐释与论证,更强调通过衍生问题的反思深化对争议问题提出不同分析视角。

二、理论联系实际

本书针对近年来金融犯罪理论与实务中面临的重大难题与热点问题，充分运用刑法原理深入分析刑法中的基本概念、常用概念、争议问题、经典与热点判例等，以期为刑法理论与实务界提供一种解决刑法理论与实践疑难问题的分析视角。同时，作者长期从事刑事辩护实践，积累了相当数量的刑法实务疑难问题，本书通过对多年的实践经验的提炼，对金融刑法疑难问题进行总结归纳与深度规则研究，能够为刑法学习者、研究者、实务者提供一份可以进行后续学习与深入金融犯罪研究的翔实资料。

三、互动开放

本书聚集于金融犯罪无罪案例，主要集中在对特定问题的自我看法论证与读者思维启发。这些经验与法理分析对读者的启发非常大。所以，在本书的撰写过程中，作者对特定问题的观点与论证，以及对读者独立思考相关问题的启发，构成了两项非常重要的内容。这种互动与开放显得非常宝贵。

本书不仅适合金融法、经济法、刑法学专业博士研究生和硕士研究生精读，也可以作为刑事、金融等法律方向本科生研习，更可以作为法学专业本科生刑法学、金融法学研究的一种创新与突破。同时，由于本书内容注重金融法与刑法的交叉，将刑法理论与司法实践相结合，书中内容来自实践，在剖析刑法条文的原意和精神的基础上，重点对相关立法及司法解释进行了详细的分析和解读。因此，对广大司法实践部门的工作人员办案及研讨问题也会有所裨益。

欣闻刘高律师的新作《无罪的逻辑：金融犯罪无罪判例解析》即将在法律出版社发行，作为本书最初的读者之一，谈一些以上感想，期待刘高律师能有更多的成功案例，更期待他能有更多的学术作品问世。

谢　杰*
2022 年 7 月 2 日
上海，陆家嘴

---

* 上海交通大学凯原法学院副教授、证券犯罪研究中心执行主任，法学博士、博士后。

序　二

2022年7月1日傍晚下班途中，突然接到老同学刘高大律师的电话，嘱托我给他的大作《无罪的逻辑：金融犯罪无罪判例解析》写篇序。我内心非常忐忑，其一，因为这是第一次有人找我写序，完全不知如何下笔；其二，更重要的是因为刘高大律师是我硕士同学，而在我的理解中写序应该是长辈或德高望重者的事务，才疏学浅的我怎敢担此重任？几番推辞下来，最终只能赶鸭子上架，勉为其难开始撰写这篇“处女序”。

刘高大律师是我们法大2008级法学理论硕士班的大才子，人称“高哥”，擅长书法，喜好篆刻，藏书颇丰，早年就展现出大律师的博学多才、思维敏捷和伶牙俐齿。原以为高哥毕业后会跟随他导师刘星教授继续深造读博，成为未来的法理大家，没想到他却直接南下广东以法官为业。其间，他又赴最高人民法院挂职一年，参与了最高人民法院的案件审判和司法解释起草等工作，并与最高人民法院法官合作研究发表了高水平的法学CSSCI论文。听讼断狱若干年后，他又返回老家湖南从事律师职业。目前高哥主要专注于金融犯罪领域的案件，在该领域已有诸多成功的代表性案例，本书就是他在该领域深耕之后的重要作品。

本书的大部分内容已在高哥的个人公众号“法治高论”（公众号现已改名为“金汇律师”，视频号仍为“法治高论”）中以个案分析的方式进行了连载。因为主持国家社科基金项目“基于统计分析的无罪判决证据适用问题实证研究”的需要，我这些年也在专门研究无罪判例中的实体、程序和证据问题，与梁雅丽大律师共同主编了“无罪判例规则与辩护攻略”丛书，因此与高哥有着共同的研究旨趣。我想这也是高哥邀请我写序的原因之一。

通读全书后，我发现本书有三个鲜明的特色：

第一，是一本必备的金融犯罪辩护工具书。本书共18章，分别对18个金融犯罪罪名的无罪判例进行了详细解析。每章均包括四个部分，从法律条文到罪名详解，再从理论难点到无罪判例解析，为律师进行无罪辩护提供了很好的立法、司法和理论指引，是金融犯罪辩护律师的一本必备工具书。

第二，具有浓厚的理论色彩。因为理论研究和律师实务的需要，本人也阅读过一些律师编写的案例书，它们的共同特点是功利性太强，往往缺乏深入的理论探讨。然而，或许是因为法理学的出身，高哥在撰写本书时特别在每章都辟出了理论难点一节，并对这些理论难点的相关争议进行了详细评述，最后还结合立法和司法案例论证了自己独特的辩护观点。

第三，具有强烈的实践反思性。本书结合法律条文和法学理论，对18个罪名的无罪判例进行了庖丁解牛式的深入分析，并主动反思了目前律师界的各种辩护策略，还从具体个案中抽象总结出了该罪名的辩护启示。这种强烈的实践反思性，充分展示了高哥十余年积累下来的高超的审判技艺、精湛的辩护技巧和深厚的法理功底。

总之，本书是高哥结合多年的审判经验、辩护实战和理论研究而精心打造的金融犯罪无罪判例分析书，值得从事金融犯罪辩护的律师们仔细研读，在此郑重推荐！

郑　飞*

2022年7月19日

* 北京交通大学法学院副院长、副教授，法学博士。

目 录
CONTENTS

第一章 | 伪造货币罪无罪判例解析 / 001

法律条文 / 001

罪名详解 / 002

理论难点 / 002

一、伪造货币罪是否需具备特定目的 / 002

二、如何把握伪造货币的外观特征 / 003

三、伪造货币是否仅限于仿造真货币 / 005

四、伪造贵金属纪念币是否构成本罪 / 005

无罪判例 / 006

一、陈某某伪造货币案 / 006

二、卓某某伪造货币案 / 009

三、刘某某伪造货币案 / 010

第二章 | 高利转贷罪无罪判例解析 / 011

法律条文 / 011

罪名详解 / 011

理论难点 / 012

一、何为“套取” / 012

二、何为“高利” / 013

三、何为“以转贷牟利为目的” / 013

四、将贷款余额高利转贷他人是否构成本罪 / 013
无罪判例 / 014
一、禾丰公司、吴某某合同诈骗、虚开增值税专用发票、高利转贷罪一案 / 014
二、赵某高利转贷罪一案 / 017
其他无罪判例 / 020
一、陈某某转贷牟利案 / 020
二、余某某高利转贷案 / 021
三、计某等人涉嫌高利转贷罪被监督撤销案 / 021

第三章 | 骗取贷款罪无罪判例解析 / 023
法律条文 / 023
罪名详解 / 023
理论难点 / 024
一、骗取贷款罪是行为犯还是结果犯 / 024
二、骗取贷款罪与贷款诈骗罪如何区分 / 025
三、欺骗手段到何种程度方可构罪 / 026
四、银行工作人员明知贷款资料虚假而发放贷款，行为人是否构罪 / 027
无罪判例 / 029
一、李某某、赵某某骗取贷款、票据承兑、金融票证罪案 / 029
二、张某某骗取贷款罪一案 / 031
三、黄某某骗取贷款罪再审案 / 034
四、四川交大扬华科技有限公司、王某等骗取贷款、票据承兑、金融票证案 / 046
五、邓某骗取贷款、票据承兑、金融票证罪一案 / 049

第四章 | 非法吸收公众存款罪无罪判例解析 / 052
法律条文 / 052
罪名详解 / 053
理论难点 / 055
一、如何界定“社会公众” / 055
二、吸收公众存款用于经营货币、资本以外的正当生产经营,是否构成本罪 / 055
无罪判例 / 057
一、易某非法吸收公众存款案 / 057
二、上海某公司、吴丙非法吸收公众存款案 / 060
三、张某、周某某非法吸收公众存款再审案 / 061
四、谈某某非法吸收公众存款案 / 062
五、廖某非法吸收公众存款案 / 064

第五章 | 伪造、变造金融票证罪无罪判例解析 / 068
法律条文 / 068
罪名详解 / 069
理论难点 / 069
一、金融票证具体包括哪些 / 069
二、伪造金融票证是否包括形式伪造和内容伪造 / 072
无罪判例 / 073
一、陈某某伪造、变造金融票证案 / 073
二、吴某某伪造、变造金融票证案 / 073
三、李某某伪造、变造金融票证案 / 074

第六章 | 妨害信用卡管理罪无罪判例解析 / 075
法律条文 / 075
罪名详解 / 076
理论难点 / 077
一、经持卡人同意而持有其信用卡是否属于“非法持有他人信用卡” / 077
二、骗领信用卡中的“虚假身份证明”是否仅限于身份证件 / 078
三、出售真实的信用卡是否构成本罪 / 078
无罪判例 / 079
一、方某伪造身份证件罪、妨害信用卡管理罪一案 / 079
二、文某非法经营罪、妨害信用卡管理罪一案 / 080
三、唐某某犯非法经营罪，妨害信用卡管理罪，买卖国家机关证件、印章罪一案 / 081
其他无罪判例 / 083
一、陈某某妨害信用卡管理案 / 083
二、周某某妨害信用卡管理一案 / 083
三、王某某妨害信用卡管理一案 / 084
四、赵某某妨害信用卡管理案 / 084

第七章 | 内幕交易罪无罪判例解析 / 086
法律条文 / 086
罪名详解 / 086
理论难点 / 088
一、如何判断内幕信息的价格敏感性 / 088
二、如何认定内幕信息的形成时间 / 089
三、内幕信息非法获取人员的认定问题 / 091
四、内幕交易违法所得的计算问题 / 092

无罪判例 / 095

一、侯某某、兰某内幕交易、泄露内幕信息案 / 095

二、荣某某内幕交易、泄露内幕信息案 / 101

三、单某某内幕交易案 / 101

第八章｜背信运用受托财产罪无罪判例解析 / 102

法律条文 / 102

罪名详解 / 103

理论难点 / 103

一、如何认定“违背受托义务” / 103

二、如何理解“擅自运用” / 104

典型案例 / 105

大连营业部等背信运用受托财产罪一案 / 105

无罪判例 / 108

张某某背信运用受托财产一案 / 108

第九章｜背信损害上市公司利益罪无罪判例解析 / 111

法律条文 / 111

罪名详解 / 112

理论难点 / 113

一、刑法理论上的背信罪及其本质 / 113

二、如何理解“对公司的忠实义务” / 114

三、如何理解“操纵上市公司从事” / 115

四、如何认定损失 / 115

无罪判例 / 116

余某某等违规披露、不披露重要信息，背信损害上市公司利益案 / 116

第十章｜违法发放贷款罪无罪判例解析 / 122
法律条文 / 122
罪名详解 / 123
理论难点 / 124
一、如何理解“违反国家规定” / 124
二、如何认定“造成重大损失” / 125
三、如何理解本罪的主观罪过 / 126
无罪判例 / 126
一、马某违法发放贷款、受贿案 / 126
二、嫩江县信用联社、肖某某等违法发放贷款案 / 128

第十一章｜违规出具金融票证罪无罪判例解析 / 133
法律条文 / 133
罪名详解 / 134
理论难点 / 134
一、本罪的犯罪对象 / 134
二、如何理解本罪中的“违反规定” / 135
无罪判例 / 136
一、程某某违规出具金融票据案 / 136
二、谢某某违规出具金融票证案 / 136
三、柯某某违法发放贷款、违规出具金融票证一案 / 139
四、段某某违规出具金融票证一案 / 140

第十二章｜对违法票据承兑、付款、保证罪无罪判例解析 / 142
法律条文 / 142
罪名详解 / 142

理论难点 / 143

一、如何认定重大损失 / 143

二、本罪的主观方面为何 / 144

无罪判例 / 144

一、薛某某对违法票据承兑、付款、保证案 / 144

二、周某对违法票据承兑、付款、保证案 / 145

第十三章 | 洗钱罪无罪判例解析 / 147

法律条文 / 147

罪名详解 / 147

理论难点 / 149

一、如何理解本罪的“上游犯罪” / 149

二、本罪与掩饰、隐瞒犯罪所得、犯罪所得收益罪如何区分 / 150

无罪判例 / 151

一、单某洗钱案 / 151

二、邓某某洗钱案 / 152

三、肖某甲洗钱案 / 153

四、赵某洗钱案 / 154

第十四章 | 集资诈骗罪无罪判例解析 / 155

法律条文 / 155

罪名详解 / 157

理论难点 / 157

一、如何理解本罪中的“使用诈骗方法” / 157

二、如何认定本罪中的“以非法占有为目的” / 158

无罪判例 / 160

一、庞某合同诈骗、集资诈骗案 / 160

二、杨某集资诈骗案 / 164

三、红中公司、胡某某、王某某、宋某某集资诈骗案 / 167

四、杜某某集资诈骗案 / 171

五、张某某集资诈骗案 / 172

第十五章 | 贷款诈骗罪无罪判例解析 / 173

法律条文 / 173

罪名详解 / 173

理论难点 / 174

一、如何认定本罪中的"以非法占有为目的" / 174

二、单位进行贷款诈骗应如何处理 / 176

三、取得贷款后产生非法占有目的是否构成本罪 / 176

无罪判例 / 177

一、朱某某贷款诈骗案 / 177

二、段某某贷款诈骗案 / 181

三、苏某某贷款诈骗再审案 / 183

四、米某某贷款诈骗案 / 190

五、刘某某贷款诈骗案 / 190

第十六章 | 票据诈骗罪无罪判例解析 / 191

法律条文 / 191

罪名详解 / 191

理论难点 / 193

一、如何理解本罪中的"使用" / 193

二、如何理解“冒用”他人票据 / 194
三、如何认定“空头支票” / 194
四、如何认定“签发无资金保证的汇票、本票” / 195
无罪判例 / 196
一、李某某、天泽公司票据诈骗案 / 196
二、崔某某票据诈骗案 / 198
三、俞某某票据诈骗案 / 200
四、苏某票据诈骗、重婚案 / 206
五、孙某某票据诈骗案 / 209
六、王某某票据诈骗案 / 210

第十七章 | 信用卡诈骗罪无罪判例解析 / 211
法律条文 / 211
罪名详解 / 212
理论难点 / 213
如何认定“恶意透支” / 213
无罪判例 / 215
一、陈某某信用卡诈骗案 / 215
二、张某信用卡诈骗案 / 217
三、郑某军信用卡诈骗案 / 220
四、潘某某信用卡诈骗案 / 224
五、侯某某信用卡诈骗案 / 225
六、刘某某信用卡诈骗案 / 227
七、皮某某信用卡诈骗案 / 230

第十八章｜保险诈骗罪无罪判例解析 / 231

法律条文 / 231

罪名详解 / 232

理论难点 / 233

一、如何理解“虚构保险标的” / 233

二、故意扩大保险事故应如何定性 / 233

三、保险诈骗罪的着手应如何认定 / 234

无罪判例 / 235

一、刘某某保险诈骗案 / 235

二、东莞石碣鸿友电子厂、龚某某保险诈骗案 / 237

三、王某某保险诈骗案 / 244

第十九章｜索债型非法拘禁罪无罪判例解析 / 248

法律条文 / 248

罪名详解 / 249

理论难点 / 250

非法拘禁行为是否需达到一定的时间限度方可构罪 / 250

无罪判例 / 251

一、张某凯、安某江等非法拘禁案 / 251

二、艾某非法拘禁案 / 259

三、张某非法拘禁案 / 263

四、吴某非法拘禁案 / 264

五、韩某、罗某方、刘某非法拘禁案 / 268

六、廖某、简某非法拘禁案 / 270

第一章　伪造货币罪无罪判例解析

法律条文

《刑法》

第一百七十条　【伪造货币罪】伪造货币的,处三年以上十年以下有期徒刑,并处罚金;有下列情形之一的,处十年以上有期徒刑或者无期徒刑,并处罚金或者没收财产:

(一)伪造货币集团的首要分子;

(二)伪造货币数额特别巨大的;

(三)有其他特别严重情节的。

第一百七十一条第三款　伪造货币并出售或者运输伪造的货币的,依照本法第一百七十条的规定定罪从重处罚。

《最高人民检察院、公安部关于公安机关管辖的刑事案件立案追诉标准的规定(二)》

第十四条　〔伪造货币案(刑法第一百七十条)〕伪造货币,涉嫌下列情形之一的,应予立案追诉:

(一)总面额在二千元以上或者币量在二百张(枚)以上的;

(二)总面额在一千元以上或者币量在一百张(枚)以上,二年内因伪造货币受过行政处罚,又伪造货币的;

(三)制造货币版样或者为他人伪造货币提供版样的;

(四)其他伪造货币应予追究刑事责任的情形。

第七十九条　本规定中的"货币"是指在境内外正在流通的以下货币:

(一)人民币(含普通纪念币、贵金属纪念币)、港元、澳门元、新台币;

(二)其他国家及地区的法定货币。

贵金属纪念币的面额以中国人民银行授权中国金币总公司的初始发售价格为准。

罪名详解

伪造货币罪，是指仿照人民币或者外币的面额、图案、色彩、质地、式样、规格等，使用各种方法，非法制造假货币，冒充真货币的行为。

本罪所保护的法益是国家货币管理制度，尤其是货币的公共信用。国家的货币管理制度是国家财政金融制度的重要组成部分，具体包括两方面，一是本国货币管理制度，二是外币管理制度。

所谓本国货币的管理制度也就是指人民币的管理制度。国家对货币印制和发行实行集中统一管理的原则，货币发行权属于国务院，中国人民银行是人民币的唯一印制和发行机构，其他任何单位和个人均无权印制和发行人民币。中国人民银行通过日常的现金收付和货币发行工作，来组织货币的投放与回笼，控制货币的供应量，调节货币的流通规模，使货币流通与商品流通相适应，保持货币的基本稳定。任何伪造人民币的行为都会侵犯上述货币管理制度。

所谓外币管理制度，是指国家对外汇的收、支、存、兑等行为进行监督与控制的制度。根据《外汇管理条例》及有关法规的规定，国家对外汇实行集中管理、统一经营的方针，禁止外汇自由流通，并不得以外币计价结算。同时，公民和单位，可以持有外币，并可以到指定的银行根据当日外汇牌价兑换成人民币。在特定地区或部门，还可以用外币直接购买商品或支付服务费用。因此外币在一定意义上同人民币具有相同的性质，伪造外币同样侵害我国的货币管理制度，危害了交易的安全。

本罪构成要件的内容为，没有货币制作、发行权的人，制造外观上足以使一般人误认为是货币的假货币。伪造货币具体而言是指仿照人民币或者外币的面额、图案、色彩、质地、式样、规格等，使用多种方法，非法制造假货币，冒充真货币的行为。

本罪的责任形式只能由直接故意构成。间接故意和过失不构成本罪。

理论难点

一、伪造货币罪是否需具备特定目的

伪造货币罪的主观方面需是故意，这一点不存在疑义。但对于本罪的构成

是否需存在特定目的，理论上存在分歧。第一种观点认为，由于刑法本身并未明确要求目的要件，存在主观故意即可构成本罪，具体出于什么目的不影响伪造货币罪的构成；第二种观点认为，伪造货币罪的构成需以营利为目的，或者具有为他人或自己获取非法利益的目的；第三种观点认为，危害货币管理制度犯罪主观上除了必须要有犯罪直接故意外，还需具有使伪造的货币进入流通的目的。

张明楷教授持第一种观点认为：从立法论的角度考虑，或许要求“以使用为目的”较为合适，但我国刑法鉴于伪造货币行为的严重法益侵害性，没有做出类似要求。事实上不以使用为目的而伪造货币的行为，也会侵犯货币的公共信用①。

刘宪权教授持第三种观点，认为危害货币管理制度犯罪应当以“意图进入流通”的目的为构成要件，刑法是否明确规定不应影响本罪犯罪目的的构成②。最高人民法院刘为波法官也持该种观点，其进一步指出，《最高人民法院关于审理伪造货币等案件具体应用法律若干问题的解释(二)》(以下简称《伪造货币司法解释二》)的研究制定过程中有意见建议删去原规定的“冒充国家货币”这一要件。但《伪造货币司法解释二》对此要件予以保留，同时考虑到刑法已对犯罪对象进行了调整，相应地将之修改为“冒充真币”，这有两个层面的用意：(1)冒充真币是仿照真币这一前提条件的逻辑延伸，冒充真币与仿照真币共同构成伪造货币行为的两个方面。明确这一点，有助于进一步明晰伪造货币与非法制造“臆造币”两者的界限。(2)冒充真币与伪造货币的主观目的特征直接相关。明确冒充真币要件，实际上间接说明了伪造货币应以意图流通或者行使为其目的要件。据此，伪造后不以“真币”使用为目的，为炫耀画技或者供鉴赏、教学、科研使用而不进入流通领域的，不属于伪造货币行为。③

二、如何把握伪造货币的外观特征

实践当中，由于行为人技术、设备、材料等多方面条件的差异，伪造币(假币)的逼真程度参差不齐，有的足以乱真，甚至可以通过验钞机的检验，有的则

---

① 参见张明楷：《刑法学》(第5版)(下)，法律出版社2016年版，第768页。

② 参见刘宪权：《金融犯罪刑法学原理》，上海人民出版社2017年版，第167页。

③ 参见刘为波：《伪造货币罪的法律适用问题》，载《刑事法判解》第14卷，人民法院出版社2013年版。

粗制滥造，与真币差异明显。由此产生一个问题：伪造货币罪的构成是否需要同真币一模一样？换言之，伪造货币罪的构成是否应以假币具有相当的逼真度为要件？

对此存在两种意见。肯定意见认为，伪造的货币必须在外形上与法定货币极为近似，使一般人依照通常收受货币的习惯不易辨别而当做真币加以接收，满足该条件才能认定为伪造货币罪。如果行为人制造出来的假币没有达到使普通人误认为是真币的程度，甚至完全不可能被认为是货币的，由于货币无法进入流通领域，故不能认定为伪造货币罪。该意见同时指出，假币只要在外形上能够以假乱真、蒙骗普通人即可，不要求与真币完全相同。否定意见认为，假币逼真程度的高低不影响本罪的构成，只要行为人实施了伪造货币的行为并意图使之进入流通领域即可构成本罪，不要求假币与真币完全同一。

最高人民法院刘为波法官赞同第二种意见。理由是肯定意见存在以下问题：一是于法无据，根据《刑法》第 170 条规定，伪造货币罪属于行为犯，只要行为人实施了伪造货币行为即可构成犯罪，而不以假币足以乱真为要件。二是不具可操作性，是否足以使一般人信以为真，实践中很难判断，无论是采取客观标准还是主观标准，具体到个案处理中都将可能存在争议。三是欠缺实践基础，当前假币犯罪呈组织化、专业化特征，犯罪嫌疑人为逃避打击，大多采取异地分工伪造方法，一些人在甲地专门负责制作半成品，后运送到乙地，由另外一些人完成加工水印、安全线等工序，将半成品加工成成品，即使被查获，甲乙两地犯罪人都称不认识对方（事实上也确实可能互不认识），因此认定共同犯罪的难度很大。若按照肯定说，因为甲地制造出的只是半成品，尚不足以使一般人信以为真，因此不能认定为本罪，这很可能放纵罪犯。因此，能否成立伪造货币，关键在于是否仿照真币，只要在图案、形状、色彩等方面具备了真币的基本要素的，即可构成伪造货币罪。至于实际伪造出来的假币的外观效果和逼真程度如何，不应成为伪造货币的定罪要件，既不能因为伪造货币尚未制成成品，也不能因为做工粗糙而否认行为人实施了或者正在实施伪造货币行为。[①] 简言之，是否构成制造假币，关键看是否对真币进行了仿制，只要是仿造真货币的图案、形状、色彩等

---

① 参见刘为波：《伪造货币罪的法律适用问题》，载《刑事法判解》第 14 卷，人民法院出版社 2013 年版。

特征非法制造假币,就可能构成犯罪。

三、伪造货币是否仅限于仿造真货币

《刑法》第170条对伪造货币罪的罪状描述是极其简单的“伪造货币”,是否只要行为人伪造出来的物品以货币的形式展现即构成本罪,不管其有无真实货币相对应?还是说,伪造货币必须是对现实中真实流通货币的伪造?对这一问题的回答将直接影响一些行为的定性,例如,行为人根据人民币的形状、特征自行设计出面额200元的假币,或者根据外币的特点设计出一种足以乱真的“外国货币”。

对此刘宪权教授认为,伪造货币必须以仿照真货币为前提,制造根本不存在的货币不能视为伪造行为。伪造货币罪中的“伪造”是一种危害货币管理制度的犯罪行为,其本质在于“仿真制假”,事实上只有仿照真货币而进行伪造才可能对国家的货币管理制度造成破坏。如果行为人自行设计出一种并不存在的货币,实际上不可能进行使用,无法进入流通领域,因而也无法对国家的货币管理制度造成实际的危害。[①] 当然,如果行为人使用这些所谓的货币骗取他人财物,则可能构成其他犯罪,例如诈骗罪。

四、伪造贵金属纪念币是否构成本罪

纪念币是一个国家为纪念国际或本国的政治、历史、文化等方面的重大事件、杰出人物、名胜古迹、珍稀动植物、体育赛事等而发行的法定货币,它包括普通纪念币和贵金属纪念币。普通纪念币主要以中外重大事件、节日、纪念日和珍稀动物为题材而设计铸造,是国家发行的可以流通但又具有纪念意义的法定货币。

贵金属纪念币包括金币、银币、铂币、钯币等贵金属或其合金铸造的纪念币,题材广泛、工艺考究、观赏性强且多为成套分组发行。普通纪念币与贵金属纪念币的重要区别是:普通纪念币可以流通,但贵金属纪念币不能流通。

普通纪念币是国家发行的可流通的法定货币,伪造普通纪念币构成伪造货币罪不存在疑义。问题在于,伪造不能流通的贵金属纪念币,是否构成伪造货

---

① 参见刘宪权:《金融犯罪刑法学原理》,上海人民出版社2017年版,第171页。

币罪？

《伪造货币司法解释二》第4条规定："以中国人民银行发行的普通纪念币和贵金属纪念币为对象的假币犯罪，依照《刑法》第一百七十条至第一百七十三条的规定定罪处罚。假普通纪念币犯罪的数额，以面额计算；假贵金属纪念币犯罪的数额，以贵金属纪念币的初始发售价格计算。"司法解释明确规定对伪造贵金属纪念币的行为按照伪造货币罪进行处罚，主要理由在于：货币犯罪的侵害客体包括国家货币的发行权和货币的公共信用两个方面。在货币的发行管理方面，贵金属纪念币的发行权专属于中国人民银行，故制售假贵金属纪念币的行为侵犯了国家货币发行权当无疑问。同时，不具有流通功能的贵金属纪念币还同样侵害到了货币的公共信用：首先，理论上，虽然贵金属纪念币的主要功能不在于流通，对货币流通不会构成实质影响，但是贵金属纪念币的法偿性决定了制售假贵金属纪念币同样可以侵害货币的公共信用乃至国家信用；其次，事实上，贵金属纪念币以强大的国家信用为其背后支撑，假贵金属纪念币以伪劣的材质、粗糙的做工，以假乱真、以次充好，将不可避免地对贵金属纪念币的社会公共信用造成危害。[①]

无罪判例

一、陈某某伪造货币案[②]

基本案情：2013年6月，陈某某成立广州市某贸易公司，进行网上推广和出售金属徽章和仿制纪念币活动。陈某某在未取得授权的情况下委托他人仿制墨西哥自由系列"拉普拉塔"纯金、纯银纪念币，并通过阿里巴巴、速卖通等网站以1～5美元不等的价格出售牟利。2013年至2016年间，陈某某委托他人仿制墨西哥自由系列"拉普拉塔"纪念币共计7105枚，其中金币1085枚、银币6020枚，通过网络销售6546枚。按照墨西哥银行首次发行价计算，陈某某伪造的墨西哥自由系列"拉普拉塔"纯金、纯银纪念币7105枚价值6,359,864墨西哥比索，折

① 参见刘为波：《伪造货币罪的法律适用问题》，载《刑事法判解》第14卷，人民法院出版社2013年版。

② 参见广州市人民检察院穗检公二刑不诉[2017]10号。

合人民币 2,164,028.72 元。2016 年 12 月 8 日,公安机关在陈某某的办公地点及仓库现场查获并扣押墨西哥自由系列“拉普拉塔”仿制币共 559 枚(其中金币 292 枚、银币 267 枚,经鉴定为仿制币)。

检察院认为:经本院审查并退回补充侦查,本院仍然认为广州市公安局认定的犯罪事实不清、证据不足。墨西哥银行提交证据程序不当,涉案墨西哥纪念币是否属于我国刑法规定的犯罪对象存在疑问,中国银行广东省分行不是适格的鉴定机构,陈某某犯罪的主观故意存在疑问,不符合起诉条件。

裁判结果:对陈某某不起诉。

判例解析:本案的案情较为简单,陈某某伪造了墨西哥的贵金属纪念币。根据检察院作出不起诉决定时的说理,有三点值得关注:

首先是关于境外证据的取得及认定问题。本案中存在墨西哥银行提交的证据,至于具体是何种证据,因文书内容所限无法准确猜测。但由于墨西哥银行所提供的证据乃域外证据,在证据的取得、审查及认定方面均需遵守特别的规范。境外证据形成于境外,其收集调查涉及他国主权问题,取得方式必然不同于国内证据的直接取得方式,只能按照双方共同缔结或参加的国际条约向其他国家提出相应的司法协助请求,在得到被请求国的同意后才能取得。

《刑事诉讼法》第 18 条规定,根据中华人民共和国缔结或者参加的国际条约,或者按照互惠原则,我国司法机关和外国司法机关可以相互请求刑事司法协助。

《最高人民法院关于适用〈中华人民共和国刑事诉讼法〉的解释》第 77 条规定,对来自境外的证据材料,人民检察院应当随案移送有关材料来源、提供人、提取人、提取时间等情况的说明。经人民法院审查,相关证据材料能够证明案件事实且符合刑事诉讼法规定的,可以作为证据使用,但提供人或者我国与有关国家签订的双边条约对材料的使用范围有明确限制的除外;材料来源不明或者真实性无法确认的,不得作为定案的根据。当事人及其辩护人、诉讼代理人提供来自境外的证据材料的,该证据材料应当经所在国公证机关证明,所在国中央外交主管机关或者其授权机关认证,并经中华人民共和国驻该国使领馆认证,或者履行中华人民共和国与该所在国订立的有关条约中规定的证明手续,但我国与该国之间有互免认证协定的除外。

《最高人民检察院、公安部关于公安机关管辖的刑事案件立案追诉标准的规定(二)》第79条规定，本规定中的“货币”是指在境内外正在流通的以下货币：(一)人民币(含普通纪念币、贵金属纪念币)、港元、澳门元、新台币；(二)其他国家及地区的法定货币。贵金属纪念币的面额以中国人民银行授权中国金币总公司的初始发售价格为准。

其次是外国贵金属纪念币是否属于伪造货币罪犯罪对象的问题。根据《伪造货币司法解释二》第4条规定，伪造中国人民银行发行的贵金属纪念币，以伪造货币罪定罪处罚。但该条对伪造外国贵金属纪念币未予明确。根据2010年《最高人民检察院、公安部关于公安机关管辖的刑事案件立案追诉标准的规定(二)》[以下简称原《追诉标准(二)》](已失效)第19条的规定，“货币”是指流通的以下货币：(1)人民币(含普通纪念币、贵金属纪念币)、港元、澳门元、新台币；(2)其他国家及地区的法定货币。由此可见，司法解释对于纪念币有着清晰的界定，对我国纪念币的保护明确包含了普通纪念币和贵金属纪念币，但对外国货币则仅限于其法定货币，不包括普通纪念币和贵金属纪念币。[①] 本案中，陈某某伪造的墨西哥自由系列“拉普拉塔”贵金属纪念币，不属于伪造货币罪的犯罪对象。

最后是假币的鉴定问题。2019年发布的《中国人民银行货币鉴别及假币收缴、鉴定管理办法》第6条规定：“中国人民银行及其分支机构依照本办法对货币鉴别及假币收缴、鉴定实施监督管理。金融机构依照本办法对货币进行鉴别，对假币进行收缴，协助被收缴人向鉴定单位提出鉴定申请。鉴定单位依照本办法实施鉴定。”根据该条，各主体之间职责权限非常明确，央行及其分支机构对货币鉴别、鉴定实施监督管理，各商业银行对货币进行鉴别，鉴定则由鉴定单位实施。该办法第27条规定：“鉴定单位应当公示鉴定业务范围。中国人民银行及其分支机构应当公示授权的鉴定机构名录。中国人民银行及其分支机构授权的鉴定机构应当公示授权证书。”据此，货币鉴定需要央行及其分支机构特别授权。本案涉及的是外国贵金属纪念币的鉴定，中国银行广东省分行并未取得央行及其分支机构的授权，不是适格的鉴定机构。

---

① 2022年4月29日，最高人民法院、公安部联合发布修订后的《关于公安机关管辖的刑事案件立案追诉标准的规定(二)》[以下简称新《追诉标准(二)》]，自2022年5月15日起施行，该条对应新《追诉标准(二)》第79条，内容无变化。

二、卓某某伪造货币案[①]

基本案情:2015年7月初,李某某、朱某某等人(均另案处理)在陆丰市某镇商议决定合伙印制假人民币以牟取暴利,其中李某某负责出资和联系假币胶版,朱某某负责出资、联系印刷师傅。

8月初,李某某联系卓某某,要求卓某某帮忙联系印刷师傅,卓某某答应帮忙后因联系的印刷师傅人手不足而未前来。8月中旬,李某某联系卓某某,要求卓某某帮其找假币胶版,卓某某答应帮忙找,但两天后答复李某某找不到假币胶版。9月2日左右,卓某某前往李某某家中询问假币的印制进展,并表示想分销这批假人民币,李某某告知这批印制的假人民币朱某某已预先联系好买家,拒绝了卓某某的要求。

9月13日晚,因假币胶版问题窝点停工,卓某某应李某某的要求在惠州某酒店开了两间客房给印刷假币的师傅和工人外出住宿。

2015年9月14日,李某某、朱某某等人在上述地点开始印制假人民币。破案后,公安机关现场缴获215,574,000元第五套百元券机制假人民币半成品。

检察院认为:经本院审查并二次退回补充侦查,仍然认为惠州市公安局认定的卓某某为他人联系伪造货币的师傅、寻找胶版、意图销售伪造货币,主观上明知他人伪造货币而提供帮助的犯罪事实不清、证据不足,不符合起诉条件。

裁判结果:对卓某某不起诉。

判例解析:本案是证据不足不起诉。公安机关认定卓某某系李某某等伪造货币罪的帮助犯,其实施的帮助行为包括联系印刷师傅、找胶板、意图销售假币、安排印刷师傅住宿。一方面,从公安局的认定来看,联系印刷师傅、找胶板均未落实,意图销售假币则被李某某拒绝。这些均属于消极的行为状态,很难有客观证据加以证明;另一方面,伪造货币罪的帮助犯需明知对方实施伪造货币的行为而提供帮助,这是必须要证明的犯罪构成要件。舍此,便难以认定行为人构成伪造货币罪。

---

① 参见惠州市人民检察院惠市检公诉刑不诉[2016]16号。

三、刘某某伪造货币案[①]

基本案情:2016 年 11 月,边某某以做药材生意为由,邀约刘某某到四川省广元市利州区某镇照顾其生活。11 月 30 日,刘某某从河北省霸州市到达某镇。12 月 1 日至 7 日,边某某告诉刘某某其在制造假美元,并教会刘某某往假美元上印绿色圆形标记和横竖线条两道工序。刘某某参与制造假美元 1 天半。抓获边某某和刘某某时,从现场查获移印机、钢模板等设备,查获假美元成品 2.47 万美元、假美元半成品 1019 张。

检察院认为:刘某某参与了制造假美元,但无法计算出其参与伪造假美元的面额,其触犯了《刑法》第 170 条,但犯罪情节轻微,根据《刑事诉讼法》第 173 条第 2 款[②]的规定,决定对刘某某不起诉。

裁判结果:对刘某某不起诉。

判例解析:伪造货币罪是行为犯,但具有数额方面的入罪要求,即伪造货币总面额在 2000 元以上或者币量在 200 张(枚)以上。因此,伪造货币的数额是公安机关必须查清楚的事实。刘某某是事后加入的帮助犯,只对其加入后实施的行为负责,因此需查清其参与伪造的美元面额,但本案在证据方面无法得出刘某某参与伪造美元的数额。同时,由于刘某某仅参与制造了一天半,情节轻微,故检察院作出了相对不起诉的决定。

---

① 广元市人民检察院广检公刑不诉[2017]8 号。

② 现行 2018 年《刑事诉讼法》第 177 条第 2 款。

第二章　高利转贷罪无罪判例解析

法律条文

《刑法》

第一百七十五条　【高利转贷罪】以转贷牟利为目的，套取金融机构信贷资金高利转贷他人，违法所得数额较大的，处三年以下有期徒刑或者拘役，并处违法所得一倍以上五倍以下罚金；数额巨大的，处三年以上七年以下有期徒刑，并处违法所得一倍以上五倍以下罚金。

单位犯前款罪的，对单位判处罚金，并对其直接负责的主管人员和其他直接责任人员，处三年以下有期徒刑或者拘役。

《最高人民检察院、公安部关于公安机关管辖的刑事案件立案追诉标准的规定(二)》

第二十一条　〔高利转贷案(刑法第一百七十五条)〕以转贷牟利为目的，套取金融机构信贷资金高利转贷他人，违法所得数额在五十万元以上的，应予立案追诉。

罪名详解

高利转贷罪，根据《刑法》第175条的规定，是指以转贷牟利为目的，套取金融机构信贷资金再高利转贷给他人，违法所得数额较大的行为。

本罪所保护的法益是国家对信贷资金的发放及利率管理秩序。一方面，根据我国有关金融管理的法规，对用作发放贷款的信贷资金，贷款申请人必须述明贷款的合法用途、偿还能力、还款方式，原则上还应提供担保人或动产质押、不动产抵押等，经银行及其他金融机构有关工作人员审查、评估后，方能确认是否发放贷款。凡通过编造假去向、假用途、假担保套取信贷资金，即属违反信贷资金管理法规的金融不法行为。另一方面，根据我国有关金融市场管理的法规，任何单位不得在央行规定的贷款利率幅度以上发放贷款，否则，亦属违背我国信贷资金发放利率管理秩序的高利转贷行为。

本罪构成要件内容为，套取金融机构信贷资金高利转贷他人，违法所得数额较大的行为。详言之，借款人以转贷牟利为目的，在贷得金融机构信贷资金之后，将贷款高利转贷他人。本罪属结果犯，只有在转贷行为取得违法所得数额较大的情形下，才构成犯罪。至于何谓数额较大，根据最高人民检察院、公安部印发的最新追诉标准，违法所得属于数额较大的标准由10万元以上调整为50万元以上。

本罪的责任要素为故意，过失不构成本罪。并且，本罪系目的犯，必须具有转贷牟利的目的。

理论难点

一、何为“套取”

根据《刑法》规定，“套取金融机构信贷资金”是构成本罪的客观行为构成要件之一。但何为“套取”？刑法理论上有不同见解。有观点认为，套取金融机构信贷资金，是指行为人本不符合贷款条件，但以虚假的贷款理由或贷款条件向金融机构申请贷款，获取由正常程序无法得到的贷款。另有观点认为，“套”在字典中解释为“以计骗取”之意，套取就是施以某种计谋骗取。套取金融机构信贷资金就是行为人虚构事实，伪造理由如谎报借款用途向金融机构贷出人民币或外汇。

刘宪权教授认为，所谓套取金融机构信贷资金，是指行为人在不符合贷款条件的前提下，以虚假的贷款理由或贷款条件，向金融机构申请贷款，并且获取了由正常程序无法取得的贷款。判断是否为“套取”，关键是看行为人对于贷款的实际用途，事实上借款人不按照正常的贷款用途使用贷款，就证明了其贷款理由和贷款条件是虚假的。①

① 参见刘宪权：《金融犯罪刑法学原理》，上海人民出版社2017年版，第204页。

二、何为"高利"

本罪的构成要件必须是套取信贷资金后,高利转贷他人。何为"高利"? 对此,理论界存在争议。一种观点认为,"高利"是指以高出金融机构贷款利率的较大比例转贷给他人。在确定高利标准时,应参照民间借贷司法解释的规定。简言之,高利指的是高利贷。另一种观点认为,"高利"是指将银行信贷资金以高于银行贷款利率的标准转贷他人,具体高出多少,不影响本罪的成立。司法实践中,一般采用后一种观点。

三、何为"以转贷牟利为目的"

本罪系目的犯,必须要具备"以转贷牟利为目的"方构成本罪。反之,即便行为人将信贷资金转贷他人,但并非出于转贷牟利之目的,例如无息转借给他人,则不构成本罪。

本罪的构成要件包括两个环节:套取信贷资金和高利转贷他人。转贷牟利的目的应该在套取信贷资金之时便产生,还是可在套取信贷资金之后再产生? 如果取得信贷资金之时并无转贷牟利之目的,一段时间之后才产生了转贷牟利的目的并转贷他人,是否仍构成本罪? 对此理论上存在较大争议。一种观点认为,转贷的目的如产生于套取信贷资金之前,符合本罪的犯罪构成。若行为人在申请贷款时并没有转贷牟利的目的,且符合贷款条件,但获取贷款后为牟利而将贷款转手出贷,则属于事后故意,不符合本罪的犯罪构成。另一种观点认为,行为人转贷牟利目的产生的时间不应该成为影响本罪构成的因素。如果行为人在套取信贷资金前就产生了转贷牟利的目的,自然可以构成本罪;如果在套取信贷资金后才产生转贷牟利目的,同样可以构成本罪。高利转贷行为本质上是属于滥用贷款的一种,行为人在获取贷款之后产生转贷牟利目的,实际上证明了其获取贷款的行为就是一种套取。

四、将贷款余额高利转贷他人是否构成本罪

实践中,存在行为人在贷款使用过程中将部分贷款或者贷款余额转贷给他人牟取利益的情况。对此应如何定性,理论上有不同意见。一种观点认为,这种情况是否构成本罪,关键在于行为人主观方面的故意内容如何。如果行为人在

申请贷款时，对项目所需的资金量有明确的认识，故意借机多报致使贷款金额超过实际资金需求量，而又将多余资金转贷他人牟利的，可以构成本罪。如果行为人贷款时如实申报资金量，取得贷款后由于情况变化，实际使用资金的金额少于贷款额，行为人将多余资金转贷他人，由于不具有以转贷牟利为目的套取金融机构资金的行为，不构成本罪。另一种观点认为，行为人是否实际实施了套取金融机构信贷款的行为，很大程度上取决于行为人是否产生了转贷牟利的目的以及是否实施了高利转贷行为。只要行为人产生转贷牟利的目的，并将贷款余额用于高利转贷，达到犯罪程度的，均可按高利转贷罪定罪处罚。

无罪判例

一、禾丰公司、吴某某合同诈骗、虚开增值税专用发票、高利转贷罪一案[①]

检察院认为：（高利转贷部分）：2010年8月2日至2011年1月4日期间，禾丰公司法人吴某某与建行某支行签订贷款2000万元的合同，由某担保公司提供担保。2010年7月26日，禾丰公司购买东方公司镇北粮库、圣大粮油公司、腾龙公司的玉米，并同该三家单位签订合同，由这三家公司出具库存商品权属证明，提供给担保公司质押，担保公司出具相应材料，省建行将1000万元贷款于2010年8月3日分别汇入东方公司镇北粮库400万元、圣大公司200万元、腾龙公司400万元，后吴某丙提议将建行汇到东方公司镇北粮库的400万元贷款支出现金，高利贷给他人，获利平分。取得吴某某同意后，与吴某丙事先拿出的50万元共计450万元以4分利转贷给长岭县人刘某丙，偿还后，吴某丙和吴某某各获利人民币90万元。

法院查明：2010年8月，吴某某由担保公司担保与省建行签订2000万元担保贷款合同，而实际到账贷款金额为人民币1000万元。在圣大公司、腾龙公司、东方公司与禾丰公司签订玉米购销合同，提供标的物权属证明，并经担保公司实际监管确认后，建行将1000万元贷款直接汇入圣大公司、腾龙公司、东方公司用于禾丰公司购销玉米。在履行合同过程中，禾丰公司与圣大公司、腾龙公司因玉

---

① 参见吉林省大安市人民法院刑事判决书，(2014)大刑初字第81号。

米质量问题经协商双方自愿解除合同，购粮款共计600万元由圣大、腾龙公司原路返还，禾丰公司实际使用担保贷款400万元。因为禾丰公司与东方公司的合同继续履行，购粮款400万元仍在东方公司账户。禾丰公司另外使用建行二笔担保贷款共计600万元，禾丰公司实际使用建行贷款总和还是1000万元，偿还70万元，贷款余额为930万元。东方公司账户上的400万元购买玉米款，吴某丙以长岭县人刘某丙购买一块土地，以年利4分，借期一年转贷给刘某丙，并向公安机关提供一份刘某丙给其出具的借据复印件。

法院认为：关于吴某某及辩护人提出的吴某某无套取信贷资金的行为，并没有利用该笔信贷资金高利转贷行为的问题。经查，2010年8月，吴某某由担保公司担保与省建行签订2000万元贷款合同，而实际到账贷款金额1000万元，并将1000万元贷款分别汇入圣大公司、腾龙公司、东方公司用于吴某某收购玉米。在履行合同过程中禾丰公司与圣大、腾龙公司自愿解除合同，购粮款由圣大、腾龙公司原路返还，禾丰公司实际使用担保贷款400万元。因为禾丰公司与东方公司的合同继续履行，购粮款400万元拨付到东方公司账户。禾丰公司另外使用建行担保贷款两笔600万元，贷款总和还是1000万元，偿还70万元，贷款余额为930万元。

按照禾丰公司与东方公司的玉米购销合同，购粮款拨付到东方公司账户后，所有权发生转移，吴某某对该笔款项无控制权和支配权，从东方公司提取这笔款无须经吴某某同意，如果吴某某能够控制此笔款，吴某丙在提取这笔款时应当由吴某某出具相应的手续或者签字，而事实上并非如此。吴某丙从东方公司提款后，关于该款的具体用途，其在公安机关多次笔录中，称其与吴某某是合伙、借贷、共同投资、暗股关系，吴某丙向公安机关提供刘某丙出具的借据复印件。而实际购买长岭县人陈某某地的人并非刘某丙而是吴某丙，买地一事与刘某丙无关。在刘某丙出具的借据中，系注明：用于购买长岭县岭东粮食有限公司，但是卷宗里没有刘某丙与长岭县岭东粮食有限公司实际交易的任何相关手续和具体办理人员的证据材料，与吴某丙购买的地块又不是同一地块。所以，吴某丙的证言极不稳定，相互矛盾，有关具体买地的知情人，亦是本罪的关键证人张某某（下落不明）没出具证据材料，又没有其他证据予以佐证，其向公安机关提供的刘某丙出具的借据复印件，无法与原件核对，同样没有相应的证据予以佐证，其证据不具有合法性、真实性、关联性，吴某丙的证言和刘某丙出具的借据复印件均不能作为认定案件事实的证据。

吴某某与吴某丙多年来在玉米收购方面有多笔往来，双方多次进行结算，在结算中吴某丙给吴某某出具过欠据和结算协议书，在结算协议书中涉及的东方公司贷款偿还以及欠据中涉及的315万元，只能说明在结算中双方割账时出现的结果，如果将其作为本案证据使用亦是间接证据，必须要有相应的证据予以佐证，排除一切合理怀疑，形成完整的证据链条，得出的结论是唯一的，否则不能作为定案证据。所以，结算协议和欠据不能认定吴某某高利转贷的事实成立。

综合上述事实，高利转贷罪是以转贷牟利为目的，套取金融机构信贷资金高利转贷他人。此罪套取、转贷牟利要同时具备，缺一不可。吴某某在省建行的担保贷款完全是按照担保贷款的正常程序办理，手续完备，严格按照贷款的用途购销玉米，其客观上没有套取信贷资金的行为，亦没有将东方公司的400万元购粮款高利转贷他人，牟取利益，此笔款项如何使用与其无关。吴某某及辩护人提出吴某某无套取信贷资金的行为，并没有利用该笔信贷资金高利转贷的辩解、辩护意见，本院予以支持。

裁判结果：吴某某（高利转贷）无罪。

判例解析：本案说理充分，十分具有代表性。按照检察院的指控，本案吴某某构成高利转贷罪的基础事实是：禾丰公司从建行取得1000万元贷款用于收购粮库、玉米；建行将贷款直接付至粮库出售方东方公司；吴某丙提议将付至东方公司的400万元贷款支出现金，高利贷给他人，获利平分；取得吴某某同意后，将该400万元以4分利率贷给刘某丙，偿还后，吴某某、吴某丙各获利90万元。然则，上述事实在证据方面缺乏支撑。本案之所以判决无罪，主要有以下几方面的原因：

第一，禾丰公司（吴某某）取得建行1000万元贷款的手续齐全，并无虚假或违规情况，贷款由银行直接汇至交易相对方账户用于支付转让款/货款，贷款使用亦符合合同约定。可见，禾丰公司（吴某某）没有套取银行贷款的主观故意及客观行为。

第二，付至东方公司的400万元贷款，系禾丰公司支付的粮库转让款。款项到达东方公司账户后，所有权已发生转移，禾丰公司（吴某某）对此不再拥有支配权及控制权。之后该款如何使用，系东方公司或其他人的行为。

第三，检察院指控付至东方公司的400万元贷款由吴某丙贷给刘某丙，用途是向陈某某购买土地，然则，根据陈某某及吴某丙自己的证言，购买陈某某土地的人实际上是吴某丙。刘某丙出具的借据复印件上注明“用于购买长岭县岭东粮食有限公司”,但是卷宗里却没有刘某丙与长岭县岭东粮食有限公司实际交易的任何相关手续和具体办理人员的证据材料。加之借据为复印件,无法与原件核对。因此,关于刘某丙是否借款以及借款用途一事严重存疑。

第四,吴某丙从东方公司提款后,关于该款的具体用途,其在多份笔录中称与吴某某是合伙、借贷、共同投资、暗股关系,其证言极不稳定且前后矛盾,不具有可采性。同时,吴某某与吴某丙存在多年的玉米收购合作关系,双方有多笔往来,进行过多次结算。在结算协议书中涉及的东方公司贷款偿还以及欠据中涉及的315万元,不能排除是吴某某与吴某丙的其他往来款,无法得出系高利转贷违法所得的结论。

从辩护角度看,本案有以下启示,首先要关注贷款的取得过程,实践中高利转贷行为人多数情况下是通过虚构合同、虚构理由等欺骗性手段向银行贷款,如果贷款过程本身并不具有欺骗性,对于证明不存在“套取”行为极为有利。其次,要高度关注转贷牟利目的的产生时间,这是区分罪与非罪的关键要素。本案中,控方根本没证明吴某某在贷款之时便具有转贷牟利之目的。再次,实践中,以受托支付方式发放贷款的情形较为常见,除非行为人/借款人与收款方存在事前通谋,否则由于货币的种类物性质,在受托支付之后,贷款的所有权归属于收款方而非借款人。最后,转贷牟利罪是结果犯,以实际取得息差收入为入罪条件,因而还需关注行为人与转贷后的借款人之间的往来,必须要有充分证据证明行为人取得的是转贷息差收入,排除其他往来之可能。

二、赵某高利转贷罪一案①

检察院认为:赵某于2014年8月22日从兴业银行乌鲁木齐分行以年利率8.515%取得了消费贷款35万元,其于同年8月27日将35万元出借给侯某,并收取月利率为3%的利息,借款期至2016年8月,违法所得19.24万元。公诉机关认为,赵某的行为构成高利转贷罪。

法院查明:2014年8月22日,赵某以房屋为抵押在乌鲁木齐市兴业银行签订了个人综合消费借款合同,贷款金额为35万元。同日银行发放贷款35万元,

① 新疆维吾尔自治区乌鲁木齐市新市区人民法院刑事判决书,(2017)新0104刑初397号。

转入赵某卡中，8 月 25 日赵某通过梁某 POS 机刷卡 35 万元，其后梁某将该笔款项转账至赵某商行卡中。2014 年 8 月 27 日，赵某转账 39.1 万元至鲍某商行卡。当日，鲍某又将该款 39.1 万元转至侯某商业银行卡中。后赵某按月还款至案发。另外，2013 年至案发时赵某与侯某资金往来总额达 300 多万元。2014 年 5 月至 2015 年 5 月，赵某对其住宅进行了装修。

主要证据：

1. 赵某的供述和辩解：我贷的款有两笔，一笔是兴业银行个人消费贷款，贷款金额是 35 万元，贷款期限是 10 年，每个月的还款金额是 5000 元左右。2012 年至今我的平均年收入在 20 万元，平均一个月 1.7 万～1.8 万元，我自己给别人放款有收入，平均每个月收入达到 3 万～4 万元。我的资金主要是放给了侯某，侯某是新疆雅致家具新疆总代理，从 2012 年年底至 2016 年 8 月 30 日，侯某需要资金，他找到我，让我帮他提供短期借贷资金。我从兴业银行贷款 35 万元，从 2014 年 8 月至 12 月，贷款给侯某，利率是同息的 3%，一共收取的利息是 4.2 万元。我借给侯某的借贷资金主要是我本人的个人存款，个人的银行贷款，还有我从别人处借的资金，包括我同学鲍某的个人资金，我姐赵某乙的个人资金，我朋友吴某某的个人资金。侯某支付的利息我的归我，其他人的侯某打给我，我再打给他们，他们出借的借贷资金的利息归他们。其中鲍某、赵某乙是没有利息的，吴某某有，我从侯某处拿月息 3%，支付给吴某某的是月息 2%，中间有月息 1% 的利差，是她主动给我的。我跟侯某和鲍某之间还有装修关系。侯某给我联系买家具的地方，这样可以省去运费，最后装修的钱还可以多退少补。

2. 证人侯某的证言：2012 年我在我们公司（新疆雅致家具有限公司）在乌鲁木齐银行办理商业贷款业务的时候认识赵某，他是负责我们贷款业务的客户经理。我们公司从 2012 年至今都在乌鲁木齐银行办理抵押贷款业务，抵押物是我个人名下的房产，之前的贷款本金及利息都是到期支付的贷款，明年到期还款。我和他一直有资金往来，我记得从 2013 年开始，因为我们公司流动资金有缺口，当时我和他在一起，他知道我需要资金，他说可以帮我找资金。之后，我和他建立了这种私人借贷的关系，从 2013 年至今，我和他有几十次以上的资金往来，我向他借钱主要是用于公司经营支出，借款的期限和利息都是我们俩每次约定好的。几年下来，赵某借给我的资金最多的时候有 300 多万元，我支付给赵某的利息收益有 100 万元以上,刚开始借钱的时候写过借条,后面熟悉了就没有写过借条。赵某给我的借款一般是通过他本人的银行卡,鲍某、宋某等人的银行卡转到我的银行卡或者我媳妇宋某的银行卡,个别也有现金借款。2016 年 8 月,我一次性归还了他 200 万元。2014 年 8 月,赵某借给我 50 万元(其他中包括 39.1 万元的银行转账和 10 万元的现金),借款期限是 4 个月,共支付利息 6 万元。2014 年夏天,赵某说要装修他在君悦南湖小区的 18 楼的房子,我给他介绍人做的装修。

其他略。

法院认为:本案中,赵某与侯某资金往来频繁,有赵某及其他人员给侯某的借款及侯某给多人的还款及利息往来,至案发,双方往来资金达 300 万元以上。侯某称 39.1 万元的借款与赵某约定借款期限为 4 个月,利息为 6 万元,其证言与赵某在公安机关的供述相互印证。赵某辩解称该贷款后用于个人房屋装修,有证人侯某、鲍某的证言,及房屋的装修照片予以证实。我国《刑法》规定高利转贷罪是以牟利为目的,套取金融机构的信贷资金高利转贷给他人,违法所得数额超过 10 万元的行为。故公诉机关指控的事实不清,证据不足,赵某的辩护人提出的辩护意见,本院予以支持。

裁判结果:赵某无罪。

判例解析:本案法院作出无罪判决后,检察院不服,提起抗诉。乌鲁木齐市中级人民法院以原判事实不清、证据不足为由发回重审。重审期间,公诉机关以案件事实、证据有变化为由申请撤回了起诉。因此,该判决虽被撤销,但检察院随后撤回起诉,当事人仍在实质上取得了无罪结果。是故,该判决仍值研习。

本案中,赵某将从银行取得的 35 万元贷款转贷给侯某的事实是存在的,但借款期限是多少?收取了多少利息?由于没有借条,在案证据并不充分。检察院指控借期近 2 年(2014 年 8 月 27 日至 2016 年 8 月),违法所得 19.24 万元,但缺乏充分证据证明。相反,赵某及侯某均供述借期为 4 个月,利息 6 万元。两人的口供相互印证,具有可采性。银行流水方面,因为赵某与侯某存在长期的借贷关系,双方往来资金达 300 万元。即便在 2014 年 8 月至 2016 年 8 月期间侯某支付给赵某的款项超过 6 万元,也无法证明系该 35 万元贷款的利息。因此,法院从存疑事项有利于被告的角度,认定转贷利息为 6 万元,未达到原《追诉标准

(二)》规定的10万元的追诉标准[①],故不构成犯罪。

其他无罪判例

一、陈某某转贷牟利案[②]

基本案情:2015年11月12日,陈某某在讷河市农商银行(原北疆信用社)申请最高额循环抵押贷款50万元整。贷款方式:最高额个人担保贷款,期限1年,贷款利率8.708%;还款方式:按季结息,按季还款。抵押物是陈某某和胡某某所有的在讷河市中心街东南的某门市楼,贷款用途收粮,授信金额为50万元,授信期限为3年。2015年11月17日,50万元贷款下来后,胡某某和杨某某约定将50万元贷款借给杨某某使用,月息3分,借款期限10个月。胡某某以斩头息的形式一次性扣除利息15万元,实际交给杨某某现金35万元,杨某某给胡某某出具了一张50万元的欠据。贷款到期前杨某某按借款约定还给胡某某50万元本金。2016年11月5日陈某某又以相同的方式在讷河市农商银行贷款50万元,2016年11月17日,胡某某、陈某某将50万元贷款提现,胡某某将50万元现金借给杨某某,也是月息3分,杨某某分多次将15万元利息转给胡某某,贷款到期前杨某某按借款约定还给胡某某50万元本金。2017年10月27日,陈某某又以相同的方式在讷河市农商银行贷款50万元,贷款发放到陈某某的农商银行卡内,陈某某当日将这50万元转到胡某某的农行银行卡内,2017年10月29日,胡某某扣除杨某某欠其的18,300元,将剩余的481,700元转到杨某某女儿马某某的银行卡里,借给杨某某使用,杨某某分多次将15万元利息转给胡某某,贷款到期前杨某某按借款约定还给胡某某50万元本金。这三笔贷款均已到期,且已还清,胡某某支付给银行利息共计:142,294.84元,杨某某支付给胡某某利息共计45万元。

检察院认为:认定陈某某涉嫌高利转贷罪的犯罪证据不足,不符合起诉条件。本案中能证明案件事实的证据只有证人杨某某的证言,且其陈述和犯罪嫌疑人胡某某的供述无法证实陈某某实际参与套取金融机构贷款并高利转贷给他

---

① 新《追诉标准(二)》为50万元,该案依然未达到追诉标准。

② 参见讷河市人民检察院黑讷检公诉刑不诉〔2019〕11号。

人的行为。陈某某无相关有罪供述,其他证人也无相关有罪陈述,根据现有证据,陈某某是否具有以转贷牟利为目的套取金融机构信贷资金高利转贷给他人且数额较大的行为无法认定。故定罪证据单一,无法形成证据链条。综上,认定陈某某涉嫌高利转贷的犯罪构成要件缺少足够的证据证明确有犯罪事实,不具备起诉的条件,决定对陈某某不起诉。

裁判结果:对陈某某不起诉。

二、余某某高利转贷案[①]

基本案情:2013 年 10 月 16 日,余某某以其个人的名义,以酉阳县某建材有限公司做抵押、以酉阳县某建筑材料有限公司需要原材料生产为借口,在重庆银行某支行申请贷款 300 万元,随后将该贷款中的 100 万元以其公司员工伍某某的名义借给阳某某,期限 3 个月,并收取其 15 万元的借款利息,同时还约定如超期,则按每月 8 分的利息计算违约金,并要求阳某某承诺在其酉阳县某建设项目的工程款中直接扣除。2014 年 8 月 14 日,余某某直接从阳某某的工程款中扣除 182.16 万元,其获利 82.16 万元。

检察院认为:经本院审查并退回补充侦查,本院仍然认为酉阳县公安局认定的犯罪事实不清、证据不足,不符合起诉条件。理由为:本案证据不能充分证明余某某存在以转贷牟利为目的,而套取银行信贷资金的行为。故决定对余某某不起诉。

裁判结果:对余某某不起诉。

三、计某等人涉嫌高利转贷罪被监督撤销案

江苏省检察院还公布了一起法律监督案件,当事人因涉嫌高利转贷罪被立案侦查,但随后案件处于长期“空挂”状态。经上级检察院介入及在沭阳县检察院的监督下,当地公安局很快撤销了案件。

基本案情:2009 年,浙江乐清人吴某在沭阳成立公司,开发商业广场。因缺乏资金,吴某向浙江某电子有限公司法人计某等人高息借款。后双方对借款本金及利息产生争议。2016 年 12 月,计某等人以吴某未还清借款本息为由,向法

---

① 参见酉阳土家族苗族自治县人民检察院渝酉检刑不诉[2016]25 号。

院提起诉讼。案件审理期间，吴某于2017年12月15日到沭阳县公安局报案，称计某等人从银行贷款后将款项高息出借给自己，涉嫌高利转贷罪。当月26日，计某等人被立案侦查。

监督亮点：在经济犯罪撤销案中，多会忽视《关于公安机关办理经济犯罪案件的若干规定》第18条的规定，即公安机关立案后在最多60日内经侦查，仍无法收集到证明有犯罪事实需要对犯罪嫌疑人追究刑事责任的充分证据的，应当立即撤销案件。

本案中侦查机关在立案后的4个多月时间内，对计某等人仅有一次谈话，案件诸多细节未查清，形成“挂案”状态，严重损害了当事人合法权益。检察机关向公安机关发出《要求说明立案理由通知书》，认为其在规定时间内仍无法确定是否需要对犯罪嫌疑人追究刑事责任，应当撤销案件。2日后，该案被撤案。

典型意义：积极贯彻保障民营经济刑事政策。该案系江苏省首例以《关于公安机关办理经济犯罪案件的若干规定》第18条监督撤案案件。沭阳县检察院通过该案，将监督撤案时间从立案后2年缩短到2个月，拓宽了监督渠道。计某等人均系当地知名民营企业家，在证据存疑情况下，如一直处于立案状态必将影响其信誉，对企业发展不利。该案对办理类似案件有指导意义，也对保障民营经济的发展起到了很好的推动作用，也得到了有关人大代表的充分肯定。

第三章　骗取贷款罪无罪判例解析

法律条文

《刑法》

第一百七十五条之一　【骗取贷款、票据承兑、金融票证罪】以欺骗手段取得银行或者其他金融机构贷款、票据承兑、信用证、保函等，给银行或者其他金融机构造成重大损失的，处三年以下有期徒刑或者拘役，并处或者单处罚金；给银行或者其他金融机构造成特别重大损失或者有其他特别严重情节的，处三年以上七年以下有期徒刑，并处罚金。

单位犯前款罪的，对单位判处罚金，并对其直接负责的主管人员和其他直接责任人员，依照前款的规定处罚。

《最高人民检察院、公安部关于公安机关管辖的刑事案件立案追诉标准的规定(二)》

第二十二条　［骗取贷款、票据承兑、金融票证案(刑法第一百七十五条之一)］以欺骗手段取得银行或者其他金融机构贷款、票据承兑、信用证、保函等，给银行或者其他金融机构造成直接经济损失数额在五十万元以上的，应予立案追诉。

罪名详解

本罪的规范名称是骗取贷款、票据承兑、金融票证罪，是指以欺骗手段取得银行或者其他金融机构贷款、票据承兑、信用证、保函等，给银行或者其他金融机构造成重大损失或者有其他严重情节的行为。实践中骗取贷款案件最为多发，故为简要起见，我们对骗取贷款罪进行专门分析。

骗取贷款罪是2006年6月通过的《刑法修正案(六)》新增的罪名,意在弥补当时《刑法》中只有贷款诈骗罪、票据诈骗罪、信用证诈骗罪以及高利转贷罪等罪名之不足。骗取贷款何以入罪?有学者的见解是:在市场经济中,只有通过财产的流转、资金的融通、交易的进行才能促进经济的发展。而这些经济活动,特别是金融活动的健康运行,都需要由良好的信用作支撑。贷款、票据承兑等作为重要的金融活动,也完全建立在相互信任的基础上,信用安全意义匪浅。发生在贷款、票据承兑等金融活动过程中的任何欺诈行为,不管其动机和目的如何,都会对作为金融活动基础的信用造成破坏。不单对以非法占有为目的的相关金融诈骗和转贷牟利为目的的高利转贷等行为应予以刑罚处罚,对于以欺骗手段获取金融机构贷款、票据承兑、金融票证等行为,也因其欺骗性严重破坏了如同金融活动生命的信用,而应予以刑罚处罚。[①]

骗取贷款罪所保护的法益是国家的金融管理秩序和金融信贷资金安全。构成要件方面,要求行为人违反有关规定,采用虚构事实的方法骗取银行或者其他金融机构的贷款。这里的欺骗行为,与贷款诈骗中的行为相同。责任形式方面,只能由直接故意构成,不要求具有特定目的。

理论难点

一、骗取贷款罪是行为犯还是结果犯

关于骗取贷款罪的犯罪形态,刑法理论上有不同观点,有人认为本罪属于结果犯;有人认为既是结果犯,又是情节犯;有人认为是行为犯。

张明楷教授认为,骗取贷款罪是结果犯而非行为犯。理由是:首先,如果认为行为犯是指只要实施了构成要件行为就构成既遂的犯罪,骗取贷款罪显然不是行为犯。一方面,骗取贷款罪要求行为人“取得银行或者金融机构的贷款”,这明显是行为人的欺骗行为造成的一种结果。倘若行为人虽然实施了欺骗行为,但没有取得贷款,就不可能认定为骗取贷款罪的既遂犯。否则,便无限扩大了骗取贷款罪的成立范围。另一方面,原《刑法》第175条之一明文规定,只有当骗取贷款的行为“给银行或者其他金融机构造成重大损失或者有其他严重情

① 参见刘宪权:《金融犯罪刑法学原理》,上海人民出版社2017年版,第213~214页。

节的”,才成立犯罪。既然如此,就不可能是只要实施了欺骗行为就构成犯罪既遂,因而本罪不可能是行为犯。

其次,倘若认为,行为犯是指构成要件行为与结果同时发生,因而不需要判断因果关系的犯罪,则骗取贷款罪也不是行为犯。这是因为,并非只要行为人实施了欺骗行为,金融机构发放了贷款,就当然成立骗取贷款罪。只有行为人实施了欺骗行为,金融机构相关人员产生了认识错误,进而基于认识错误发放了贷款,才可能成立骗取贷款罪。显然,骗取贷款罪的成立需要具备法定的因果关系,并非不需要因果关系的判断。既然如此,就不能认为骗取贷款罪是行为犯。

骗取贷款罪是结果犯,其中的结果即作为构成要件要素的结果是“取得银行或其他金融机构的贷款”,而不是指“情节严重”。①

2020 年 12 月 26 日通过的《刑法修正案(十一)》对骗取贷款罪作出了重大修订,修订后的规定更清楚地表明了本罪是结果犯而非行为犯。修订前,《刑法》第 175 条之一原规定的是“给银行或其他金融机构造成重大损失或者有其他严重情节的”,其中的“有其他严重情节”究竟指的是何种情节?是指重大损失之外进一步造成的严重情节?还是与重大损失相并列的其他情节?在理论与实务上经常引发争议。原《追诉标准(二)》第 27 条将“虽未达到上述数额标准,但多次以欺骗手段取得贷款、票据承兑、信用证、保函的”也规定为应予立案追诉的情形,把“其他严重情节”(多次)与“重大损失”并列,更是加剧了这一争议。修订之后,原条文中的“或者有其他严重情节”被删除,意味着本罪的构成必须以“造成重大损失”为要件,至此,骗取贷款罪的结果犯属性当再无疑义。

二、骗取贷款罪与贷款诈骗罪如何区分

贷款诈骗罪,是指以非法占有为目的,编造引进资金、项目等虚假理由,使用虚假的经济合同,使用虚假的证明文件,使用虚假的产权证明作担保、超出抵押物价值重复担保或者以其他方法,诈骗银行或者其他金融机构的贷款、数额较大的行为。

骗取贷款罪与贷款诈骗罪的核心区别在于是否存在“以非法占有为目的”。实际上,骗取贷款罪增设的重要原因就是很多欺骗办理银行贷款行为难以有效

---

① 参见张明楷:《骗取贷款罪的构造》,载《清华法学》2019 年第 5 期。

证明行为人存在非法占有目的，由此导致在客观上放纵了一部分具有严重社会危害性的行为。

关于骗取贷款罪和贷款诈骗罪的关系，刘宪权教授认为，两者是一种交叉型的法条竞合关系。骗取贷款罪的犯罪构成和贷款诈骗罪的犯罪构成不重合但相互包容，骗取贷款罪的犯罪构成中包含了贷款诈骗犯罪构成中不具有的单位主体要素和不具有非法占有目的的故意要素，贷款诈骗罪的犯罪构成中也包含了骗取贷款罪中不包含的数额较大要素。骗取贷款罪需要造成贷款机构严重损失或者有其他严重情节才能构成，而贷款诈骗罪只要达到数额较大即可构成。①

张明楷教授认为，贷款诈骗罪与骗取贷款罪是特别关系，亦即，二者的基本构成要件相同，只不过前者另要求具有非法占有目的（不具有归还贷款本息的意思），而后者不要求具有非法占有目的。因此，我们完全可以通过《刑法》第193条关于贷款诈骗罪的构成要件行为的规定，来判断某种行为是否属于骗取贷款罪的构成要件行为。质言之，凡是符合了贷款诈骗罪构成要件的行为，并具有相应故意的，就属于骗取贷款的行为，原则上成立骗取贷款罪。在此基础上，具备造成“重大损失”或者“严重情节”条件的，就以骗取贷款罪追究刑事责任。②

三、欺骗手段到何种程度方可构罪

骗取贷款罪的客观行为表现为以虚假的资料申请贷款。由于实践中金融机构审贷情况非常复杂，行为人的欺骗手段要达到何种程度方可构罪？这是理解并适用本罪的一个重要问题。

有实务界人士认为，本罪的欺骗手段的性质应当达到严重危及金融管理秩序，足以给贷款资金安全带来重大风险的程度。对那些欺骗手段明显轻微，不会对金融资产管理产生高度风险的行为，不应纳入《刑法》打击的范围，可以通过民事或者行政手段来解决。所以，对“欺骗手段”的认定，不能仅仅进行形式审查，还要进行实质判断，这样才能准确界定。

一般来说，骗取贷款罪的欺骗手段主要体现在虚增资金信用、改变贷款用途、虚假抵押担保三个方面，虚增资金信用、虚假抵押担保严重危及金融秩序和

---

① 参见刘宪权：《金融犯罪刑法学原理》，上海人民出版社2017年版，第219页。

② 参见张明楷：《骗取贷款罪的构造》，载《清华法学》2019年第5期。

资金安全,构成骗取贷款罪没有争议。但对仅改变贷款用途的,不应一概而论,应具体情形具体分析。根据《贷款通则》第20条的规定,借款人不得用贷款从事股本权益性投资,国家另有规定的除外。不得用贷款在有价证券、期货等方面从事投机经营。除依法取得经营房地产资格的借款人以外,不得用贷款经营房地产业务;依法取得经营房地产资格的借款人,不得用贷款从事房地产投机。不得套取贷款用于借贷牟取非法收入。如果借款人擅自改变贷款用途,从事股票期货、赌博等投机经营和违法经营活动,使贷款资金处于无法收回的重大危险中,则欺骗手段的性质达到情节严重的程度,依法论罪处刑。如果借款人基于市场变化和经营发展需要,用于其他正常经营活动,没有明显增加贷款资金安全风险,能够按照约定还款付息,没有造成损失的,不应认定欺骗手段达到构成骗取贷款罪的严重程度。对于这类问题,金融机构可以通过加强贷款用途的管理来防范。

同时,对于欺骗手段的严重程度,应当全面审查,综合考量。如借款人提供了虚假的资产财务报表等材料,但又提供真实足额有效的担保的,此时,尽管有虚假资信证明,但由于贷款资金安全性得到充分保障,抵销了虚构资信所带来的安全风险,综合考量,不应认定欺骗手段达到严重程度。当然,骗取贷款罪保护的法益是金融管理秩序和信贷资金安全,真实足额有效的担保只是保障信贷资金安全,如果借款人从事投机经营或违法经营,严重危及金融管理秩序,情节严重的,也可以认定欺骗手段达到严重程度,构成骗取贷款罪。①

张明楷教授认为,并不是任何虚假手段都符合骗取贷款罪的构成要件,只有当虚假手段属于《刑法》第193条规定的内容,并且达到足以使金融机构工作人员将原本不应发放的贷款发放给行为人时,才能认定该行为符合骗取贷款罪的构成要件。②

四、银行工作人员明知贷款资料虚假而发放贷款,行为人是否构罪

实践中,银行工作人员知道贷款资料虚假而仍然发放贷款,甚至于银行工作人员直接知道借款人准备资料的情形并不少见,此时行为人是否仍构成骗取贷款罪?

---

① 参见何玫莉、王姚瑶:《审慎认定骗取贷款罪的“欺骗行为”》,载《检察日报》2019年7月28日,第3版。

② 参见张明楷:《骗取贷款罪的构造》,载《清华法学》2019年第5期。

张明楷教授认为，骗取贷款罪的构造与普通诈骗罪的构造相同：行为人实施欺骗行为（采取欺骗手段）——金融机构工作人员产生行为人符合贷款条件的认识错误——基于认识错误发放贷款——行为人取得了贷款。但在司法实践中，存在不少在金融机构工作人员知道真相的情形下认定借款人构成骗取贷款罪的判决。之所以如此，是由于没有准确把握骗取贷款罪的构造，具体来说表现在以下几个方面：

第一，没有将骗取贷款罪理解为诈骗性质的犯罪。诚然，骗取贷款罪不需要以非法占有为目的，亦即，行为人虽然有通过欺骗手段取得贷款的故意，但具有归还的意思。但是，这并不意味着骗取贷款罪不属于诈骗性质的犯罪。《刑法》第175条之一明文规定了行为人必须采取"欺骗手段"，这种欺骗手段，当然是指借款人欺骗金融机构工作人员。

第二，没有理解骗取贷款罪的基本环节。"欺骗手段"必须是使受骗者产生认识错误的手段，而非任何弄虚作假的行为都能成为欺骗手段；也不可能根据保护法益得出"欺骗手段"不需要欺骗金融机构工作人员的结论。既然银行管理人员知情却发放贷款，就不能认定其产生了认识错误，只能认定银行管理人员构成违法发放贷款罪。

第三，误将金融机构当作受骗人。此种观点混淆了诈骗犯罪中的受骗者与被害人。就诈骗犯罪而言，单位虽然能够成为被害人，但不可能成为受骗者，不可将被害人与受骗者混为一谈。况且，即使承认单位具有意志，但单位的意志实际上是指决策者的意志。我们不能认为，决策者作出正确决策时，就属于单位的意志；决策者作出错误决策时，就不属于单位的意志。

第四，没有正确处理骗取贷款罪与违法发放贷款罪的关系。误将骗取贷款罪与违法发放贷款罪的关系当作行贿与受贿的关系来考虑。行贿与受贿双方既可能都知道真相，也可能是只有一方知道真相，但这并不影响行贿与受贿的成立。但骗取贷款罪的成立，要求行为人使用欺骗手段，使金融机构工作人员产生认识错误进而发放贷款。只有当金融机构工作人员知道真相而不会发放贷款时，对方才可能成立骗取贷款罪。反过来说，如果金融机构工作人员知道真相却仍然发放贷款，对方就不可能成立骗取贷款罪。

总之，欺骗手段是针对可以认识真假的自然人而言，因此，并不是只要贷款材料存在虚假，就属于采取了欺骗手段。只有当行为人的欺骗手段使金融机构工作人员就发放贷款产生了认识错误时，才属于采取了欺骗手段。[①]

无罪判例

一、李某某、赵某某骗取贷款、票据承兑、金融票证罪案[②]

基本案情：赵某某系湖北乐樽融资担保有限公司法定代表人，李某某系该公司实际股东。

麻城市南湖办事处石材工业园内10家石材公司负责人彭某等同为赵某某、李某某福建同乡。2012年赵某某、李某某等人联系彭某，通过彭某联系郭某、李某等10人，协商为10家石材厂在民生银行武汉滨江支行提供贷款担保事宜。

同年7月，赵某某、李某某等人到麻城市南湖办事处石材工业园，以乐樽公司的名义与彭某等10人签订借款担保协议，为彭某等10人向武汉滨江支行分别办理300万元至500万元不等的贷款，10人贷款共计4300万元。在办理贷款过程中，彭某等10人在空白贷款资料上盖章签字办理贷款相关手续，在签订贷款合同后，双方还签订了一份补充协议，其中规定担保公司收取10%的保证金和15%的代客理财资金，担保公司对理财资金享有1年使用权。李某某以妻子曾某的广西泽吉贸易有限公司的名义另与彭某、李某等4人签订了虚假的购销合同，供货方为李某某妻子曾某，购货方为4家企业。

2013年3月，上述贷款通过银行审批，其中2300万元贷款打入李某等6名贷款人指定的账户，根据李某某提供给民生银行虚构的购销合同，民生银行将彭某等4人共计2000万元的贷款打入李某某妻子、广西泽吉贸易公司法人曾某个人账户。后赵某某、李某某安排曾某陆续将贷款打给彭某等4人，最终彭某等10人获得贷款的75%即3225万元，剩余10%即430万元为保证金被民生银行在贷款总额中扣减，15%即645万元为代客理财资金由乐樽公司使用1年，协议规定于贷款到期的前一天返还，但直至2014年3月贷款到期，银行催收贷款时，乐樽公司并未将645万元返还给彭某等人，二被告人亦未进行任何理财活动；彭某等人还清贷款后多次催要，赵某某、李某某均称无资金返还，经查上述645万

---

① 参见张明楷：《骗取贷款罪的构造》，载《清华法学》2019年第5期。

② 参见湖北省黄冈市中级人民法院刑事判决书，(2018)鄂11刑终283号。

元资金，有16.5万元用于归还李某某个人信用卡，其余款项均用于偿还二人所借的银行保证金及利息。

另查明，此次贷款赵某某、李某某本计划向银行贷款1亿元，根据银行规定需提供1000万元保证金，此1000万元保证金由赵某某出资300万元，李某某及其弟李某鹭出资805万元，二人共计出资1105万元作为保证金（保证金可以超出银行规定）交给银行。后因民生银行仅发放贷款4300万元，民生银行向乐樽公司返还部分保证金，留有430万元作为保证金质押银行。

另，在本次担保活动中赵某某及李某某口头与贷款方约定，乐樽公司收取总贷款利率12%扣减银行收取此次贷款利率的8.1%即为本次担保活动的担保费。

二审法院认为：根据《刑法》第175条之一的规定，以欺骗手段取得银行或者其他金融机构贷款，给银行或者其他金融机构造成重大损失或者有其他严重情节的，处3年以下有期徒刑或者拘役，并处或者单处罚金；给银行或者其他金融机构造成特别重大损失或者有其他特别严重情节的，处3年以上7年以下有期徒刑，并处罚金。本罪要求犯罪主体系欺骗银行或者金融机构的借款人，客体系破坏社会主义市场经济秩序即银行要具有损失，主观方面要求有欺骗金融机构的故意，客观方面要求取得贷款使用了欺骗手段。

而本案借款的主体不是两被告人，而是石材厂的10家企业老板，10家石材企业申请贷款的材料和自身财产情况均属实，没有使用欺骗手段，且在贷款到期后，10家石材企业亦按时归还了借款，银行也没有任何损失。而从本案实际情况来看本案受损失的系石材企业，因其约定给担保公司使用理财资金1年而到期未收回此款。这一客观事实与本罪所保护的法益也不一致，故上诉人李某某关于其不构成犯罪的理由成立，本院予以采纳。

本院认为，李某某、赵某某不构成骗取贷款罪。根据目前在卷的证据无法认定其二人的行为属于《刑法》第13条规定的犯罪，本案实质上系民事行为，二原审被告人和石材企业主达成合意，约定担保公司无偿使用理财资金1年，所以这个过程不存在对银行有欺诈，且原判将抵押担保人当成犯罪主体错误，原审被告人赵某某、上诉人李某某不构成犯罪。

裁判结果：（1）撤销湖北省麻城市人民法院（2018）鄂1181刑初50号刑事判决书；（2）上诉人（原审被告人）李某某无罪；（3）原审被告人赵某某无罪。

判例解析：本案是因为主体、构成要件等均不符合骗取贷款罪的犯罪构成而被宣告无罪的典型案例。在论及骗取贷款罪的犯罪主体时，大多只介绍本罪为一般主体，自然人和单位均可构成本罪。本案则揭示了本罪犯罪主体方面隐含的、为很多人所忽视的问题，即骗取贷款罪的犯罪主体应该是借款人。无论是自然人还是单位，要构成本罪均需具备一个特定身份——借款人。除非存在共同犯罪，否则借款人之外的其他主体，例如担保人不能单独构成此罪。本案中，李某某系乐樽公司法定代表人、赵某某系乐樽公司实际股东，但案涉借贷关系的借款人是彭某、郭某等10家石材公司的负责人，乐樽公司是借款担保人。在借款人不构成犯罪的情况下，无理由判决担保人构成骗取贷款罪。

同时，本案之所以产生，是因为乐樽公司收取了10家石材公司贷款金额的15%的所谓代客理财资金，且在期满之后无力归还给10家石材公司。在10家石材公司均按时归还了贷款的情况下，银行并无任何损失。相反，真正受损的是被收取了代客理财资金的10家石材公司。而正如二审判决所指出的那样，这属于石材公司与乐遵公司之间的民事纠纷，不应通过刑事手段予以解决。

二、张某某骗取贷款罪一案[①]

基本案情：2004年6月1日，为解决葫芦岛市金星村拖欠葫芦岛农村商业银行金星支行的贷款问题，金星支行与金星村签订土地承包合同，金星村将总计110亩土地的30年承包经营权以人民币610，500元的价格发包给金星支行，该村应得的土地承包费人民币610，500元直接用于抵顶金星村在金星支行的贷款本息。

2004年11月19日，为解决葫芦岛市干河村拖欠金星支行的贷款问题，金星支行与葫芦岛市干河村签订土地承包合同，干河村将总计110亩土地的30年承包经营权以人民币33万元的价格发包给金星支行，该村应得的土地承包费人民币33万元直接用于抵顶金星村在金星支行的贷款本息。

金星支行取得金星村、干河村总计220亩土地承包经营权后，为尽快收回贷款本金，遂决定将此220亩土地对外发包。经该行信贷员刘某某与被告人张某某协商，张某某与金星支行于2004年11月19日及2005年10月11日分别签署

① 参见辽宁省葫芦岛市中级人民法院刑事判决书，(2017)辽14刑终107号。

转让协议，金星支行将此220亩土地转包给张某某经营30年，承包费总计人民币940,500元并约定一次性付清。为解决土地承包费及建设大棚的资金问题，被告人张某某遂决定在金星支行办理贷款，因当时金星支行个人贷款额度为5万元，被告人张某某遂以自己名义，采用联保担保方式，在金星支行，分三笔贷款15万元，又以李某某、宋某某等17人名义贷款24笔，总计金额120万元。时任金星支行信贷员的刘某某明知张某某使用他人名义进行贷款，仍为张某某办理贷款手续，时任金星支行行长的张某洋，明知张某某系使用他人名义贷款，仍然批准贷款发放。135万元贷款发放后，其中人民币940,500元由金星支行直接划扣用于抵顶张某某的土地承包费并用于偿还原金星村及干河村在该行的贷款本息。剩余贷款人民币40.5万元由张某某进行生产经营使用。张某某于2008年5月29日偿还利息62,879.51元，2008年12月30日偿还利息1.1万元，2009年12月10日偿还利息1万元。后张某某以经营困难为由，未再向金星支行偿还本金及利息。2009年12月28日，经张某某申请，金星支行为其办理了转贷手续，将张某某以其本人名义及他人名义办理的贷款135万元全部转贷至其父亲张绍某名下。后金星支行又于2010年10月31日、2011年7月29日两次办理转贷，将此135万元贷款转贷至张某某名下，张某某并未偿还。

一审法院认为：张某某采用冒用他人名义的欺骗手段从葫芦岛农村商业银行金星支行取得120万元贷款，并于2009年、2010年、2011年办理转贷手续，至今尚未偿还，给银行造成重大经济损失，其行为构成骗取贷款罪。

二审法院认为：骗取贷款罪，是指自然人或者单位以欺骗手段取得银行或者其他金融机构贷款，给银行或者其他金融机构造成重大损失或者有其他严重情节的行为。其构成犯罪的前提必须具备欺骗手段，且该欺骗手段必须足以使金融机构产生错误认识，并在此错误认识的基础上发放贷款。该欺骗手段必须是针对金融机构的工作人员实施。张某某为承包金星支行土地而使用李某某、宋某某等17人名义从金星支行贷款24笔，总计金额120万元。该行为依法不能认定为骗取贷款罪，首先，根据金星支行工作人员张某洋、杨某某、牛某某等人证实及银行贷款档案、张某某还息说明等证据证实，张某某使用他人名义进行贷款的行为无论是当时金星支行具体办理贷款手续的信贷员刘某某，还是当时负责审批贷款的金星支行行长张某洋均明知。在贷款发放后，张某某向金星支行支付相关利息，金星支行亦直接向张某某催收欠款，在贷款到期需办理转贷时，金星支行又将上述120万元贷款转贷至张某某亲属及张某某本人名下。综合上述证据,本院足以认定,金星支行在发放贷款及催缴贷款的过程中,对张某某以他人名义贷款的事实是明知的,没有产生错误认识,贷款也由张某某实际使用。现有证据不能认定张某某对金星支行的工作人员使用欺骗手段,不能认定张某某构成骗取贷款罪。

其次,张某某从金星支行贷款的行为实行于2006年1月至3月间,在张某某行为当时,《刑法》尚未规定骗取贷款罪,故根据《刑法》第12条之规定,对张某某的行为亦不应进行追究其刑事责任。

裁判结果:(1)撤销葫芦岛市南票区人民法院(2016)辽1404刑初16号刑事判决。(2)改判上诉人张某某无罪。

判例解析:本案处理了在银行工作人员明知贷款资料虚假而仍然发放贷款的情况下行为人是否构罪的问题。与前述张明楷教授的观点相一致,本案简明扼要地论述了骗取贷款罪的构成要件:构成犯罪的前提必须具备欺骗手段,该欺骗手段必须是针对金融机构的工作人员实施,且该欺骗手段必须足以使金融机构产生错误认识,并在此错误认识的基础上发放贷款。反过来,如果未实施欺骗手段,或者欺骗手段未针对金融机构工作人员实施,或者欺骗手段不足以使金融机构产生错误认识并在此基础上发放贷款,则均不构成骗取贷款罪。简言之,如果金融机构工作人员明知贷款资料虚假,也就意味着借款人的欺骗行为并未使金融机构产生错误认识,之后的贷款发放并非基于被欺骗而作出,从而不构成骗取贷款罪。

本案中,除了银行信贷员刘某某、审批贷款的行长张某洋的证词外,还有四方面的事实可以佐证银行工作人员明知张某某以他人名义贷款之事实。第一,金星支行因金星村、干河村拖欠贷款无法归还,而与两村签署土地承包合同,以承包费抵顶欠款。金星支行为尽快收回贷款而将土地转包给张某某经营,为张某某办理贷款是为解决土地承包费及建设大棚的资金问题。办理贷款后,土地承包费直接由金星支行扣划。第二,张某某以自己名义贷款15万元,以李某某等17人名义贷款24笔总计120万元,土地承包费94.5万元由金星支行直接扣划,剩余40.5万元全部由张某某使用。如果金星支行不清楚李某某等17人贷款的实情,显然对该120万元不能够从中划扣土地承包费,亦不会将余款交由张某某使用。第三,在2009年12月以前,该135万元贷款的利息均由张某某在偿还。第四，贷款到期后，金星支行两次为张某某办理转贷手续，将 135 万元贷款转贷至张某某名下。

三、黄某某骗取贷款罪再审案①

本案系再审改判宣告无罪的案件，从 2012 年 11 月的一审判决，到检察院抗诉、发回重审、判决有罪、维持原判、再审最终改判无罪，前后耗时 6 年，可谓用尽了法定程序。该案较为复杂，但非常值得研究。

检察院认为：黄某某是珠海市红旗管理区水电公司农业服务站（以下简称农业服务站）负责人，长期与珠海市粤侨公司存在业务往来，黄某某每年榨季将农业服务站收获的甘蔗送往粤侨公司榨糖，然后支付加工费、税费后凭白砂糖调拨单及配套的产品寄存单从粤侨公司提糖。

2009 年 2 月，黄某某与粤侨公司口头约定，由黄某某借款人民币 420 万元给粤侨公司，粤侨公司提供 2500 吨白砂糖的调拨单及配套提单作为抵押担保。由于 2008～2009 年榨季农业服务站仅向粤侨公司供应甘蔗 11，726.66 吨，其中 3121.913 吨是卖给粤侨公司，黄某某在事后已从粤侨公司提糖 923.995 吨（相当于 8604.747 吨甘蔗）。为此，黄某某要求粤侨公司将 2008～2009 年榨季供应甘蔗量修改为 34，276.66 吨［相当于 2500 吨白砂糖（当庭更正为扣除 3121.913 吨甘蔗后，相当于 3423.995 吨白砂糖）］，并修改了粤侨公司对应的进蔗统计表。2009 年 3 月上旬，粤侨公司在尚未与黄某某签订书面借款合同的情况下，将 2500 吨白砂糖的调拨单及配套提单交给被告人黄某某。黄某某在明知这些提单无法实际提糖的情况下，仍将上述提单等资料作为质押担保，从金湾农信社骗取贷款人民币 500 万元，用于偿还个人债务，且自 2009 年 9 月开始不再按时归还贷款利息，导致金湾农信社在贷款到期后至今无法收回。黄某某以欺骗手段取得银行贷款，造成严重后果，应当以骗取贷款罪追究其刑事责任，特提请依法惩处。

广东省高级人民法院查明：根据控辩双方意见，本案无争议的事实是：黄某某系农业服务站负责人和聚群合作社实际控制人，黄某某之女黄某笑任聚群合作社法定代表人。黄某某与粤侨公司多年来一直存在业务往来，主要是在每年榨季将农业服务站收取的甘蔗送往粤侨公司榨取白砂糖，然后支付加工费、税费

① 参见广东省高级人民法院刑事判决书，（2017）粤刑再 6 号。

等,从而获得粤侨公司出具的《平沙糖厂白砂糖调拨单》和《产品寄存提单》,农业服务站再持此二类单据从粤侨公司提取白砂糖。其间,黄某某即以个人名义或农业服务站名义多次向金湾农信社申请贷款,贷款额度不一,2008 年多次申请贷款共计人民币 400 万余元,其中有多次采用粤侨公司出具的《平沙糖厂白砂糖调拨单》《产品寄存提单》及相关证明进行质押的方式进行担保。

2008 年 12 月 4 日,黄某某代表农业服务站和粤侨公司签订《甘蔗来料加工协议》一份,约定 2008 ~2009 年榨季粤侨公司为农业服务站加工白砂糖,每吨白砂糖收取加工费人民币 535 元,预计加工甘蔗入厂约 2.3 万吨。从 2008 年 12 月开始,农业服务站向粤侨公司供应甘蔗,事后,被告人黄某某从粤侨公司提取白砂糖 923.995 吨(相当于 8604.747 吨甘蔗)。

2009 年 3 月 13 日,黄某笑代表聚群合作社向金湾农信社申请贷款人民币 500 万元,用于资金周转,贷款期限为 1 年,即从 2009 年 3 月 13 日起至 2010 年 3 月 13 日止,到期后一次性偿还全部借款本金。黄某某以农业服务站名义为此笔贷款提供质押担保,质押物为其持有的粤侨公司所开具的 16 套《平沙糖厂白砂糖调拨单》和《产品寄存提单》,内容为 2100 吨白砂糖,并附有粤侨公司出具的《证明》,证实以上质押所用调拨单和提单只能凭单提货,不得挂失。同时,黄某某、黄某笑及其丈夫郑某甲对该笔贷款提供保证担保。因黄某某系金湾农信社的老客户,金湾农信社曾对黄某某的经营状况、还贷能力进行过详细的调查,黄某某尚未出现过逾期不予归还贷款的情况,在对聚群合作社的贷款申请及黄某某的质押材料进行书面审查后,2009 年 3 月 13 日向聚群合作社发放贷款人民币 500 万元。经农业服务站向金湾农信社申请和说明,由聚群合作社直接以支付甘蔗款名义向冯某甲、钟某某、冯某乙、梁某某划拨人民币 2,031,060 元;以支付化肥款名义向斗门区白蕉供销社、白蕉农业服务站划拨人民币 464,753.8 元;并于 2009 年 3 月 16 日向农业服务站划入人民币 245 万元。同日,农业服务站又分两笔向黄某笑个人账户划入人民币 228 万元,并向金湾农信社说明是用于归还黄某笑的借款。金湾农信社的转账单据显示,2008 年 6 月 16 日至 20 日,黄某笑向农业服务站转入人民币 2,185,300 元。

2009 年 3 月 20 日,粤侨公司副总经理郑某乙、李某某等人向金湾农信社称黄某某所持有的此部分白砂糖提单系虚假的。金湾农信社随即向黄某某核对,黄某某则声称是真实产生的。金湾农信社职员崔某某、张某甲等人后又前往粤侨公司了解，粤侨公司答复称以上提单是该公司开具，但内容是虚开的，不能提货。

2009年3月，黄某某向金湾区人民法院提起民事诉讼，案号为(2009)金民二初字第155号，以其所持有并由粤侨公司开具，属于农业服务站所有的22套《平沙糖厂白砂糖调拨单》和《产品寄存提单》(包含已向金湾农信社提供用于质押的16套单据，总计2500吨白砂糖)为据，要求判令粤侨公司履行支付此2500吨白砂糖的义务。同年7月21日，粤侨公司向公安机关报案，称黄某某的行为涉嫌贷款诈骗，请求立案侦查。同年8月20日，公安机关立案侦查。同年9月开始，聚群合作社除归还以上借款部分利息外，停止向金湾农信社还款。同年10月27日，金湾区人民法院认为该案不属于经济纠纷，而有经济犯罪嫌疑，裁定驳回原告农业服务站的起诉，农业服务站不服，上诉至珠海市中级人民法院。珠海市中级人民法院于2010年9月9日作出(2010)珠中法民二终字第8号民事裁定，驳回上诉，维持原裁定。2010年12月14日公安机关对黄某某予以传唤，当日对其取保候审。2014年7月，金湾农信社起诉要求还本付息，金湾区人民法院于2014年9月1日作出(2014)珠金法民二初字第211号民事判决，判令被告聚群合作社向金湾农信社偿还借款本金500万元及利息，黄某某、黄某笑和郑某甲承担连带清偿责任。

根据控辩双方意见，本案存在争议的事实：一是黄某某是否答应借款人民币420万元给粤侨公司；二是黄某某所持粤侨公司出具的提单是否为虚开的。对此广东省高级人民法院综合分析认定如下：

1. 关于争议事实一，原公诉机关指控认定：2009年2月，黄某某与粤侨公司口头约定，由黄某某借款人民币420万元给粤侨公司，粤侨公司提供2500吨白砂糖的调拨单及配套提单作为抵押担保。原审被告人黄某某对指控事实予以否认。原一、二审判决、裁定对该事实没有明确认定，也没有明确否定。

经查，原公诉机关指控认定该事实所依据的主要证据是粤侨公司的报案报告和粤侨公司副总经理郑某乙、常务副总经理李某某、财务总监卢某、财务部经理张某乙的证言。

广东省高级人民法院认为，上述指控事实是否成立是认定原审被告人黄某某所持提单是否虚开的基本前提，结果应当符合案件事实清楚，证据确实、充分的刑事证明标准。但现有证据尚未达到这一要求，理由如下：

(1)粤侨公司是涉案提单的出具者,与本案具有直接利害关系,前述证人均系粤侨公司的主管人员和直接责任人员,代表粤侨公司利益,也与本案具有直接利害关系,因此,粤侨公司的报案报告及主管责任人员的证言仍属于当事人陈述的范畴,该内容本身属于证明对象,必须有其他证据证明其是真实的,才能作为定案依据。在不能排除上述人员存在相互串通可能性和有其他证据证明其陈述真实性的情况下,这些证人证言虽有相互印证之处,亦不足以采信。(2)上述证人证言之间及与其他证据之间在重要事实情节方面存在无法排除的矛盾和无法作出合理解释的疑点。前者如:粤侨公司副总经理郑某乙称,粤侨公司与黄某某在2009年2月12日达成口头借款协议;而该公司的常务副总经理李某某则证称,粤侨公司与黄某某当天的协商借款一事没有结果。后者如:金湾农信社于2012年10月8日出具的《关于珠海市金湾区聚群甘蔗专业合作社贷款500万元情况说明》和证人吴某某的证言证称,粤侨公司告知金湾农信社给黄某某开出的白砂糖调拨单给聚群合作社向金湾农信社作质押借款使用的原因是,粤侨公司与黄某某之间有口头协议,向金湾农信社所借的款项和聚群合作社共同使用,而上述证人证言均未提及这一情节,无法相互印证。再如:郑某乙和粤侨公司财务部经理张某乙证称,应黄某某要求于2009年3月10日就为黄某某出具了提单不得挂失的《证明》,而根据该《证明》的落款时间及证人崔某某的证言和黄某某的供述,该《证明》是黄某某持提单贷款时,应金湾农信社的要求于次日补开的。(3)上述证言主张粤侨公司为向黄某某借款而虚开提单做抵押担保的说法也不合法理和情理。其一,债务人虚开的提单对债务人自己所负债务不具有担保功能。其二,《产品寄存提单》《平沙糖厂白砂糖调拨单》载明的购货单位是农业服务站,并不是粤侨公司,根据提单的文义及功能,粤侨公司不是该单证及其指向的货物的权利人,粤侨公司主张用该提单为其向黄某某借款提供质押担保,无疑是债务人用债权人的财产作担保,不合常理。(4)对于上述证言存在的矛盾和疑点,一审法院多次函请公诉机关对粤侨公司证人证言的真实性进行补充调查和核实,而侦查机关均以查找不到有关证人和粤侨公司已经解散为由而未予补查补证,本案再审亦无法核实,以上疑点无法得到消除。

2.关于争议事实二,原公诉机关指控认定:农业服务站在2008~2009年榨季仅向粤侨公司供应甘蔗11,726.66吨,其中3121.913吨是卖给粤侨公司,黄某某在事后已从粤侨公司提糖923.995吨(相当于8604.747吨甘蔗)。黄某某要求粤侨公司将2008~2009年榨季供应甘蔗量修改为34,276.66吨,相当于白砂糖3423.995吨,并修改了粤侨公司对应的进蔗统计表。2009年3月上旬,粤侨公司在尚未与黄某某签订书面借款合同的情况下,将2500吨白砂糖的调拨单及配套提单交给被告人黄某某。

黄某某辩称,粤侨公司出具的提单是真实产生的。

原一、二审判决、裁定认定:黄某某所持有的22套白砂糖提取单据并非真实产生,属于虚开。

经查,原公诉机关指控及原判认定黄某某所持有的22套白砂糖提单系虚开的证据主要有:证人郑某乙、李某某、卢某、林甲、张某乙、杨某某、金某某、林某乙、郑某丙、廖甲、钟某某、冯某甲、冯某乙、张某丙、张某丁、梁某某、何某某等证人证言;粤侨公司报案时提供的《甘蔗来料加工协议》、《当日共入厂甘蔗合计》表格、委托协议书、发票、《产品寄存提单》和《平沙糖厂白砂糖调拨单》、《证明》;公安机关调取、发还物品、文件清单;证人钟某某、张某丁提供的书证;从一审民事诉讼案调取黄某某提交的《甘蔗来料加工协议》、粤侨公司开具的《当日共入厂甘蔗合计》表格、《证明》、《加工糖明细表》、《甘蔗生产经营部(收、付)款结算单》、白砂糖调拨单及增值税专用发票(复印件);广东安证计算机司法鉴定所出具的《司法鉴定检验报告书》及补充打印稿;珠海永安达会计师事务所出具的《审计报告》。

黄某某主张提单系真实产生的主要证据有:《甘蔗来料加工协议》、《当日共入厂甘蔗合计》表格、《土地租赁合同》、往年的进厂甘蔗合计表、恩平市鳌峰糖业发展有限公司出具的《证明》(复印件)、《珠海市粤侨实业有限公司08跨09年榨季进蔗明细表》(复印件)、证人郑某甲、黄某笑、廖某乙、钟某某、冯某甲、冯某乙、张某丙、张某丁的证言。

广东省高级人民法院认为,粤侨公司出具的提单是否虚开是认定黄某某是否构成骗取贷款罪的关键事实,结果应当符合案件事实清楚、证据确实、充分的刑事证明标准。但现有证据尚未达到该要求,理由如下:

首先,从客观证据方面分析。

(1)粤侨公司报案时提供的《甘蔗来料加工协议》、《当日共入蔗量合计》表格、《产品寄存提单》和《平沙糖厂白砂糖调拨单》和《证明》,和黄某某提供的上述证据材料,经查内容完全一致,粤侨公司承认上述材料是其开具的,因此,从这些证据材料的形式和内容本身看,不能得出黄某某所持涉案提单是虚开的结论。

(2)粤侨公司报案时提供的《委托协议书》、发票,只能证明粤侨公司与黄某某之间存在代扣甘蔗和收购甘蔗的事实,不能证明粤侨公司与黄某某之间除此之外没有其他交易的事实,亦得不出涉案提单是虚开的结论。

(3)一审法院调取黄某某与粤侨公司加工承揽合同纠纷案中提交、粤侨公司开具的《加工糖明细表》、《甘蔗生产经营部(收、付)款结算单》、白砂糖调拨单及增值税专用发票(复印件),能够证明黄某某2008~2009年榨季已提取的白砂糖数量及相关手续,但不能得出黄某某在粤侨公司2008~2009年榨季的白砂糖已经全部提取和涉案提单是虚开的结论。

(4)公安机关调取、发还物品、文件清单,只证明公安机关向粤侨公司和农业服务站调取和发还相关书证、物证的事实,不能证明涉案提单系虚开的事实。

(5)证人钟某某、张某丁提供的书证,只能证明钟某某、张某丁在2008~2009年榨季以黄某某的名义直接送到粤侨公司甘蔗的数量,不能证明黄某某在该榨季共向粤侨公司供应甘蔗的总量。

(6)广东安证计算机司法鉴定所出具的《司法鉴定检验报告书》及补充打印稿,内容显示公安机关向粤侨公司调取的两部计算机主机储存的2008~2009年榨季的磅码数据被进行过大量删改,其中2号主机记录完全删除,1号主机在粤侨公司与黄某某发生纠纷后仍然存在删改情况,其中黄某某蔗点的磅码数据有14处疑似被删改(显示毛重、实重、净重为0,而其他人均有数据),粤侨公司和原公诉机关对此不能作出合理解释和说明,据此可以认定粤侨公司的磅码系统显示数据的真实性、完整性不可靠,以该系统打印出的磅码单及运用该磅码统计出来的数据作为黄某某向粤侨公司供应甘蔗的全部数据也欠缺可靠性。根据电子数据的审查认定规则,该磅码系统的数据及其转化证据均不能作为定案依据。

(7)珠海永安达会计师事务所出具的《专项审计报告》,内容为:在2008年12月10日至2009年2月22日期间,粤侨公司的磅码单反映共收购甘蔗126,073.7吨,其中,黄某某11,721.547吨;甘蔗收购统计表和结算表反映共收购和结算甘蔗126,210.301吨,其中,黄某某11,726.66吨;账面生产耗用甘蔗134,160.97吨,实际耗用甘蔗126,210.3吨;向农业服务站收取甘蔗11,726.66吨,其中代加工甘蔗8496.437吨,收购甘蔗3121.913吨,代归还上年度甘蔗种108.31吨。粤侨公司在该榨季共生产白砂糖13,628.684吨,代农业服务站加工白砂糖923.995吨(已提取)。根据农业服务站提供的会计资料审计,该单位当季共收入甘蔗8604.747吨,收回白砂糖923.995吨。第一,磅码单统计的数据比粤侨公司在黄某某诉其加工承揽合同纠纷案件中提交的2008~2009年榨季进蔗汇总表统计的数据158,375.437吨少32,301.737吨,对其存在的巨大误差,粤侨公司和原公诉机关没有作出合理解释。第二,甘蔗收购统计表的数据应来源于磅码单的汇总,而二者统计的总数相差136.601吨,黄某某供应甘蔗统计数量相差5.12吨(统计表11,726.66吨而磅码单11,721.54吨),粤侨公司和原公诉机关对二者出现的误差亦没有作出合理解释。第三,账面生产耗用甘蔗数量比收购甘蔗数量多出8087.27吨(消耗134,160.97吨而收购甘蔗126,073.7吨),相差如此之巨不合常理,仅用行业特殊及会计核算方法不同来解释这个差额说服力不足。因此,不能排除粤侨公司提交审计的财务资料存在不全、不实问题的可能性。第四,审计报告认定农业服务站记账的甘蔗只有8604.747吨,比粤侨公司所承认的11,726.66吨还少,与侦查机关调查确认的蔗农证称以黄某某名义供应的甘蔗总量相差更大,不能排除侦查机关调取用于审计的农业服务站的财务资料存在不全面的可能性。根据鉴定意见的审查认定规则,由于该审计报告与其他证据存在矛盾,无法解释和排除矛盾,故亦不能作为定案依据。

其次,从主观证据方面分析。

(1)证人郑某乙、李某某、卢某、林某甲、张某乙、杨某某的证言,证称涉案提单是虚开的。经查,上述证人证言的真实性存疑。第一,如前分析,这些证人均系粤侨公司的管理人员或业务人员,均与本案存在直接利害关系,其所作证言属于当事人陈述,需要补强并查证属实,才能作为定案依据。第二,这些证言虽有相互印证之处,但表述笼统、缺乏细节,不能排除存在相互串通的可能性。第三,这些证人证言缺乏客观证据予以印证或佐证,真实性存疑。如证人张某乙证称其给黄某某的《当日进厂入蔗合计》表格是其在原"真实"表格基础上修改而成的,但不能提供原"真实"表格予以证明。经查,根据粤侨公司在黄某某诉其加工承揽合同纠纷一案中提交的证据材料,粤侨公司应持有送蔗户签名确认的统计表,黄某某要求粤侨公司提供,并申请一审法院调取,但一审法院没有调取到案,粤侨公司对此也没有作出合理解释,故二审对张某乙所证称的这一事实也未予认定。

(2)证人林某乙的证言,证称:粤侨公司磅码系统中的"毛重""实重"等重量数据无法修改，对数据所作修改均对黄某某有利。经查，该证言的真实性存疑。第一，该证人系粤侨公司财务部工作人员，与本案具有利害关系。第二，计算机应用系统中的数据能否修改取决于管理权限和管理制度，其称磅码系统的"毛重""实重"等重量数据无法修改的说法没有科学依据。第三，其称磅码系统所做修改均有利于黄某某的证言与《司法鉴定检验报告书》及补充打印稿显示的结果不一致。

（3）证人廖某甲的证言，证称：其开发的地磅系统"毛重""实重"是无法修改的、管理员所作的每个修改都有记录，无法消除。经查，该证言的真实性存疑。第一，如上所述，计算机应用系统的数据能否修改取决于管理权限和管理制度，其称磅码系统的"毛重""实重"是无法修改和管理员对修改记录无法消除的证言没有科学和事实依据。第二，《司法鉴定检验报告书》显示该磅码系统的"毛重""实重"已被修改多处，其所作证言与鉴定结论不符。

（4）对于证人郑某丙的证言，因其系粤侨公司的负责管理磅码系统的工作人员，与本案具有利害关系，且其证言只能反映其对磅码系统数据的管理情况，且没有其他证据相印证，该证言的真实性存疑。

（5）对于证人金某某的证言，因其系粤侨公司的工作人员，其证言内容与本案事实无关联，不具有证明效力。

（6）证人钟某某、冯某甲、冯某乙、张某丙、张某丁、廖某乙的证言，只能证明各自向黄某某供应甘蔗的情况，不能证明黄某某向粤侨公司供应甘蔗的总量。再审庭审中，证人钟某某当庭承认借给黄某某银行账户使用的事实，没有否认黄某某借其名义向散户收购甘蔗的事实，结合黄某某当庭提交的存折等证据材料，不能排除黄某某除向上述证人收购甘蔗外还向其他散户收购甘蔗的可能性。再审庭审中，证人张某丁当庭对黄某某给其打电话的内容做了解释，结合张某丁在侦查阶段所作的证言，亦难以认定黄某某指使其向公安机关虚报甘蔗数量。证人张某丙只是向黄某某供应甘蔗的蔗户之一，并不掌握黄某某向粤侨公司供应甘蔗的总体情况，其证称黄某某在2008～2009年榨季给粤侨公司供应甘蔗大约在1.2万吨没有证据证明。证人梁某某的证言内容与本案没有关联性，没有证据效力。证人何某某的证言与其任职的恩平市鳌峰糖业发展有限公司出具的《证明》及廖某乙的证言矛盾，没有其他证据相印证，其真实性存疑。综合上述证言，不能得出黄某某在2008～2009年榨季仅向粤侨公司供应甘蔗11,726.66

吨、涉案提单系虚开的结论。

关于黄某某及其辩护人提交用以证明涉案提单系真实产生的证据材料，广东省高级人民法院认为，证明涉案提单为虚开是证明原审被告人黄某某犯骗取贷款罪的核心事实，根据《刑事诉讼法》第 49 条①"公诉案件中被告人有罪的举证责任由人民检察院承担"的规定，涉案提单为虚开的举证责任应由公诉机关承担，黄某某已经提供粤侨公司出具的《当日共入厂甘蔗合计》表格、《证明》等佐证涉案提单真实性的证据材料，不负有证实涉案提单真实产生的刑事证明责任，为避免刑事审判替代民事审判，法院对黄某某及其辩护人所提交的证明涉案提单真实产生的证据材料不予评判。

综上，原公诉机关指控和原判认定黄某某明知涉案提单虚开而用于质押贷款的基本事实不清、证据不足，不能排除涉案提单系真实产生的可能性，根据存疑利益归于被告人的原则，法院对原公诉机关指控和原判认定的两个争议事实不予确认。

广东省高级人民法院再审认为：根据《刑法》第 175 条之一的规定，骗取贷款罪，是指以虚构事实或者隐瞒真相的欺骗手段，取得银行或者其他金融机构贷款，给银行或者其他金融机构造成重大损失或者有其他严重情节的行为。黄某某用涉案提单做质押向金湾农信社贷款的行为不符合本罪的构成要件。理由如下：

第一，从行为手段看，现有证据尚不足以构成认定黄某某采用"欺骗手段"即明知提单虚假而用于质押贷款的基本事实基础。

第二，从犯罪对象看，本案向公安机关报案并主张被骗的主体是与黄某某具有加工承揽等民事法律关系而为其出具质押提单的粤侨公司，而粤侨公司不属于金融机构。虽然指控和原判认定的本案被害人是金湾农信社，但金湾农信社则否认其为本案的被害人。关于能否认定金湾农信社为本案的被害人或犯罪对象，控方和原判持客观判断立场，认为即使被害人不承认被害，亦应根据客观存在的损害情况作出认定，金湾农信社由于黄某某所施行为客观上遭受重大损失，应认定为本案的被害人；辩方则持主观判断立场，认为是不是被害人，当事人感受最直接、最清楚，被害人不承认被害，表明其放弃法律对其法益的保护，应予尊

① 现行 2018 年《刑事诉讼法》第 51 条。

重,金湾农信社不认为其被骗取贷款,故本案没有被害人。本院认为,应根据犯罪所侵害法益的公、私性质(公法益不可处分,私法益可处分性),从主、客观两个方面作出具体判断。骗取贷款罪的犯罪对象是金融机构,从金融机构本身来说,关系财产权的保护,属于私法益;从金融机构所承载的社会责任来说,关系金融安全和秩序,属于公法益,具有公私兼具的属性,故应从主、客观两个方面进行判断。其一,从主观方面看,本案向黄某某发放贷款的金湾农信社并没有报案和行使"被害人"的诉讼权利,而是主张其办理贷款的手续是完全合规的,用以质押的提单经过审核确认是真实的,认为可通过行使质押权来保障其债权的实现,相反,对黄某某定罪会影响其债权和质押权的正常行使,其主观上不认为其是被害人。其二,从客观方面看,黄某某控制的聚群合作社与金湾农信社签订的《借款合同》贷款期限为1年,即从2009年3月13日起至2010年3月13日止,到期一次性偿还全部借款本金,除用涉案提单质押担保外,还有黄某某、黄某笑、郑某甲等自然人予以保证担保,侦查机关以骗取贷款罪对黄某某进行刑事立案的时间为2009年8月20日,金湾区人民法院以该案不属经济纠纷而有经济犯罪嫌疑、裁定驳回农业服务站起诉的时间为2009年10月27日,聚群合作社尚未到还本期限,而在侦查机关刑事立案前,聚群合作社能够按合同约定归还借款利息,故在侦查刑事立案时,公安机关认为聚群合作社届时无法归还贷款本息缺乏事实依据。虽然最终发生聚群合作社没有如期归还贷款本息的事实,但不能排除因系侦查机关的提前介入导致其行使民事权利受阻的可能性,结合黄某某以往贷款均无违约的事实,将金湾农信社不能收回贷款本金的损害结果完全归责于黄某某有失公允,从客观角度亦难以将金湾农信社评价为黄某某所施行为的被害人。因此,指控和原判认定金湾农信社是本案被害人缺乏事实和法律依据。

第三,从行为性质看,本案不属于刑事法律调整的范围。首先,根据黄某某与金湾农信社提供的书面证据材料及双方的认知,黄某某以其控制的聚群合作社名义向金湾农信社借款,并以其负责的农业服务站名义持有的粤侨公司出具并证明真实的提单提供质押担保,其本人及亲属名义提供保证担保,金湾农信社对借款材料的真实性和履约能力进行了审核,所借款项也均用于约定的用途,因此,黄某某与金湾农信社之间的关系应属于民事法律调整的范畴。另从提单的法律性质和质押效力来看,提单是物权凭证,具有指示交付的功能。提单质押是债务人或者第三人将其持有的物权凭证交由债权人保管,用于保证债务履行的担保形式。只要提单是出具人(加工、仓管、承运人等)出具的,其即负有对提单指向货物的交付义务,至于提单是基于何种基础法律关系出具的,以及提单指向货物是否真实存在,对善意的债权人来说,质押效力并无影响。本案金湾农信社已经对该质押提单的形式真实性进行了审核,粤侨公司承认确为其所出具的,并且还出具了“只能提货、不能挂失”的证明,对金湾农信社来说,粤侨公司负有对其交付质押提单指向货物的法定义务,金湾农信社可以通过行使质押权获得法律救济。此外,从黄某某与粤侨公司的关系来看,根据双方提供的书面证据材料及认知,黄某某与粤侨公司之间存在加工承揽、买卖、保管、拆借等多种民事法律关系,涉案提单是双方存在民事关系的凭证,至于是否真实产生,亦属双方民事争议的事实,应当通过民事途径查明认定。司法机关在本案犯罪事实不明确,特别是金湾农信社没有提出刑事控告的情况下,按骗取贷款罪对原审被告人黄某某进行立案侦查并追究刑事责任欠缺合理性和必要性。

综上,本院认为,原审判决、裁定认定原审被告人黄某某犯骗取贷款罪事实不清、证据不足,适用法律错误,应予撤销。黄某某及其辩护人提出应当改判黄某某无罪的意见具有事实和法律依据,予以采纳。广东省人民检察院认为应当维持原判的意见理据不足,不予采纳。

裁判结果:(1)撤销广东省珠海市中级人民法院(2015)珠中法刑二终字第11号刑事裁定和广东省珠海市金湾区人民法院(2014)珠金法刑重字第2号刑事判决。(2)原审被告人黄某某无罪。

判例解析:本案根据检察院的指控,黄某某构罪的基础事实是用虚开的白砂糖提单作为质押担保向银行贷款。由于提单并非黄某某自己开具,而是由粤侨公司开具,就此检察院指控的逻辑是:黄某某口头答应向粤侨公司提供借款420万元,粤侨公司为其开具2500吨白砂糖提单作为担保。黄某某明知提单并非基于真实交易产生,实为虚开,但其仍然以此作为担保向银行贷款,构成了骗取贷款罪。

围绕是否存在口头约定的420万元借款以及提单是否虚开这两大核心事实,再审判决对相关证据进行了细致入微的分析,对刑事证明标准的理解与适用更可谓丝丝入扣。

第一,对于主观证据,广东省高级人民法院首先指出本案诸多证人本身为粤侨公司工作人员,与案件存在一定的利害关系,其证言证明力较低;其次一一指出了证言之间存在的相互矛盾、无法相互印证之处,例如,粤侨公司一位副总经理称与黄某某达成了口头借款协议,另一位常务副总却称当天协商借款一事没有结果;金湾信用社出具情况说明,称粤侨公司向其告知本次贷款由粤侨公司和聚群合作社共同使用,但证人证言中均未提及该情节;等等。

第二,对于客观证据,广东省高级人民法院首先对证据的证明范围进行了准确把握,即严格限定在证据本身能直接证明的事实上,排除了不当的二次推论,例如,粤侨公司报案时提供的《委托协议书》、发票,只能证明粤侨公司与黄某某之间存在代扣甘蔗和收购甘蔗的事实,不能证明粤侨公司与黄某某之间除此之外没有其他交易的事实,亦得不出涉案提单是虚开的结论;等等。其次,对于客观证据中通常来说证明力比较高的鉴定意见,判决中同样进行了细致分析,详细阐明了其不能作为定案证据的理由,例如,对于《专项审计报告》,经过仔细比对,指出了该审计报告中的部分数据与其他客观证据存在不相符之处,例如,审计报告中的收购甘蔗数据与粤侨公司磅码单反映的数据存在3万多吨的差距,账面生产耗用甘蔗数比收购甘蔗数多出8000多吨,等等。这些巨大差距显示审计报告的不可采之处。但毕竟审计报告系由专业机构作出,在无法直接证明系鉴定方法错误之外,一个重要的可能就是委托鉴定时提供的材料不齐全。据此,由于审计报告与其他证据存在无法解释和排除的矛盾,对审计报告亦不予采信。

第三,对于证明标准,再审判决严格执行"排除一切合理怀疑"的刑事证明标准,坚持由控方对构成要件事实承担举证责任的证据规则,坚持存疑利益归于被告人的原则,对于存在争议的核心事实不予认定。

本案还有一个很存疑的事实是:控告黄某某骗贷的报案人是粤侨公司,但作为贷款人的金湾农信社,不仅从未报案,反而一直否认其为受害人。此种情况下应如何认定受害人?应适用主观标准还是客观标准?再审判决从犯罪所侵害法益的公、私性质(公法益不可处分,私法益可处分)进行了恰如其分地界分。主观方面,金湾农信社否认其为本案受害人;客观方面,案涉贷款期限为1年,但公安机关立案侦查之时距贷款到期还有半年多,在立案之前,贷款利息一直正常支付,立案之后才发生未按期还本付息的事实,由此不能排除后续未能正常还贷系刑事措施不当介入所致的可能性,不能完全归责于被告人。就此,再审判决从主客观两个层面否认了金湾农信社的受害人身份。

此外,本案贷款是提单质押担保,对提单的法律性质也有必要清楚理解。正如再审判决所指出的那样,提单是物权凭证,交单即意味着交货。因此,提单具有独立性和一定的无因性，提单一旦开出，对于第三手的提单受让人而言，不再受提单最初开具时的基础法律关系的影响。本案中，作为提单质权人的金湾农信社，在对提单的形式真实性进行审核之后，已经享有了对提单项下货物的质押权。至于提单最初是否为虚开，对于金湾农信社而言可在所不问。换言之，如果金湾农信社持提单向粤侨公司提货，粤侨公司必须交货。即便提单系虚开，粤侨公司也不能以此对抗金湾农信社，而只能在交货之后寻民事途径与黄某某解决争议。本案中，应当指出，原一、二审判决对于提单的物权凭证属性是欠缺理解的。

四、四川交大扬华科技有限公司、王某等骗取贷款、票据承兑、金融票证案①

检察院认为：（骗取贷款罪部分）四川交大扬华公司系四川三洲特管公司、四川三洲川化机公司的关联公司。2010年3月至2014年1月，交大扬华公司、王某、徐某某为三洲特管公司、三洲川化机公司等公司资金周转，伪造《购销合同》，分别在重庆银行成都分行、华夏银行天府支行、包商银行成都分行开具敞口银行承兑汇票。汇票出具后，王某、徐某某指使侯某某联系贴现，资金贴现后并未转给对方公司，而转经交大扬华公司、住友公司、轩泰公司、贵仕公司、翰庭公司等公司账户后，改变资金用途进行使用。共计骗取敞口金额人民币39,091.6万元。

法院查明：交大扬华公司系三洲特管公司和三洲川化机公司的关联公司，王某任该公司副总经理兼财务部经理，全面负责该公司的财务工作，徐某某任该公司总会计师。2010年3月至2012年10月期间，为了帮助三洲特管公司、三洲川化机公司周转资金，经交大扬华公司实际控制人储某（同时系三洲特管公司和三洲川化机公司法定代表人、实际控制人）同意并提供部分担保，交大扬华公司伪造《购销合同》，以开具敞口银行承兑汇票的形式，分别从华夏银行天府支行、包商银行成都分行共计套取贷款3.8092亿元。此外，被告人王某、徐某某还以住友公司名义，使用伪造的《购销合同》，通过开具敞口银行承兑汇票的形式，从重庆银行成都分行套取贷款999.6万元，以帮助三洲特管公司、三洲川化机公司

① 参见四川省成都市中级人民法院刑事判决书，（2014）成刑初字第00348号。

周转资金。上述汇票经银行承兑后，侯某某根据王某、徐某某安排，联系贴现，取得资金。对于前述汇票中共计3.90916亿元的敞口贷款部分，均已于到期后结清。

法院认为：交大扬华公司及王某、徐某某在银行机构开具敞口银行承兑汇票的过程中，确有使用虚假购销合同的欺骗手段，并且实际取得敞口贷款共计3.90916亿元，但交大扬华公司、住友公司在重庆银行成都分行、华夏银行天府支行、包商银行成都分行办理涉案敞口银行承兑汇票的还款凭证、中国人民银行征信中心出具的《企业信用报告》等证据证实，涉案的3.90916亿元均已正常归还结清，未造成实质危害，可不以犯罪论处。理由如下：

首先，从原《追诉标准（二）》的作用和效力来看，公诉机关据以认定被告单位交大扬华公司及被告人王某、徐某某、侯某某构成骗取贷款罪的法律依据为该规定第27条[①]之规定。根据我国《刑事诉讼法》规定，公安机关刑事案件立案后的走向既可能移送检察院审查，也可能撤销案件；检察机关审查后既可能提起公诉，也可能作出不起诉的决定；检察机关提起公诉后，法院有可能作出有罪判决，也可能作出无罪判决。最高人民检察院和公安部颁布的上述规定明确规定该司法解释的执行主体是各级公安部门和检察院，并非法院；具体内容是应当进行立案侦查和审查起诉的各种情形，而非法院定罪处罚的依据。本案中，骗贷金额远超过追诉标准，因此侦查机关和公诉机关根据该司法解释进行立案侦查和审查起诉并无不当。但是否构成犯罪，法院应当根据查明的事实和证据，依照《刑法》规定和法理作出判决，而不能简单将上述有关追诉标准的规定作为判决依据。

其次，从法律解释原理与方法来看，对骗取贷款罪中“其他严重情节”的适用不应包含单纯数额巨大，但未给金融机构造成损失的情形。体系解释是法律解释的重要方法之一，是指应将被解释的法律条文放在整部法律中乃至整个法律体系中，联系此法条与其他法条的相互关系来解释法律。因骗取贷款罪是《刑法修正案（六）》新增罪名，在规定罪状时直接使用了“造成重大损失或者有

---

① 现行该法第22条，且内容已变更。《最高人民检察院、公安部关于公安机关管辖的刑事案件立案追诉标准的规定（二）》第二十二条 〔骗取贷款、票据承兑、金融票证案（刑法第一百七十五条之一）〕以欺骗手段取得银行或者其他金融机构贷款、票据承兑、信用证、保函等，给银行或者其他金融机构造成直接经济损失数额在五十万元以上的，应予立案追诉。

其他严重情节"的表述，对于"数额巨大"是否应属于"情节严重"，单纯从该罪名的规定来看，确属模棱两可。但结合《刑法修正案(六)》对于违规发放贷款罪和违规出具金融票证罪的修改，就可以作出仅仅"数额巨大"不应属于"情节严重"的解释。1997年《刑法》关于违规发放贷款罪使用的表述是"造成较大损失""造成重大损失"，《刑法修正案(六)》在制定时，认为对违法发放贷款行为，只要涉及的资金数额巨大就应当追究刑事责任，不考虑是否造成损失，所以将该罪的单一"造成损失"修改为"数额巨大或者造成重大损失"；1997年《刑法》关于违规出具金融票证罪使用的表述也是"造成较大损失""造成重大损失"，《刑法修正案(六)》在制定时，认为实践中对"损失"如何认定难以把握，例如是否只包括给银行或其他金融机构造成的直接经济损失，对其他单位和个人的经济损失，给金融机构造成的社会损失、声誉和信誉损失能否计算在内？非法出具信用证、保函、票据、资信证明，涉及金额巨大，但有的在发案时还尚未给金融机构造成经济损失，还是否追究刑事责任？因此将该罪的"造成损失"修改为"情节严重"。这里"情节严重"所解决的，是针对部分损失难以认定的问题，而非完全没有损失的情形。所以，在《刑法修正案(六)》中，单纯的"数额巨大"与"情节严重"的含义是有所区别的，若骗取贷款罪中，仅仅数额巨大，未造成损失即可构罪，那么该罪应与违法发放贷款罪相同，直接采用更为明确具体的"数额巨大或者造成重大损失"的表述，既然在同一次修法时采用了"情节严重"，而非"数额巨大"，就说明二者含义应有不同，这里的"情节严重"应指有损失，但损失难以认定，或者可能有损失的情形。本案中完全按照规定时间正常还款的情形，不应认定为情节严重。

综上所述，被告单位交大扬华公司及被告人王某、徐某某、侯某某不构成骗取贷款罪。

判例解析：本案案件事实不复杂，但判决结论具有相当的突破性，论述深度不亚于一篇学术论文。根据最高人民检察院、公安部制定的原《追诉标准(二)》第27条第1款之规定，只要以欺骗手段取得贷款的数额在100万元以上，即便最终如期归还贷款，未给金融机构造成任何损失，也构成骗取贷款罪。本案中，当事人以虚构购销合同的欺骗手段取得银行敞口贷款资金高达3.9亿元。根据该追诉标准，无论之后按期归还与否，构罪已是无可争辩。

然则，成都市中级人民法院在通过深入论述之后，得出了完全不同的结论。

首先,关于上述有关追诉标准的规定的效力问题,判决指出其只能约束检察院和公安机关,而非法院。侦查机关和公诉机关根据该司法解释进行立案侦查和审查起诉并无不当。但是否构成犯罪,法院应当根据查明的事实和证据,依照《刑法》规定和法理作出判决,而不能简单将上述有关追诉标准的规定作为判决依据。

其次,针对骗取贷款罪《刑法》条文中"有其他严重情节"究竟应如何理解,采用了体系解释、历史解释等多种方法,最终得出结论认为:这里的"情节严重"应指有损失,但损失难以认定,或者可能有损失的情形。单纯数额巨大,但未给金融机构造成损失的情形不构成本罪。从而,成都中院判决本案各当事人虽然骗取贷款的金额高达数亿,但已全部正常归结还清,未给银行造成任何损失,从而不构成犯罪。

另,冕宁县人民法院(2018)川3433刑初93号判决援用本案的裁判说理,同样对当事人作出了无罪判决。

2020年12月26日通过的《刑法修正案(十一)》对骗取贷款罪作出了重大修订,删除了原条文中的"或者有其他严重情节",原《追诉标准(二)》亦随之作出修订,修订之后本罪的立案追诉标准仅有"给银行或其他金融机构造成直接经济损失数额在五十万以上"这一种情形①。因此,根据修订后的法律,本案不构成骗取贷款罪已不会再有争议,但由此也进一步说明本案裁判者在2014年作出这一判决时,对本罪的构成要件认识之深刻以及其身上坚守公正、勇于担当之精神。

五、邓某骗取贷款、票据承兑、金融票证罪一案②

基本案情:飞尔公司是成立于2004年的有限责任公司,邓某系该公司法定代表人。2011年8月25日,邓某因飞尔公司资金周转需要,虚构了飞尔公司已向融光公司购买ITO、LCM、CT液晶片等原材料,需要支付货款750万元的事实,

---

① 《最高人民检察院、公安部关于公安机关管辖的刑事案件立案追诉标准的规定(二)》第二十二条 〔骗取贷款、票据承兑、金融票证案(刑法第一百七十五条之一)〕以欺骗手段取得银行或者其他金融机构贷款、票据承兑、信用证、保函等,给银行或者其他金融机构造成直接经济损失数额在五十万元以上的,应予立案追诉。

② 参见广东省高级人民法院刑事判决书,(2014)粤高法刑二终字第212号。

并指使财务人员向兴业银行东莞分行提交虚假的《购销合同书》《授权声明》等申请材料，以个人经营创业为贷款用途向兴业银行东莞分行申请贷款500万元，贷款期限为1年，远大担保公司为担保人。兴业银行东莞分行于当天发放贷款，并向上述《授权声明》中所指定的邓某乙兴业银行账户划款500万元。

之后，邓某指使飞尔公司的财务人员邓某乙将上述500万元贷款以现金提取或多次转账的方式，通过飞尔公司员工周某等人的账户转移至飞尔公司股东邓某丙的兴业银行账户，由邓某丙取出后办理现金存款，并以该笔存款作质押向兴业银行贷款450万元。前述450万元最终转移至飞尔公司的广发银行账户，用于公司的运转经营。后该笔500万元的贷款到期，因飞尔公司无力偿还，最终由远大担保公司于2012年8月27日代为归还。

飞尔公司于2012年6月将部分债权转让给远大担保公司抵偿所欠部分债务。

东莞市中级人民法院判决被告人邓某犯骗取贷款罪，判处有期徒刑2年，并处罚金人民币20万元。

广东省高级人民法院认为：(1)虽然现有证据不足以证实邓某申请涉案500万元贷款时向兴业银行东莞分行隐瞒飞尔公司巨额亏损的事实，但《个人借款保证合同》《个人经营创业借款合同》《购销合同书》、《授权声明》等物证、书证及证人李某、王某甲、姜某等人的证言证实邓某以个人创业贷款为由向兴业银行东莞分行申请500万元贷款向融光公司购买原材料，以虚假的《购销合同》和《授权声明》为申请材料向兴业银行申请该笔贷款；证人邓某乙、周某、肖某、邓某丙的证言及相关的银行流水清单等均证实上述所贷款项经层层流转，用于向兴业银行质押贷款获得450万元，该450万元全部进入飞尔公司账户用于公司经营使用，并未作为货款支付给融光公司；工商行政部门的查询结果证明融光公司事实上并不存在；邓某作为飞尔公司的法定代表人，供述其骗取贷款的目的系为了飞尔公司的资金周转和经营，且飞尔公司与融光公司之间的交易并不存在。上述证据相互印证，足以认定邓某以个人名义，提供虚假申请材料骗取银行500万元贷款的事实。(2)虽然邓某在向兴业银行东莞分行申请贷款的过程中提供虚假的贷款资料，但该笔贷款最终由担保人远大担保公司代为偿还，并未给兴业银行或者其他金融机构造成实际损失，亦未利用贷款进行任何非法活动，未给金融管理秩序造成实际危害，不属于《刑法》第175条之一规定的“有其他严重情节”，邓某的行为不符合骗取贷款罪的构成要件。

综上，上诉人邓某以欺骗手段获取银行贷款，但未给银行或者其他金融机构造成重大损失，也不具备其他严重情节。原判认定上诉人邓某犯骗取贷款罪的定罪不当。

裁判结果：（1）撤销广东省东莞市中级人民法院（2014）东中法刑二初字第24号刑事判决；（2）上诉人邓宏无罪。

判例解析：本案同样是提供虚假材料骗取银行贷款，数额超过100万元，但最终按期归还，并未给金融机构造成实际损害。一审法院判决构成骗取贷款罪，二审改判当事人无罪。张明楷教授曾评析过该案，认为该案判决令人难以理解，因为根据2010年《最高人民检察院、公安部关于公安机关管辖的刑事案件立案追诉标准的规定（二）》（已失效）的规定，以欺骗手段取得100万元以上的贷款的，属于具备其他严重情节。那种只要由担保人代为归还了贷款，就不能对借款人以骗取贷款罪追究刑事责任的观点是难以成立的。①

不过，上述成都市中级人民法院在交大扬华公司等骗取贷款罪一案中的裁判理由，可作为对张明楷教授观点的最佳回应。

当然，根据《刑法修正案（十一）》以及修订之后的《追诉标准（二）》，本案当事人不构成骗取贷款罪更无疑义。

① 参见张明楷：《骗取贷款罪的构造》，载《清华法学》2019年第5期。

第四章　非法吸收公众存款罪无罪判例解析

法律条文

《刑法》

第一百七十六条　【非法吸收公众存款罪】非法吸收公众存款或者变相吸收公众存款，扰乱金融秩序的，处三年以下有期徒刑或者拘役，并处或者单处罚金；数额巨大或者有其他严重情节的，处三年以上十年以下有期徒刑，并处罚金；数额特别巨大或者有其他特别严重情节的，处十年以上有期徒刑，并处罚金。

单位犯前款罪的，对单位判处罚金，并对其直接负责的主管人员和其他直接责任人员，依照前款的规定处罚。

有前两款行为，在提起公诉前积极退赃退赔，减少损害结果发生的，可以从轻或者减轻处罚。

《最高人民法院关于审理非法集资刑事案件具体应用法律若干问题的解释》

第三条　非法吸收或者变相吸收公众存款，具有下列情形之一的，应当依法追究刑事责任：

（一）非法吸收或者变相吸收公众存款数额在100万元以上的；

（二）非法吸收或者变相吸收公众存款对象150人以上的；

（三）非法吸收或者变相吸收公众存款，给存款人造成直接经济损失数额在50万元以上的。

非法吸收或者变相吸收公众存款数额在50万元以上或者给存款人造成直接经济损失数额在25万元以上，同时具有下列情节之一的，应当依法追究刑事责任：

（一）曾因非法集资受过刑事追究的；

（二）二年内曾因非法集资受过行政处罚的；

（三）造成恶劣社会影响或者其他严重后果的。

第四条　非法吸收或者变相吸收公众存款，具有下列情形之一的，应当认定为刑法第一百七十六条规定的“数额巨大或者有其他严重情节”：

（一）非法吸收或者变相吸收公众存款数额在500万元以上的；

（二）非法吸收或者变相吸收公众存款对象500人以上的；

（三）非法吸收或者变相吸收公众存款，给存款人造成直接经济损失数额在250万元以上的。

非法吸收或者变相吸收公众存款数额在250万元以上或者给存款人造成直接经济损失数额在150万元以上，同时具有本解释第三条第二款第三项情节的，应当认定为“其他严重情节”。

第五条　非法吸收或者变相吸收公众存款，具有下列情形之一的，应当认定为刑法第一百七十六条规定的“数额特别巨大或者有其他特别严重情节”：

（一）非法吸收或者变相吸收公众存款数额在5000万元以上的；

（二）非法吸收或者变相吸收公众存款对象5000人以上的；

（三）非法吸收或者变相吸收公众存款，给存款人造成直接经济损失数额在2500万元以上的。

非法吸收或者变相吸收公众存款数额在2500万元以上或者给存款人造成直接经济损失数额在1500万元以上，同时具有本解释第三条第二款第三项情节的，应当认定为“其他特别严重情节”。

罪名详解

非法吸收公众存款罪，是指违反国家有关吸收公众存款的法律、法规，非法吸收公众存款或者变相吸收公众存款，扰乱金融秩序的行为。

非法吸收公众存款罪所保护的法益是国家的金融信贷秩序。市场经济条件下，金融交易主体之间形成复杂的金融关系，金融关系的有机整体就是金融秩序。金融关系包括：金融交易关系、金融管理关系、金融机构的内部关系。金融秩序即由该三个有机统一的关系结合而成，其目的在于实现国家的宏观调控，保证社会资金的合理流向，保护广大公众的利益。非法吸收公众存款行为不仅侵犯了金融储蓄的管理秩序，而且由于金融储蓄是信贷资金的主要来源，其对储蓄管理秩序的侵犯必将侵犯整个金融信贷秩序。

本罪的构成要件内容为，未经中国人民银行批准，向社会不特定对象吸收资金，以或者不以吸收公众存款的名义，出具凭证，承诺在一定期限内还本付息，扰乱金融秩序的行为。

所谓“公众”意即吸收存款对象的不特定性，指社会上大多数人，包括自然人、法人。存款包括个人存款和机构存款。本罪只要求行为针对社会上大多数人，并不要求实际从社会上大多数人中得到资金。非法吸收公众存款行为包括两种情况：一种是没有吸收公众存款资质的个人或法人吸收公众存款，另一种是具有吸收公众存款资质的法人采用违法的方法吸收存款。目前存在的非法吸收公众存款的形式很多，如利用非法成立的类似于金融机构的组织吸收存款，典型的包括抬会、地下钱庄、地下投资公司等。一些合法的组织也可能从事或者变相从事非法吸收公众存款的活动，如各类基金会、互助会、储金会、资金服务部、股金服务部、结算中心、投资公司等。

本罪的责任形式为故意，并且只能是直接故意，但行为人不能有非法占有的目的。

单位可以构成本罪。单位指各类非法金融机构以及各类基金会、互助会、储金会、资金服务部、股金服务部、结算中心、投资公司。企业集团财务公司，其业务范围仅限于成员单位的本、外币存款，不具有对外吸收公众存款的资质，其从事的非法吸收公众存款或者变相吸收公众存款行为，达到定罪标准，就构成犯罪。

2020 年 12 月 26 日通过的《刑法修正案(十一)》对本罪作出了重大修订。修订之后，本罪的量刑档次由两档变为三档，在原条文“数额巨大或者有其他严重情节”的基础上，增加了“数额特别巨大或者有其他特别严重情节”这一档次，最高法定刑亦由十年以下提高为十年以上有期徒刑，反映出在近年来非法集资较为多发的态势下，立法者对此类行为从严从重打击的态度。根据相关司法解释，非法吸收公众存款或者变相吸收公众存款数额在 5000 万元以上，或者吸收存款对象 5000 人以上，或者给存款人造成直接经济损失数额在 2500 万元以上的，均属于“数额特别巨大或者有其他特别严重情节”。

理论难点

一、如何界定“社会公众”

本罪的构成要件内容为向社会公众吸收存款或变相吸收存款。但何为“社会公众”？如何准确界定“公众”？在刑法理论上一直争议较大。

张明楷教授认为，对于“社会公众”应从两方面来理解：其一，出资者是与吸收者之间没有联系（没有关系）的人或者单位。一方面，向亲朋好友吸收存款的，不成立本罪。但是，出资的社会公众中偶尔包含少数亲朋好友的，不影响本罪的成立。另一方面，在单位内部集资的，如果出资者是与吸收者之间没有联系的人，也不排除本罪的成立。至于出资者之间是否具有联系，则在所不问。其二，出资者可能随时增加，这是非法吸收公众存款的行为方式决定的。①

刘宪权教授认为，应从集资对象是否具有不特定性或开放性方面来界定“社会公众”的含义，而不能仅仅因为集资对象人数众多就认定为“社会公众”。不特定性或开放性要求构成犯罪的行为人必须是向社会公开宣传集资，其面向的是社会不特定人群。如果集资人并非面向社会不特定人群发放集资公告，或通过其他方式使社会不特定人群得知其集资的消息，即使行为人集资对象人数众多、集资数额达到了法律规定的追诉标准，也不应当认定其行为是非法吸收“公众”存款的行为。②

二、吸收公众存款用于经营货币、资本以外的正当生产经营，是否构成本罪

很多企业尤其是民营小微企业一直存在融资难、融资贵的问题。在通过正规途径无法取得金融支持后，一些企业会转而寻求民间融资。因此，如果吸收公众存款之后，并非从事货币、资本经营业务，而是用于正当的生产经营，是否仍构成本罪？

---

① 参见张明楷：《刑法学》（第5版），法律出版社2016年版。

② 参见刘宪权：《金融犯罪刑法学原理》，上海人民出版社2017年版，第226页。

张明楷教授认为，只有当行为人非法吸收公众存款，用于货币、资本的经营时（如发放贷款），才能认定为扰乱金融秩序，才应以本罪论处。理由是：第一，从法条关系上看，《刑法》第174条规定擅自设立金融机构罪与伪造、变造、转让金融机构经营许可证、批准文件罪，旨在禁止擅自从事金融业务；《刑法》第175条所禁止的是从金融机构套取信贷资金从事金融业务；《刑法》第176条所禁止的应是从民间获得资金从事金融业务。第二，《刑法》第176条没有表述为非法吸收公众资金，而是表述为非法吸收公众“存款”，也直接表明成立本罪要求行为人从事金融业务。第三，如果将吸收公众存款用于货币、资本经营之外的生产、经营活动，认定为本罪，实际上就意味着否定了部分民间借贷行为的合法性。然而，在当前以及今后的很长一段时间，许多民营企业的发展都依靠民间借贷，如果将这种行为认定为犯罪，显然不利于经济发展①。

刘宪权教授认为，《刑法》设立非法吸收公众存款罪的目的在于规制以经营资本、货币为目的的间接融资行为，而司法实务部门将该罪入罪的门槛降低至以经营商业、生产为目的的直接融资行为则完全是受严惩非法集资观念之影响。因此，建议从集资的用途方面对非法吸收公众存款再进行限定。在现实生活中，企业或个人在集资后，有的是将集资款用于从事非法的货币、资本经营，有的则是将集资款用于从事合法的商业、生产经营。这两种集资用途的差异体现了非法集资行为社会危害性的差异。非法吸收公众存款罪侵害的是国家的金融管理秩序，前者侵犯了国家的金融管理秩序是毫无疑问的，而后者则不然。一般而言，国家制定法律禁止非商业银行组织、个人从事只有商业银行才能从事的贷款业务就是为了维护现存的金融管理秩序。只有当行为人将集资款用于从事资本和货币经营时，才可能扰乱金融管理秩序；而当其将集资款用于合法的商业、生产经营时，则不会对金融管理秩序造成损害。因此，在司法实务中必须严格以集资用途区分间接融资行为与直接融资行为，不应将以合法的商业、生产经营为目的的直接融资行为认定为非法吸收公众存款罪②。

---

① 参见张明楷：《刑法学》（第5版），法律出版社2016年版。

② 参见刘宪权：《金融犯罪刑法学原理》，上海人民出版社2017年版，第226～227页。

无罪判例

一、易某非法吸收公众存款案[①]

检察院认为:易某原系原中山进出口商品检验局出纳员,于1996年7月至1997年4月期间,伙同甘某(原中山市工商银行莲峰储蓄所主任,另案处理)以办理高息存款为诱饵,先后多次向汤某甲、朱某、郑某甲等68名被害人非法吸收存款共计人民币1426.464万元。其中,甘某使用假银行存单等方式将1006万余元骗走,易某将剩余的420万余元以亲属易某乙的名义存于顺德建行办理高息存款,后在案发后被被害人郑某甲等人强行取走220万元,另200万元被中山市公安机关依法冻结。案发后,易某从甘某手中拿回人民币5万元、港币25万元交由公安机关扣押。检察院认为,易某非法吸收公众存款,扰乱金融秩序,应当以非法吸收公众存款罪追究其刑事责任。

法院查明:1996年至1997年4月,在原中山进出口商品检验局(现中山出入境检验检疫局)工作的易某以办理高息存款名义,陆续收取单位同事、亲友等68人的存款共约人民币1600万元,并将其中的人民币420万元以易某乙名义存入建设银行顺德支行北滘办事处;将人民币146万元以易某乙名义存入建设银行中山分行岐关西路储蓄所;将约人民币1000万元交给甘某(原中山市工商银行莲峰储蓄所主任,在逃)存入中山市板芙镇的各银行办事处、储蓄所,后该款被甘某以假银行存单骗走。1997年5月17日,被害人郑某甲发现存单系伪造随即报案,后强行取走上述以易某乙名义存入建设银行顺德支行北滘办事处的人民币220万元。案发后,易某从甘某手中拿回现金人民币5万元、港币25万元交由公安机关扣押。

证据材料:

易某供认1990年1月至1994年,其在原中山商品检验任出纳期间,受单位同事委托帮他们在中山市高科技开发区城市信用社、石岐工商银行莲峰储蓄所等机构办理高息存款,并认识时任莲峰储蓄所主任的甘某。上述存款包括通过甘某办理的高息存款到期后均能兑现。此后,同事、亲友又会继续让其帮忙办

---

① 参见中山市第一人民法院刑事判决书,(2015)中一法刑二初字第735号。

理，其也会向甘某打听何处有高息存款。其没有游说同事、亲友办高息，也没有从中得到好处。1996年10月至1997年4月，其为同事、亲友办理的高息存款共计1426.289万元，有420万元存入建设银行顺德支行北滘办事处，有146万元存入建设银行中山分行岐关西路储蓄所，均为同事的存款；有约1000万元交给甘某存中山市板芙镇的各银行办事处、储蓄所，后却被甘某以假银行存单骗走。第一次到板芙工商银行办理存款时，其是跟随甘某一起去的，但甘某让其在银行门口等候，说这是银行内部的事情，不是公开存款，若其进去不方便。约15分钟后，甘某出来将两张存单交给其。其看到存单上都是计算机打印的内容，并盖有银行印章而没有产生怀疑。后其继续将同事、亲友包括自己的钱交给甘某办高息。1997年5月17日凌晨，郑某甲带着简某等七八人来到其家里，告知存单是假的。其遂打电话联系甘某，但联系不上。郑某甲等人就要求其提供抵押。当日，其被迫将两本存有同事集资款共计220万元的存折抵押过户给郑某甲。该存折在建行顺德北滘办事处开户，当时的存款利息约有18厘。同年5月18日，其联系到甘某，要求他立刻退还在板芙银行的存款。甘某就将人民币5万元和港币25万元交其转给郑某甲，说是给郑某甲一点信心。后其将款存入建行岐关西路储蓄所，准备归还郑某甲。但在存款次日，其发现甘某已经逃跑，遂向公安机关报案。

其余略。

法院认为：1. 关于易某是否构成非法吸收公众存款罪的问题，经查，根据我国《刑法》及相关司法解释的规定，非法吸收公众存款罪在主观上要求行为人知道自己的吸存行为违法，客观上须以公开宣传的方式面向社会不特定对象吸收资金，而本案证据不能证明易某具备该罪的认定条件。理由如下：(1)易某的行为是在银行高息揽储业务尚存的历史背景下实施的，且其将566万元涉案资金按照被害人的意愿存入具有吸存(揽储)资格的银行，而当年该银行的高息揽储是否获得许可、是否违法尚无充分证据证实，更无证据证实作为银行外部人员的易某知道该银行高息揽储非法，仍然帮助吸存，故不能认定其主观上具有非法吸收公众存款的犯罪故意。至于其交给甘某办理高息存款的资金约1000万元，因有证据证明被甘某以假银行存单骗走，属于典型的集资诈骗，已由司法解释规定应以集资诈骗罪定罪处理，故不能再以非法吸收公众存款罪评判。(2)各被害人的陈述、易某的供述均能证实，易某没有通过推介会、传单、手机短信等向社会公开宣传的方式集资，其能够收取被害人的资金主要基于其此前成功为同事办理过高息存款。与此相对应，易某吸存的对象也较为单一，主要限于其同事、亲友，属于特定人员范畴。即使是关系较为疏远的郑某甲、何某等少数被害人，也是易某亲友、同事的亲戚或朋友，亦非社会不特定对象，更非社会不特定群体。因此，易某的行为不符合非法吸收公众存款罪的客观要件。综上，易某不构成非法吸收公众存款罪。公诉机关指控证据不足，不予支持。易某及其辩护人所提意见成立，予以采纳。

2. 关于易某是否构成诈骗罪的问题，经查，易某系以办高息为名收取被害人的资金，并将566万元存入银行包括建设银行顺德支行北滘办事处，且该办事处于1997年6月10日书面回复中山市公安局协查的内容证明，当时该处的存款月息高达18‰（年息21.6%），确有高息存款。可见，易某没有虚构集资的名目，没有采取诈骗手段向被害人收取资金。虽然其交给甘某办理高息的约1000万元被骗走，但因甘某在逃，其与易某之间是否有共谋不能确定，且在案证据不能证实易某参与上述资金的转账、分配或占有，也不能证实其知道银行存单系伪造仍继续向被害人收集资金并交给甘某。故现有证据不足以认定易某的行为构成诈骗罪。被害人的诉讼代表人所提意见理据不足，不予采纳。

裁判结果：公诉机关指控易某犯非法吸收公众存款罪证据不足，罪名不能成立。遂判决易某无罪。

判例解析：本案是银行高息揽储特殊背景下所发生的普通人被诉非法吸收公众存款罪案件。本案当事人被宣判无罪，主要有四方面的原因：首先是银行高息揽储的特殊背景，案涉银行揽储的年利率高达21.6%。我国银行存款利率向来不到5%，如此高的利息确实罕见。由于银行的高信用度，在获知如此高息后，一般人趋之若鹜地办理存款是大概率事件。其次，易某当时是商品检验局的出纳，具有熟悉银行业务的便利，其收取同事、亲友资金，是帮助他们办理存款。易某之所以能收取资金，也主要基于其此前成功为同事办理过高息存款。除此之外，并没有通过推介会、传单等途径公开宣传集资。再次，易某的吸存对象较为单一，主要限于其同事、亲友，属于特定人员范畴，并非不特定的社会公众。最后，交给甘某用于办理高息存款的1000万元，被甘某以假存单取走，没有证据证明易某与甘某存在通谋或参与了该1000万元的分配，相反，对该被取走的1000万元，易某本人亦属受害人。故此，易某也不成立诈骗罪。

二、上海某公司、吴丙非法吸收公众存款案[①]

检察院认为：2010年6月至2011年10月期间，吴丙身为被告单位上海某公司的法定代表人和负责人，以该公司投资或者经营需要资金周转为由，以承诺高额借款利息为诱，部分提供房产抵押或珠宝质押，通过出具借据或签订借款协议等方式，非法向涂某某等19人吸收存款，共计人民币15,460万元，其中最高者2000万元，最低者110万元。所吸收资金主要用于偿还他人的借款本息、支付公司运营支出等。截至案发，吴丙已向王某等四人支付全部本息；向涂某某偿还本息909.797万元，珠宝作价抵款117.5263万元；向季某偿还452.4万元；向方某某偿还本息1719.645万元；向郑某偿还本息89.667万元，珠宝作价抵款35.5111万元；向孙某某偿还本息306.866万元；向项某偿还本息1890万元；向张某偿还200万元；另在林某等三人处质押珠宝或抵押房产，林某已通过变卖质押珠宝受偿人民币166万元；而对于姜某、应某某等4人的借款，则尚未支付本息。2012年11月19日，吴丙接公安人员电话通知后主动至公安机关。公诉机关认为，被告单位某公司在吴丙管理经营中，非法吸收公众存款，扰乱金融秩序，数额巨大，应当以非法吸收公众存款罪追究其刑事责任。

法院查明：2010年6月至2011年10月期间，吴丙作为被告单位某公司的法定代表人和负责人，以该公司投资或者经营需要资金周转等为由，大多承诺较高利息，部分提供房产抵押或珠宝质押，通过出具借据或签订借款协议等方式，向涂某某等19人借款共计人民币15,460万元。所借款项主要用于偿还他人的借款本息、支付公司运营支出等。截至案发，吴丙对上述款项尚未完全支付本息。

法院认为：2010年6月至2011年10月期间，吴丙在经营被告单位某公司期间，分别多次以各种理由向涂某某等人借款共计15,460万元。首先，从宣传手段上看，吴丙借款方式为当面或通过电话一对一向借款人提出借款，并约定利息和期限，既不存在通过媒体、推介会、传单、手机短信等途径向社会公开宣传的情形，亦无证据显示其要求借款对象为其募集、吸收资金或明知他人将其吸收资金的信息向社会公众扩散而予以放任的情形。其次，从借款对象上看，吴丙的借款对象绝大部分与其有特定的社会关系基础，范围相对固定、封闭，不具有开放性，

---

① 参见上海市黄浦区人民法院刑事判决书，(2013)黄浦刑初字第1008号。

并非随机选择或者随时可能变化的不特定对象。对于查明的出资中确有部分资金并非亲友自有而系转借而来的情况,但现有证据难以认定吴丙系明知亲友向他人吸收资金而予以放任,此外,其个别亲友转借的对象亦是个别特定对象,而非社会公众。最后,吴丙在向他人借款的过程中,存在并未约定利息或回报的情况,对部分借款还提供了房产、珠宝抵押,故吴丙的上述行为并不符合非法吸收公众存款罪的特征。

裁判结果:(1)被告单位上海某公司无罪。(2)吴丙无罪。

判例解析:本案涉及的资金总量有 1.5 亿多元,若构罪,根据修订前的法律及司法解释,属于数额巨大,量刑起点在三年以上[①]。非法吸收存款罪最核心的特征是公开宣传和向不特定的社会公众吸收存款。本案之所以被宣告无罪,主要仍是两方面原因:其一,没有通过媒体、推介会等形式公开宣传;其二,借款对象大部分与其有特定的社会关系,范围相对固定,不具有开放性。本案中有部分资金系亲友转借而来,这是否属于不特定对象?根据《最高人民法院、最高人民检察院、公安部关于办理非法集资刑事案件适用法律若干问题的意见》第 3 条,需“在向亲友或者单位内部人员吸收资金的过程中,明知亲友或者单位内部人员向不特定对象吸收资金而予以放任的”,方可认定为向社会公众吸收资金。然则,本案证据亦难以证明吴丙明知亲友向不特定对象吸收资金而予以放任,故无法认定为向社会公众集资。此外,还值得注意的一点是,吴丙向他人借款主要是用于公司经营,并未进行转借等货币经营行为。

三、张某、周某某非法吸收公众存款再审案[②]

原审查明:张某、周某某于 1994 年下半年合伙承包太杨建材厂,二人为厂里生产筹集周转资金,于 1996 年至 1999 年期间,以高于同期银行利息为诱饵,非法向当地 16 户群众吸收存款人民币 254, 370 元,截至案发仍有人民币 117, 870 元未能归还。

原审判决:张某、周某某非法吸收公众存款,扰乱金融秩序,其行为已构成非法吸收公众存款罪,且系共同犯罪。在共同犯罪中,两人均起主要作用,均系主

---

① 根据现行《刑法》第 176 条及相关司法解释本案涉及 1.5 亿多元为数额特别巨大,量刑 10 年以上。

② 参见江苏省高级人民法院刑事判决书,(2016)苏刑再 10 号。

犯，应当按照其所参与的全部犯罪处罚。张某、周某某主动投案，如实供述了主要犯罪事实，系自首，可以从轻处罚。依照相关法律规定，判决认定张某犯非法吸收公众罪，判处有期徒刑 1 年，并处罚金人民币 2 万元；周某某犯非法吸收公众存款罪，判处有期徒刑 9 个月，并处罚金人民币 2 万元。张某、周某某尚未退出的赃款人民币 117,870 元，决定予以追缴，发还被害人。

再审认为：原审上诉人张某、周某某虽有违反国家法律规定，非法吸收资金 254,370 元，且 117,870 元尚未能归还的行为，但其借款的目的是用于承包建材厂的生产经营，而没有吸收存款扰乱金融秩序的主观故意，且借款的对象属于相对特定的厂内职工、部分亲友、当地村民，不符合《刑法》所规定的"向社会不特定对象吸收资金"，不具备非法吸收公众存款的"社会性"构成要件，依法不构成非法吸收公众存款罪。

裁判结果：(1)撤销江苏省南通市中级人民法院(2010)通中刑二终字第 0076 号刑事裁定和江苏省如东县人民法院(2010)东刑二初字第 53 号刑事判决。(2)原审上诉人张某、周某某无罪。

判例解析：本案案情较为简单，案涉金额也较小，但获得再审无罪判决却也时隔 7 年，可见无罪申诉之路的漫长。本案再审无罪改判理由有两点：其一，借款对象是职工、亲友、村民，属相对特定对象而非不特定的社会公众；其二，借款目的是用于承包建材厂的生产经营，而非用于转贷等资本经营。再审判决据第二点认为当事人"没有吸收存款扰乱金融秩序的主观故意"，这一认定的背后意旨应是认同非法吸收公众存款罪所扰乱的金融秩序，乃是非法吸收存款后用于从事货币、资本经营等金融业务，由此扰乱了国家的存贷管理这一至关重要的金融秩序。反之，如果吸收资金用于自身生产经营，则并未扰乱金融秩序，不构成非法吸收公众存款罪。

四、谈某某非法吸收公众存款案①

检察院认为：2009 年至 2011 年期间，谈某某明知江西省博川投资服务有限公司法人代表熊某(已判刑)在未经有关部门依法批准的情况下以股权融资、资金拆借、扶植中小企业上市等为由大肆向社会不特定群众非法吸收资金，仍多次

① 参见江西省南昌市东湖区人民法院刑事判决书，(2017)赣 0102 刑初 528 号。

以月息2分至4分向张某、曹某等人借款总计人民币390万元后再以月息6分出借给熊某,借此从中赚取利差。经鉴定,2011年3月29日、2011年4月2日,谈某某分别收到张某转款人民币150万元、190万元,后于2011年4月8日以月息6分将上述340万元出借给熊某;2010年6月21日,谈某某收到曹某转款人民币20万元后以月息6分出借给熊某;2011年1月1日,谈某某收到曹某转款30万元后于2011年1月4日以月息6分出借给熊某。谈某某在未经有关部门依法批准的情况下,以向社会公开宣传并承诺在一定期限内以货币方式还本付息的手段向社会公众吸收存款,扰乱金融秩序,数额巨大,应当以非法吸收公众存款罪追究其刑事责任。公诉人当庭认为谈某某与熊某构成共同犯罪。

法院查明:谈某某明知熊某(2015年2月因犯非法吸收公众存款罪、诈骗罪被判处无期徒刑)高息吸收资金,仍以低于月息6分向他人借款后再以月息6分出借给熊某,借此从中赚取利差。

2010年6月21日,曹某通过亲属转账20万元给熊某,熊某在笔记本中将该笔借款记载在账户"谈某某(曹某)"名下,2010年9月改为记载在账户"曹某"名下,在2010年6月21日至9月9日熊某以月息6分支付谈某某利息。2011年1月1日,谈某某收到曹某30万元后与另外60万元合并于2011年1月4日转给熊某90万元,熊某以月息6分支付谈某某利息。经江西中达司法鉴定中心鉴定,无法判断谈某某支付曹某的利息。

2011年3月29日,谈某某收到张某200万元后于次日转给付某,2011年4月1日付某转回200万元给谈某某,谈某某于2011年4月2日转给卢某甲50万元;2011年4月2日,谈某某收到张某甲90万元后于当日转给卢某甲90万元。2011年4月8日,谈某某将存在卢某处的400万元(包括上述二笔转款计340万元)提取后转存于熊某处,但谈某某并没有将该400万元直接转给熊某,而是按熊某的要求替熊某归还黄某欠款400万元,根据熊某笔记本记载,熊某以月息6分支付谈某某利息。经江西中达司法鉴定中心鉴定,无法判断谈某某支付张某的利息。

法院认为:本案的争议焦点是谈某某是否构成非法吸收公众存款罪?公诉机关指控谈某某构成熊某非法吸收公众存款罪的帮助犯,谈某某及其辩护人辩称不构成非法吸收公众存款罪,与熊某不构成共同犯罪。经查:起诉书指控谈某某以月息2分至4分向张某、曹某二人借款计390万元后再以月息6分出借给熊某，从中赚取利差，但谈某某只是以自己名义向张某、曹某二人借款，谈某某的行为不具备非法吸收公众存款罪要求的“向社会公众即社会不特定对象吸收资金”要件，现有证据无法证实谈某某单独构成非法吸收公众存款罪；刑法意义上的帮助他人吸收公众存款犯罪是由投资人直接交款至被帮助人，而谈某某为谋取利益将自己应当承担还款责任的张某、曹某的款项转存至熊某处，谈某某与熊某之间发生投资法律关系，不宜认定谈某某帮助熊某进行非法吸收公众存款犯罪，辩护人提出谈某某无罪的辩护意见本院予以采纳。

裁判结果：谈某某无罪。

判例解析：本案中，当事人谈某某经手的资金额尽管较大，但来源仅有曹某、张某二人，显然不符合非吸案件中“社会公众”的特点，谈某某不能单独构成非法吸收公众存款罪。对于公诉机关当庭指控谈某某系熊某非法吸收公众存款罪的帮助犯这一问题，本案的一个重要意义即在于厘清了此类案件中帮助犯应如何认定的问题，也即，非法吸收公众存款罪中的帮助犯需投资人直接将款项交给集资人（被帮助人），帮助人则仅在其中起到协助作用。而本案中，当事人是以自己的名义向他人借款，由自己向出借人承担还款责任，然后转借他人牟取利息差，出借人（投资人）与集资人并未发生投资关系，因而不构成非法吸收公众存款罪的帮助犯。

五、廖某非法吸收公众存款案[①]

检察院认为：2012 年 2 月，廖某因修建会同县会同河小寨桥缺乏资金，经从事中介的杨某甲介绍认识李某某后，先后向李某某本人或通过李某某介绍向社会不特定对象宋某某、闫某某、向某某等人借款，其中向李某某借款人民币 104 万元、向宋某某借款人民币 145.2 万元、向闫某某借款人民币 10 万元、向向某某借款人民币 20 万元、向赵某借款人民币 10 万元、向杨某某借款人民币 10 万元、向宋某甲借款人民币 10 万元，约定借款月利率为 5%、7% 不等。廖某在给付部分被害人部分利息后，因资金链断裂无法归还上述人员的借款。公诉机关认为，廖某未经金融主管部门批准，因修建桥梁缺乏资金，向社会公众即社会不特定对象吸收资金，数额巨大应当以非法吸收公众存款罪追究其刑事责任。

① 湖南省会同县人民法院刑事判决书，(2017)湘 1225 刑初 25 号。

法院查明：2012 年 1 月 30 日，廖某挂靠的江苏九鼎建设公司中标会同县会同河小寨桥建设项目后，廖某与该公司签订了一份《项目承包合同》。因修建该桥缺启动资金，通过妻子黄某某结识了在“会同县海联信息中介服务中心”从事中介的杨某甲（系黄某某校友），并告之中标小寨桥需要资金的信息。经杨某甲牵头联系，廖某与李某某（系杨某甲哥哥之妻弟）、宋某某在怀化见面后，廖某就工程项目的前期情况向二人做了简介，时因工程项目尚处公示期，双方未达成借款协议。2012 年 2 月，廖某向李某某、宋某某二人提出借款，李某某、宋某某二人在核实廖某中标的工程项目后，决定各借 100 万元给廖某。同年 2 月 23 日，宋某某、李某某与廖某签订了一份借款合同，合同约定宋某某、李某某借款 200 万元给廖某，月利率 5%，借款、还款及支付利息均通过银行转账，如廖某（乙方）投标需要资金，宋某某、李某某全力筹集资金支持并与乙方合作（合作方式另议）等内容。二人均提出须在廖某承包工程的工地做事以便监督资金流向。李某某因本人资金不足，便将廖某中标工程项目需要资金的信息告知其好友闫某某等 5 人，并邀约共同投资。李某某以本人名义先后借给廖某人民币 104 万元。宋某某则陆续借给廖某人民币共计 145.2 万元。李某某、宋某某二人借款给廖某后，为监督资金的流向，李某某在工地负责开车，宋某某负责工程项目财务工作，均领取相应的工资。施工期间，李某某又分别介绍廖某向宋某甲借款 10 万元、向赵某借款 10 万元、向杨某某借款 10 万元、向向某某借款 20 万元，约定借款月利率为 5% 或 7% 不等。闫某某因之前以李某某名义借给廖某 15 万元，且每月能够按时收到李某某转交的利息，便决定追加投资，后直接通过银行汇款给廖某 10 万元。廖某分别支付李某某利息 340,400 元、支付宋某某利息 25 万元、支付向某某利息 2 万元、支付杨某某利息 5000 元、支付宋某甲利息 1.5 万元。廖某因妻黄某某欠高利贷，债权人到其承包的小寨桥工地索讨高利贷，影响到工程正常施工。为此，2012 年 11 月 3 日，江苏九鼎建设公司代表人李某与廖某及李某某、宋某某签订了一份协议书。协议约定廖某、李某某、宋某某三人共同承包小寨桥工程、项目竣工结算所得利润由乙方和丙方均享、亏损风险均担等内容。协议签订后，廖某离开工地，前往他处务工。小寨大桥工程后由李某某、宋某某二人续做至工程竣工并结算。共结算工程款 996.0752 万元。廖某在支付上述各出借人利息后，因资金链断裂，未能偿还上述出借款本息。

2014 年 3 月 10 日宋某某等人为此向公安机关报案。2014 年 4 月 29 日公安机关立案侦查后，对廖某予以网上追逃，同年7月12日廖某被广东省南雄市公安局抓获并移交会同县公安局。经怀化市方兴司法鉴定所鉴定，廖某在2012年2月至9月期间，涉嫌吸收李某某、宋某某等七人存款共计人民币309.2万元。

另查明，杨某甲参与经营的“会同县海联信息中介服务中心”无金融中介服务资质。廖某承包小寨桥工程期间，另中标会同县人行道板工程，廖某与李某某、宋某某三人合伙承包该工程项目，向某某先后在会同县人行道板工程工地、小寨大桥工地做水电工。

法院认为：《最高人民法院关于审理非法集资刑事案件具体应用法律若干问题的解释》规定，向社会公众吸收资金的行为，只有同时具备未经有关部门依法许可或者借用合法经营的形式吸收资金；通过媒体、推介会、传单、手机短信等途径向社会公开宣传；承诺在一定期限内以货币、实物、股权等方式还本付息或者给付回报；向社会公众即社会不特定对象吸收资金等四个条件的，才认定为非法吸收公众存款或者变相吸收公众存款。同时明确规定，未向社会公开宣传，在亲友或者单位内部针对特定对象吸收资金的，不属于非法吸收或者变相吸收公众存款。本案的焦点在于廖某向李某某、宋某某等人的借款行为是否具备上述条件。就本案而言，首先，本案证实廖某向社会公布其需要资金信息的证据，除证人杨某甲的证言外，无其他予以印证，且杨某甲参与经营的“会同县海联信息中介服务中心”并无金融中介服务资质，介绍李某某与廖某认识并未收取中介费。故现有证据尚不能证明廖某本人或委托他人有通过媒体、推介会、传单、手机短信等途径向社会公开宣传需要资金的行为。其次，廖某承包修建会同河小寨桥时，经杨某甲介绍认识李某某（系杨某甲哥哥的妻弟）、宋某某后向二人借款，李某某、宋某某（系李某某好友）在核实廖某所承包工程项目属实的情况后才决定借款给廖某。借款后，二人在廖某承包工程的工地做事。廖某离开工地后，李某某、宋某某二人按照与廖某签订的协议继续在小寨桥工程施工，直至竣工并结算，因此，廖某与李某某、宋某某之间的借款前为借贷，后为合伙。其间，经李某某介绍，闫某某、石某某、向某某、赵某、宋某甲、杨某某与李某某签订了投资协议后以李某某的名义转账给廖某，均与廖某没有直接交易行为，仅与李某某存在借贷关系。向某某先后在会同县人行道板工程工地、小寨大桥工地做水电工，视为单位内部员工。闫某某后面借款给廖某是自愿的，闫某某、杨某某、赵某三人与李某某之间均为好友，且李某某后又成为该工程的合伙人，宋某甲与李某某是熟人关系，与廖某不熟，通过李某某介绍借款 10 万元给廖某。基于上述事由，应认定李某某、宋某某、闫某某、石某某、向某某、赵某为特定对象，宋某甲为非特定对象。同时，本案并无证据证明廖某借款用于合法生产经营的行为扰乱了国家金融管理秩序。

裁判结果：廖某无罪。

判例解析：本案是发生在建设工程领域的非法吸收公众存款案。建设工程领域是资金密集型行业，很多工程项目在施工期间均有资金拆借现象，尤其在挂靠施工的情况下，因挂靠人自身资金不足而引发的资金拆借更是频繁。本案案情并不复杂，但审判过程相当曲折，会同县法院前后两次对廖某判处有期徒刑 4 年，两次被怀化中级人民法院发回重审，直至第三次方作出无罪宣判。

在法律层面，本案核心还是两点：有无公开宣传？是否向不特定的社会公众吸存？本案虽出现了一个“会同县海联信息中介服务中心”，但该中心并无金融中介资质，并未收取中介费，无法认定存在面向社会的公开宣传。借款主体方面，判决书中逐一分析了各借款人与廖某的社会关系及借款由来，其中，李某某的好友闫某某、石某某、向某某、赵某、宋某甲、杨某某与李某某签订了投资协议后，以李某某的名义转账给廖某，法院认定与廖某存在直接法律关系的是李某某，本案的出借人仍局限于特定人范畴。再者，裁判理由中最后认定“本案并无证据证明廖某借款用于合法生产经营的行为扰乱了国家金融管理秩序”是法院对在集资款用途方面合理限定非法吸收公众存款罪入罪之观点的认同与重申。

第五章　伪造、变造金融票证罪无罪判例解析

法律条文

《刑法》

第一百七十七条　【伪造、变造金融票证罪】有下列情形之一，伪造、变造金融票证的，处五年以下有期徒刑或者拘役，并处或者单处二万元以上二十万元以下罚金；情节严重的，处五年以上十年以下有期徒刑，并处五万元以上五十万元以下罚金；情节特别严重的，处十年以上有期徒刑或者无期徒刑，并处五万元以上五十万元以下罚金或者没收财产：

（一）伪造、变造汇票、本票、支票的；

（二）伪造、变造委托收款凭证、汇款凭证、银行存单等其他银行结算凭证的；

（三）伪造、变造信用证或者附随的单据、文件的；

（四）伪造信用卡的。

单位犯前款罪的，对单位判处罚金，并对其直接负责的主管人员和其他直接责任人员，依照前款的规定处罚。

《最高人民检察院、公安部关于公安机关管辖的刑事案件立案追诉标准的规定（二）》

第二十四条　〔伪造、变造金融票证案（刑法第一百七十七条）〕伪造、变造金融票证，涉嫌下列情形之一的，应予立案追诉：

（一）伪造、变造汇票、本票、支票，或者伪造、变造委托收款凭证、汇款凭证、银行存单等其他银行结算凭证，或者伪造、变造信用证或者附随的单据、文件，总面额在一万元以上或者数量在十张以上的；

(二)伪造信用卡一张以上,或者伪造空白信用卡十张以上的。

罪名详解

金融票证是金融活动的媒介,在市场经济活动中发挥着越来越重要的作用。金融票证的真实性直接决定了其信用度,直接影响到市场交易的顺利进行。为此,在刑事上有必要对伪造、变造金融票证的行为予以打击。所谓伪造、变造金融票证罪,是指伪造、变造汇票、本票、支票,伪造、变造委托收款凭证、汇款凭证、银行存单等其他银行结算凭证,伪造、变造信用证或者附随的单据、文件或者伪造信用卡的行为。

本罪所保护的法益是国家的金融票证管理制度。金融票证是商品交换和信用活动的产物,它对于加速资金周转,提高社会资金使用效益;及时进行商品交易,促进商品流通;及时清结债权债务,节省流通费用以及规范商业信用等具有重要意义。伪造、变造金融票证不仅损害了有关当事人的正当权益,更影响了金融票证应有的信誉,破坏了国家的金融票证管理制度,妨害了经济健康有序地发展。

本罪的构成要件内容为伪造、变造各种金融票证的行为,即伪造、变造本票、支票、汇票;伪造、变造委托收款凭证、汇款凭证、银行存单等其他银行结算凭证;伪造、变造信用证或者随附的单据文件。所谓伪造金融票证,是指无权制作金融票证的,假冒他人或虚构他人的名义擅自制作金融票证的行为;所谓变造金融票证,是擅自对他人的有效金融票证上所载内容进行变更的行为。

责任形式上,本罪只能由故意构成。行为人因过失而错写误填票证内容的,虽然要承担相应的民事责任,但不能让其承担刑事责任。即使行为人错写误填票证后又故意使用的,也只能按票据诈骗罪等其他犯罪追究刑事责任,而不能以伪造、变造金融票证罪论处。

理论难点

一、金融票证具体包括哪些

本罪的犯罪对象是金融票证,具体而言,包括汇票、本票、支票,委托收款凭证、汇款凭证、银行存单等银行结算凭证,信用证或者附随的单据、文件。

汇票、本票、支票等票据较为常见,不再赘述。

委托收款凭证(又称托收凭证),是指收款人在委托银行向付款人收取款项时,所填写的凭证和证明,有邮寄和电报划回两种。格式如图5－1所示。

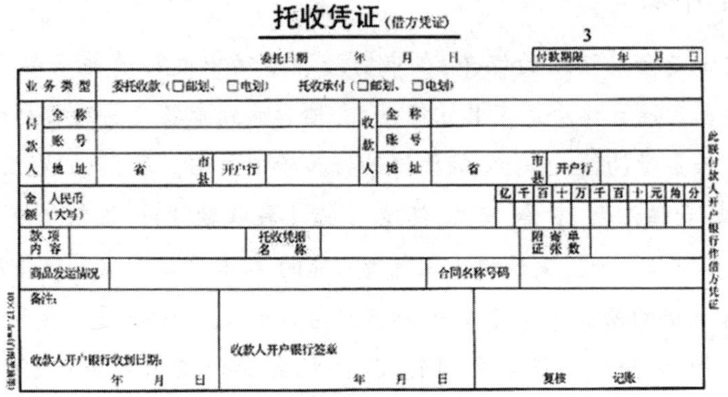
托收凭证（借方凭证）
3
委托日期 年 月 日
付款期限 年 月 日
业务类型 委托收款（□邮划、□电划） 托收承付（□邮划、□电划）
付款人 全称 账号 地址 省 市县 开户行
收款人 全称 账号 地址 省 市县 开户行
金额 人民币（大写） 亿 千 百 十 万 千 百 十 元 角 分
款项内容 托收凭据名称 附寄单证张数
商品发运情况 合同名称号码
备注：
收款人开户银行收到日期： 年 月 日
收款人开户银行签章 年 月 日
复核 记账
此联付款人开户银行作借方凭证

图5－1 托收凭证

汇款凭证,是指汇款人委托银行将款项汇给外地收款人时,所填写的凭据和证明。需注意,这里的汇款凭证并非个人转账汇款的凭条,而是指委托银行汇款的凭证。格式如图5－2所示。

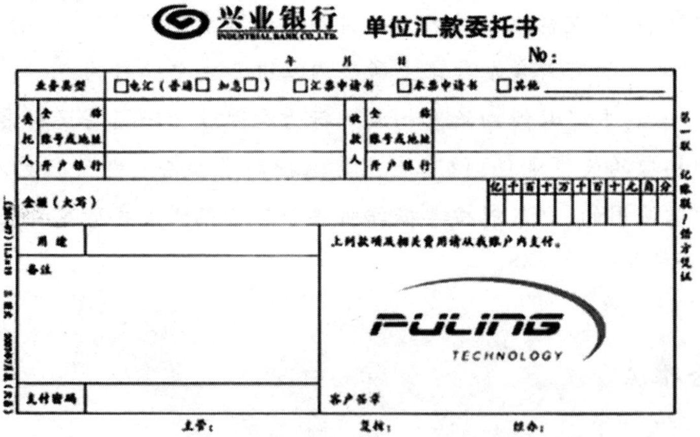
兴业银行 INDUSTRIAL BANK CO.,LTD. 单位汇款委托书
年 月 日 No：
业务类型 □电汇（普通□ 加急□） □汇票申请书 □本票申请书 □其他
委托人 全称 账号或地址 开户银行
收款人 全称 账号或地址 开户银行
金额（大写） 亿 千 百 十 万 千 百 十 元 角 分
用途
上列款项及相关费用请从我账户内支付。
备注
支付密码
客户签章
主管： 复核： 经办：
第一联 记账联/借方凭证

图5－2 单位汇款委托书

银行存单,是指由储户向银行交存款项,办理开户,银行签发载有户名、账号、存款金额、存期、存入日、到期日、利率等内容的存单。格式如图5－3所示。

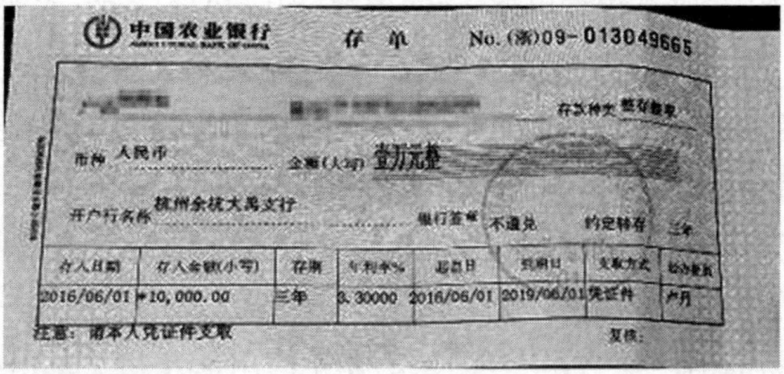

中国农业银行　存　单　No.(浙)09-013049665

存款种类 整存整取

币种 人民币　金额(大写) 壹万元整

开户行名称 杭州余杭大禹支行　银行签章 不通兑　约定转存 三年

存入日期	存入金额(小写)	存期	年利率%	起息日	到期日	支取方式	钞/汇鉴别
2016/06/01	¥10,000.00	三年	3.30000	2016/06/01	2019/06/01	凭证件	户月

注意：请本人凭证件支取　复核：

图 5 – 3　存单

信用证，是指开证银行根据作为进口商（买方）的请求，开给出口方（卖方）的保证付款的书面凭证。格式如图 5 – 4 所示。

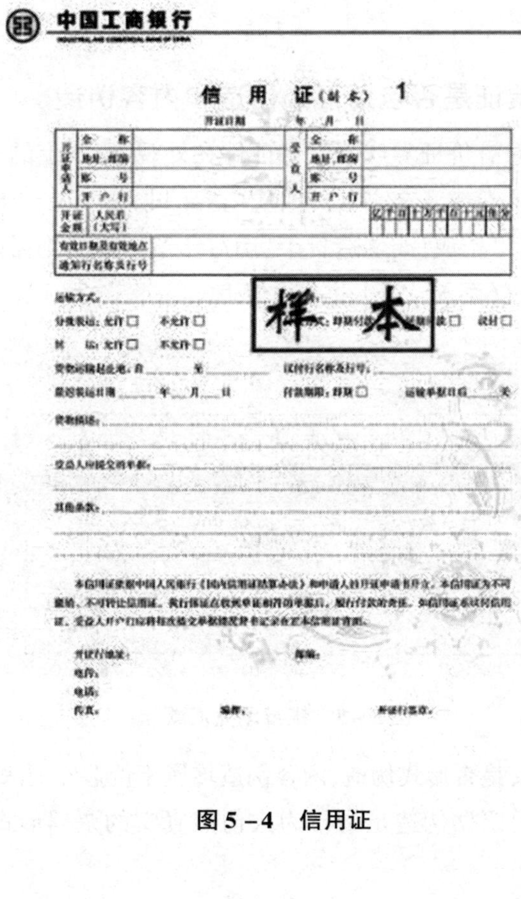

中国工商银行

信　用　证（副本）　1

开证日期　年　月　日

开证申请人		受益人	
全　称		全　称	
地址、邮编		地址、邮编	
账　号		账　号	
开户行		开户行	

开证金额	人民币（大写）
有效日期及有效地点	
通知行名称及行号	

样本

图 5 – 4　信用证

附随的单据，主要有货物单据、运输单据、保险单据三种。货物单据如发票、装箱单、产地证书等；运输单据是表明运送人已将货物装船或发运或接受监管的单据，包括海运提单、航空运单、铁路运单等；保险单据是关于货物运输保险的单据。由于国际贸易中的货物运输路途遥远、时间较长，为避免因长途运输或遇有意外情况货物受到损失，对货物有保险利益的人大多采取为货物投保的方法以转移由此造成的损失。

在国际贸易的信用证结算模式下，卖方凭信用证及相关单据就可以向银行申请付款，银行则只对单据进行审查，只要在形式上单单相符、单证相符，银行即应无条件付款。

由上可见，伪造、变造金融票证罪中的金融票证，均是能够直接向银行或其他金融机构请求付款的票证，是实践当中最为重要的金融票证。除此之外，由银行或其他金融机构出具的其他不具有直接请求付款功能的单据、凭证，则不属于本罪项下的金融票证。

二、伪造金融票证是否包括形式伪造和内容伪造

形式伪造，是指对有价证券或者文书证件在外观、形式上的非法仿制。内容伪造，则是指对有价证券或者文书证件实质内容的非法填写。在伪造类犯罪中，有的只需形式伪造即可构成，如伪造货币、伪造印章。有的则需内容伪造方能构成，例如在空白的汇票（图5-5）上进行非法填写。

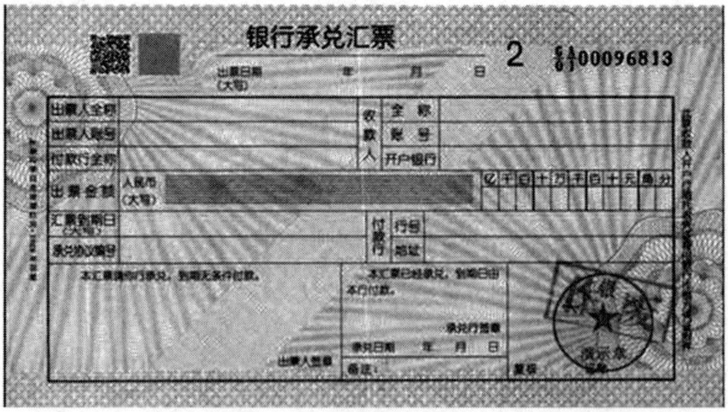

图5-5 银行承兑汇票

票据伪造行为中，是否形式伪造、内容伪造均属于伪造？刑法理论上有不同观点。第一种观点认为，票据伪造是指行为人仿照真实的票据形式、图案、格式、质

地,通过印刷、复制、绘制等手法非法制作票据的行为。简言之,这种观点认为伪造票据是伪造空白的票据样式。第二种观点认为,票据伪造是指行为人假冒他人在票据上为一定的票据行为,包括出票、背书、承兑或保证等行为。简言之,这种观点认为票据伪造是内容的伪造。第三种观点认为,刑法上的票据伪造包括外观上的非法仿制和内容上的非法填制行为。第二种观点是主流观点。非法仿制票据实际上是票据格式的伪造,并没有直接产生票据法上的权利义务。从我国现行刑法分析,票据格式的伪造者并不当然承担民事、行政和刑事法律责任。[1]

至于信用卡的伪造,根据《最高人民检察院、公安部关于公安机关管辖的刑事案件立案追诉标准的规定(二)》,则既包括形式上的伪造(伪造空白信用卡),也包括内容上的伪造(即在信用卡磁条上输入权利人的信息)。

无罪判例

一、陈某某伪造、变造金融票证案[2]

基本案情:2016 年 12 月 9 日,陈某某在与孙某某共同租赁本区某房屋装修经营幼儿园期间,在资金往来过程中,通过手机软件“美图秀秀”对一张其向房东转账的中国农业银行回单进行篡改,将转账金额由 70 万元篡改为 200 万元,后将变造的转账回单通过微信出示给孙某某。

检察院认为:陈某某虽然实施了变造银行回单的行为,但该回单不属于《刑法》第 177 条中“金融票证”的范畴,陈某某无犯罪事实。

裁判结果:对陈某某不起诉。

判例解析:银行回单并非是能够直接据以请求付款的银行结算凭证,不属于本罪中的“金融票证”,犯罪客观方面不符合。

二、吴某某伪造、变造金融票证案[3]

基本案情:2017 年 3 月,吴某某在其受聘的广告制作部内,按照郝某某(另

---

① 参见刘宪权:《金融犯罪刑法学原理》,上海人民出版社 2017 年版,第 271 页。
② 参见上海市浦东区人民检察院沪浦检金融刑不诉[2019]29 号。
③ 参见鄂尔多斯市东胜区人民检察院东检一诉刑不诉[2018]16 号。

案处理)的授意,使用郝某某提供的任某某的银行卡号及工商银行 ATM 机存款凭条,将该凭条扫描进计算机后,在计算机上对凭条内容进行修改,伪造一张收款人为任某某的工商银行 ATM 机存款凭条,之后用 A4 纸打印,并裁剪成原凭条式样。后吴某某收取郝某某20 元的制作费。郝某某利用该工商银行 ATM 机存款凭条骗取被害人任某某1000 元。

检察院认为:本案中吴某某伪造的工商银行自动柜员机客户凭证只是供持卡人存款、取款及转账等核对之用,不作为任何凭据,不属于《刑法》第 177 条中"金融票证"的范畴,虽然吴某某存在伪造行为,但是伪造的不是金融票证,因此吴某某无犯罪事实。

裁判结果:对吴某某不起诉。

判例解析:同上,自动柜员机客户凭证不属于"金融票证"范畴,因此无罪。

三、李某某伪造、变造金融票证案[①]

基本案情:灵寿县公安局认定:2008 年年初,李某某在闫某某等人的要求下,伪造了王某某、苏某某灵寿县农村信用社银行进账单,及银行询证函和客户查询明细对账单,后用以上伪造的材料骗取工商注册,并注册了灵寿县某某房地产开发有限公司。

检察院认为:经本院审查并二次退回补充侦查,本院仍然认为灵寿县公安局认定的犯罪事实不清、证据不足。李某某的行为在客观上不符合伪造、变造金融票证的表现形式,其作为金融机构的工作人员,违反规章制度开具进账单等材料,客观上符合违规出具的表现形式,但银行进账单等材料是否属于违规出具金融票证罪的犯罪对象尚未有明确法律规定,且本案缺乏进账单中印鉴是否属实的鉴定意见证据,不符合起诉条件。

裁判结果:对李某某不起诉。

判例解析:银行进账单、询证函、查询对账单均非银行结算凭证,不属于伪造、变造金融票证罪中的"金融票证"范畴。

---

① 参见灵寿县人民检察院灵检公刑不诉[2017]10 号。

第六章　妨害信用卡管理罪无罪判例解析

法律条文

《刑法》

第一百七十七条之一　【妨害信用卡管理罪】有下列情形之一，妨害信用卡管理的，处三年以下有期徒刑或者拘役，并处或者单处一万元以上十万元以下罚金；数量巨大或者有其他严重情节的，处三年以上十年以下有期徒刑，并处二万元以上二十万元以下罚金：

（一）明知是伪造的信用卡而持有、运输的，或者明知是伪造的空白信用卡而持有、运输，数量较大的；

（二）非法持有他人信用卡，数量较大的；

（三）使用虚假的身份证明骗领信用卡的；

（四）出售、购买、为他人提供伪造的信用卡或者以虚假的身份证明骗领的信用卡的。

窃取、收买或者非法提供他人信用卡信息资料的，依照前款规定处罚。

银行或者其他金融机构的工作人员利用职务上的便利，犯第二款罪的，从重处罚。

《最高人民检察院、公安部关于公安机关管辖的刑事案件立案追诉标准的规定（二）》

第二十五条　〔妨害信用卡管理案（刑法第一百七十七条之一第一款）〕妨害信用卡管理，涉嫌下列情形之一的，应予立案追诉：

（一）明知是伪造的信用卡而持有、运输的；

（二）明知是伪造的空白信用卡而持有、运输，数量累计在十张以上的；

（三）非法持有他人信用卡，数量累计在五张以上的；

(四)使用虚假的身份证明骗领信用卡的；

(五)出售、购买、为他人提供伪造的信用卡或者以虚假的身份证明骗领的信用卡的。

违背他人意愿，使用其居民身份证、军官证、士兵证、港澳居民往来内地通行证、台湾居民来往大陆通行证、护照等身份证明申领信用卡的，或者使用伪造、变造的身份证明申领信用卡的，应当认定为“使用虚假的身份证明骗领信用卡”。

第二十六条 〔窃取、收买、非法提供信用卡信息案(刑法第一百七十七条之一第二款)〕窃取、收买或者非法提供他人信用卡信息资料，足以伪造可进行交易的信用卡，或者足以使他人以信用卡持卡人名义进行交易，涉及信用卡一张以上的，应予立案追诉。

罪名详解

信用卡，又叫贷记卡，是由商业银行或信用卡公司对信用合格的消费者发行的信用证明，其形式是一张正面印有发卡银行名称、有效期、号码、持卡人姓名等内容，背面有磁条、签名条的卡片。持有信用卡的消费者可以到特约商业服务部门购物或消费，再由银行同商户和持卡人进行结算，持卡人可以在规定额度内透支。

相比普通银行储蓄卡(借记卡)，信用卡最方便的使用方式就是可以在卡里没有现金的情况下进行普通消费，在很多情况下只要按期归还消费的金额即可。信用卡是当前人们使用最为常见、使用最为广泛的一种大众化支付工具，通过延期付款的方式为持卡人提供信用，把信用行为从商业领域拓展到生活消费领域，对促进社会再生产、刺激消费、构建信用均具有积极的作用。

正是基于信用卡的上述特征，信用卡领域成为犯罪分子谋取非法利益的温床。为维护金融机构信誉和国家金融秩序，刑法针对信用卡编织了严密的法网。除了将伪造、变造信用卡的行为定为伪造、变造金融票证罪之外，将非法持有、运输、骗领、出售、购买信用卡等各环节的行为均纳入刑法打击范围，以妨害信用卡管理罪定罪处罚。此外，对于提供他人信用卡信息资料的行为，则定为窃取、收买、非法提供信用卡信息罪。在后续，如使用伪造的信用卡刷卡消费，则还构成信用卡诈骗罪。

概括地看，一张伪造的信用卡从产生到使用的过程大致为：提供他人信用卡信息资料——使用他人信息资料伪造信用卡——运输信用卡——出售信用卡——使用信用卡。其间所涉及的罪名依次是:窃取、收买、非法提供信用卡信息罪——伪造、变造金融票证罪——妨害信用卡管理罪——信用卡诈骗罪。由此也可见,妨害信用卡管理罪针对的是伪造信用卡与使用伪造的信用卡之外的中间环节。

妨害信用卡管理罪保护的法益是国家的信用卡管理制度。构成要件内容为妨害信用卡管理的行为。具体包括四种情形:(1)明知是伪造的信用卡而持有、运输的,或者明知是伪造的空白信用卡而持有、运输,数量较大的;(2)非法持有他人信用卡,数量较大的;(3)使用虚假的身份证明骗领的信用卡的;(4)出售、购买、为他人提供伪造的信用卡或者以虚假的身份证明骗领的信用卡的。按照法律规定,行为人只要实施上述行为之一,就构成本罪。犯罪主体是一般主体。责任形式方面要求为故意,并且一般均具有牟取非法利益的目的。

理论难点

一、经持卡人同意而持有其信用卡是否属于“非法持有他人信用卡”

持有类犯罪的非法性有两种,一种是持有的物品本身为法律上禁止持有的物品,如非法持有枪支罪中的枪支;另一种是物品并非法律上的禁止持有物,但持有的行为没有合法依据。非法持有他人信用卡属于第二种,即这种行为没有他人授权、委托或无因管理等法律上的依据。

关于此处的他人信用卡的范围,理论上有不同观点:第一种观点认为,他人的信用卡是指他人申领的合法有效的信用卡,即真卡,不包括伪造卡、变造卡、空白卡;第二种观点认为,他人的信用卡既包括真卡,也包括伪造卡、变造卡、空白卡。第一种观点为主流观点。如果是伪造的信用卡,则可以依据《刑法》第177条之一第1项行为予以认定。

根据《最高人民法院、最高人民检察院关于办理妨害信用卡管理刑事案件具体应用法律若干问题的解释》第2条,非法持有他人信用卡5张以上不满50张的,应当认定为《刑法》第177条之一第1款第2项规定的“数量较大”。那么,需注意的问题是,如果经过持卡人同意而持有其信用卡,是否属于“非法持有他人信用卡”?

银行卡是特殊物品,持卡人的同意并不足以成为持有他人信用卡的合法根据。《银行卡业务管理办法》第28条第3款规定："银行卡及其账户只限经发卡银行批准的持卡人本人使用，不得出租和转借。"各商业银行涉信用卡的章程以及持有人领取信用卡所签署的文件上，也均规定了信用卡由本人使用的规则。因此，除单纯的委托保管之外，如系因提供给他人使用为目的而将信用卡交由他人持有，即便持卡人本人同意，也应认定为非法持有。

当然，共同生活的亲友之间未违背持卡人意愿而持有、使用他人信用卡，如果行为人能提供证据证明这种信用卡借用行为的合理性，则不应认定为非法持有他人信用卡。①

二、骗领信用卡中的"虚假身份证明"是否仅限于身份证件

妨害信用卡管理罪的第三种行为类型是"使用虚假的身份证明骗领信用卡"，在骗领信用卡前作为限定语的"虚假身份证明"应如何理解？第一种观点认为，身份证明只应当包括居民身份证、现役军人的军官证以及境外居民的护照等证明；第二种观点认为，身份证明是指一切能够证明个人身份的材料或证件，种类繁多，包括身份证、户籍证、学生证、工作证、介绍信，等等。第二种观点为主流观点，即对"身份证明"不能做狭义的理解。

不过，对于使用虚假的工作证明、收入证明骗领信用卡的行为，公安部经济犯罪侦查局在2008年7月1日的《关于对以虚假的工作单位证明及收入证明骗领信用卡是否可以认定为妨害信用卡管理罪请示的批复》（公经金融[2008]107号）中做了规定："山东省公安厅经侦总队：你总队《关于以虚假的工作单位证明及收入证明骗领信用卡是否可以认定为妨害信用卡管理罪的请示》（鲁公经[2008]335号）收悉。经研究，并征求人民银行意见，以虚假的工作单位证明及收入证明骗领信用卡不能认定为妨害信用卡管理罪。"

三、出售真实的信用卡是否构成本罪

妨害信用卡管理罪的第四种行为类型是出售、购买、为他人提供伪造的信用卡或者以虚假的身份证明骗领的信用卡，交易的对象是伪造的信用卡或者骗领的信用卡。但如果交易的是真实的信用卡，是否仍构成本罪？

---

① 参见刘宪权：《金融犯罪刑法学原理》，上海人民出版社2017年版，第295～296页。

出售真实的信用卡,包括出售本人合法申领的信用卡以及收购他人真实的信用卡后予以转售的行为。根据售卡人对于买受人购卡目的认知的不同,可将售卡行为分为三类:第一,明知他人将信用卡用于诈骗、洗钱等犯罪而仍然出售;第二,没有证据表明行为人明知他人从事相关犯罪活动,但概括认识到他人可能将信用卡用于不法目的而仍然出售;第三,完全不知道他人购买信用卡的用途而出售信用卡。刘宪权教授认为,对于第一种情形,显然可以认定为相关犯罪行为的共犯。对于第三种情形,由于缺乏主观故意,不能作为犯罪定罪处罚。对于第二种情形,由于目前《刑法》规定的妨害信用卡管理罪并没有将这种出售真实信用卡的行为规定为犯罪,故这应当属于立法上的盲点,应当由立法机关在进一步评估该种行为社会危害性的基础上,作出是否进行立法完善的决策。将该种行为犯罪化的立法设计可以是:在妨害信用卡管理罪的行为模式中增加一项——"明知他人可能使用信用卡进行相关金融与经济违法犯罪活动。仍为其提供信用卡,数量较大的。"①

无罪判例

一、方某伪造身份证件罪、妨害信用卡管理罪一案②

检察院认为:2013 年 11 月底,方某在天河区员村山顶路边向制售假证的不法分子提供其本人的照片,以 50 元人民币的价格,购买了姓名为"黄某乙"的身份证(经鉴定为假证)。2013 年 11 月 28 日 15 时许,方某持上述身份证并冒充黄某乙到天河区龙口西路建设银行办理银行卡开户业务时,被查获。公诉机关认为方某的行为已构成伪造身份证件罪、妨害信用卡管理罪。

法院查明:2013 年 11 月底,方某在天河区员村山顶路边向制售假证的不法分子提供身份资料及其本人照片,伪造了一张姓名为"黄某乙"的居民身份证(经鉴定,为假证)。2013 年 11 月 28 日 15 时许,方某使用上述居民身份证到本市天河区龙口西路建设银行办理银行业务时,被工作人员发现,工作人员报警后,公安人员到场将其抓获归案。

---

① 参见刘宪权:《金融犯罪刑法学原理》,上海人民出版社 2017 年版,第 296 ~ 297 页。
② 参见广州市天河区人民法院刑事判决书,(2014)穗天法刑初字第 694 号。

法院认为：方某供述其持伪造居民身份证到银行办理开存折业务，并非办理银行卡业务。公诉机关未能提供证据证实被告人方某在案发时使用虚假的身份证明骗领信用卡，指控其行为构成妨害信用卡管理罪的证据不足，本院不予支持。被告人方某及辩护人提出被告人方某的行为不构成妨害信用卡管理罪的意见本院均予以采纳。

裁判结果：方某构成伪造身份证件罪，不构成妨害信用卡管理罪。

判例解析：本案由于当事人在办理银行业务的过程中被当场抓获，行为未最终完成，因而判断其是否构成妨害信用卡管理罪，核心是证据问题。检察院指控称方某是以虚假的身份证办理银行卡，但缺乏充分证据予以证明。方某供述是办理存折业务。在证据存疑的情况下，法院采信对当事人有利的意见。而存折不属于信用卡，故其行为不构成妨害信用卡管理罪。

另需注意的是，在生活中，信用卡和储蓄卡（借记卡）是具有本质区别的两类银行卡。但《刑法》规定的"信用卡"，是指由商业银行或者其他金融机构发行的具有消费支付、信用贷款、转账结算、存取现金等全部功能或者部分功能的电子支付卡。也即，刑法意义上的信用卡除具备透支功能的普通信用卡外，还包括无透支功能可用于消费支付、存取现金的储蓄卡等各类银行卡。

二、文某非法经营罪、妨害信用卡管理罪一案[①]

基本案情：2013 年年底开始，被告人文某以通过 POS 机代他人还款及套现等方式非法经营，并从中收取手续费。2014 年 6 月始，被告人文某任鸿路投资咨询公司的法定代表人并经营该公司。文某在经营期间，为李某等 7 人以虚构交易的方法进行非法刷信用卡套现以及代还信用卡款项等业务，非法经营数额约 300 万元。公安机关于 2014 年 11 月 14 日 15 时许在鸿路投资咨询公司住所将文某抓获，当场缴获用于套现的 POS 机 4 台，银行卡 14 张（其中 10 张不属于被告人文某所有，被告人文某陈述是他人放在其处办理非法经营所用），银行 U 盾 18 个，计算机主机 1 台等物。

法院认为：被告人文某无视国法，违反国家规定，使用 POS 机以虚构交易的方式向信用卡持卡人直接支付现金等行为，情节严重，其行为已构成非法经营

① 参见东莞市第一人民法院刑事判决书，（2015）东一法刑初字第 2058 号。

罪,依法应予惩处。公诉机关指控被告人文某犯非法经营罪,事实清楚,证据确实、充分,罪名成立,本院予以支持。被告人文某归案后如实供述其罪行,依法可以从轻处罚。

公诉机关指控被告人文某犯妨害信用卡管理罪,本院认为现有证据不足以支持,理由如下:公安机关从被告人文某处扣押的10张信用卡,文某陈述是信用卡持有人放在其处办理非法经营所用,公诉机关现提供的证据不足以证明被告人文某是用其他非法方式取得,故本院取信被告人文某陈述这10张信用卡是信用卡持有人交给其的,而经持卡人同意持有他人信用卡,并进行非法经营的行为,应是牵连犯,应择一重罪处罚,故公诉机关指控文某犯妨害信用卡管理罪,本院不予支持。

裁判结果:文某犯非法经营罪,判处有期徒刑3年,并处罚金人民币10万元。

判例解析:利用POS机进行信用卡套现是实践中较为常见的行为,本案中,对该类行为以非法经营罪定罪处罚。就本案所涉的妨害信用卡管理罪,检察院指控文某构成该罪是因为在文某公司当场缴获他人的信用卡10张,并将其认定为非法持有他人信用卡。持有他人信用卡构成犯罪的前提是非法持有,也即没有获得委托、授权或无因管理等合法依据而持有他人信用卡。经持卡人同意而代为保管他人信用卡,并不属于"非法持有"。本案中,由于文某帮他人进行信用卡套现,持卡人完全有可能基于刷卡的便利而同意将信用卡放在文某处,其性质属代为保管。这一经持卡人同意而代为保管信用卡的行为不构成妨害信用卡管理罪。

三、唐某某犯非法经营罪,妨害信用卡管理罪,买卖国家机关证件、印章罪一案①

检察院认为:

1. 非法经营罪

2014年2月至5月期间,唐某某以龙福牧业公司、滨江联通专营店、树志汽配店的名义向誉正咨询公司代办三台POS刷卡机,后通过三台POS刷卡机为他

① 参见湖南省宁远县人民法院刑事判决书,(2015)宁法刑初字第51号。

人刷卡套取现金 493 万余元,并从每次刷卡套取的现金里抽取 0.4% ~0.8% 作为手续费获取利润。

2. 妨害信用卡管理罪

2013 年以来,唐某某招揽大量无固定工作和收入的客户,承诺可以代他们向银行申请信用卡,并收取一定的手续费。之后唐某某用伪造的印章替客户编造虚假的工作证明和收入证明向工商银行等商业银行提供虚假的资信证明材料,骗领信用卡 57 张。唐某某根据信用卡的透支额度收取 3000 元至 5000 元不等的手续费。

法院查明:2014 年 2 月至 5 月期间,唐某某以龙福牧业公司、滨江联通专营店、树志汽配店的名义向誉正咨询公司代办三台 POS 刷卡机,通过三台 POS 刷卡机为他人刷卡套取现金 493 万余元,扣除三台 POS 机借记卡正常交易金额为 160 万余元,被告人实际在三台 POS 机为他人刷卡套取现金 333 万元,并从每次刷卡套取的现金里抽取 0.4% ~0.8% 作为手续费获取利润。

法院认为:唐某某以非法获取利润为目的,违反国家规定,非法从事资金支付结算业务,扰乱市场秩序,情节严重,其行为已构成非法经营罪。因此,公诉机关指控唐某某犯非法经营罪罪名成立。唐某某归案后能如实供述罪行,认罪态度较好,积极退出非法所得,并主动交纳罚金,可对被告人从轻处罚。对公诉机关指控被告人犯妨害信用卡管理罪,因被告人在为他人办理信用卡过程中,一是征得了办卡人的同意,二是用办卡人的真实身份证明,并没有用虚假的身份证明骗领信用卡。虽然在办卡时使用了虚假的收入证明和单位证明,但此证明不属身份证明。根据 2008 年 7 月 1 日,公经金融[2008]107 号批复,公安部经济犯罪侦查局对山东省公安厅经侦总队做出答复:经研究,并征求人民银行意见,以虚假的工作单位证明及收入证明骗领信用卡不能认定为妨害信用卡管理罪。因此,公诉机关指控被告人犯妨害信用卡管理罪罪名不能成立。

裁判结果:唐某某犯非法经营罪,判处有期徒刑 1 年,并处罚金人民币 4 万元。不构成妨害信用卡管理罪。

判例解析:本案中,当事人在用真实的身份证件为他人办理信用卡的过程中,使用了虚假的收入证明和单位证明。根据公安部经济犯罪侦查局的意见,以虚假的工作证明及收入证明骗领信用卡不能认定为妨害信用卡管理罪。

其他无罪判例

一、陈某某妨害信用卡管理案[①]

基本案情:2017年6月,于某某(已判刑)为了牟取个人利益联系陈某某,告知陈某某以每张100元的价格收购工商银行、邮政储蓄银行、建设银行、农业银行的一类信用卡。陈某某分别以帮他人办理贷款为名,要他人办理上述银行信用卡并绑定手机卡、开通短信提醒。陈某某取得他人信用卡后以每张100元的价格卖给于某某,陈某某共出售信用卡91张,获利9100元。

检察院认为:经审查并退回补充侦查,仍认为现无充足证据证明陈某某帮于某某收集的信用卡系伪造,系为非法之目的而收集。陈某某的行为是否涉嫌犯罪,事实不清,证据不足,不符合起诉条件。

裁判结果:对陈某某不起诉。

判例解析:根据《刑法》规定,出售信用卡构成妨碍信用卡管理罪必须是出售伪造的信用卡或者骗领的信用卡,如果出售的是真实的信用卡,在目前的法律框架下一般不认为构成犯罪。本案中,当事人所涉事实是收购信用卡之后再转售给于某某。但当事人所收购的信用卡究竟是否为伪造的信用卡或骗取的信用卡,公安机关并未查清,因而不符合起诉条件。

二、周某某妨害信用卡管理一案[②]

基本案情:2017年11月份以来,周某某以1100元一套的价格从张某处收购银行卡9套,以700元一套的价格从车某某处收购银行卡6套,以700元一套的价格从李某处收购银行卡10套,出售给微信名为“至尊宝”的男子牟利,后被抓获。

检察院认为:经审查并退回补充侦查,仍然认为青岛市公安局城阳分局认定的犯罪事实不清、证据不足。涉案银行卡未查获,银行卡数量未查清,不符合起诉条件。

裁判结果:对周某某不起诉。

---

① 参见衡山县人民检察院山检公诉刑不诉[2019]68号。

② 参见青岛市城阳区人民检察院青城阳检公刑不诉[2019]92号。

判例解析：本案是存疑不起诉的典型案例。妨害信用卡罪定罪量刑的标准主要是信用卡的数量。而本案中，公安局查明的事实是“套”，每套银行卡具体为多少张，事实不清。再者，当事人收购的银行卡是真卡还是假卡，事实亦不清。因案件基本事实不清，故检察院作出不起诉决定。

三、王某某妨害信用卡管理一案[①]

基本案情：2014 年 10 月以来，王某某为牟取非法利益，在张某某（已判刑）的介绍下加入由王某甲（已判刑）组织的专门使用他人身份证件办理信用卡出售牟利的犯罪团伙。在王某甲的统一组织指挥下，王某某伙同王某甲、张某某等人在湖南省衡阳市、娄底市、永州市等地使用从湖南长沙火车站附近地下窝点买来的他人身份证，在四大国有银行开设银行账户，办理大量信用卡，然后交给王某甲在互联网上销售牟利。其中王某某从 2014 年 10 月底至 2014 年 11 月共办理信用卡多张，获利人民币几百元。其行为涉嫌妨害信用卡管理罪。

检察院认为：经审查并二次退回补充侦查，仍然认为衡阳市公安局直属分局认定的犯罪事实不清、证据不足。王某某冒用谁的身份证、骗领多少张信用卡，未有证据证实。因此，本案不符合起诉条件。

裁判结果：对王某某不起诉。

判例解析：本案也是存疑不起诉的案件，公安局认定的事实是当事人冒用他人的身份证骗领信用卡，但具体冒用谁的身份证、骗领多少张信用卡，属于本案的基本事实，但公安局对此并未查明。在基本事实不清的情况下，检察院作出不起诉决定。

四、赵某某妨害信用卡管理案[②]

基本案情：2018 年 5 月，康某某通过微信认识了赵某某，以办理贷款为由让赵某某帮其收购他人的信用卡。赵某某在“车易贷”微信群里面以办理贷款为由先后 4 次收了 5 张信用卡，并按照康某某的要求通过顺丰邮寄到了广东省茂名市。后赵某某向康某某索要贷款回扣时，康某某告知赵某某自己收的信用卡

---

① 参见衡阳市蒸湘区人民检察院衡蒸检公诉刑不诉[2019]37 号。

② 参见岳阳市云溪区人民检察院云检公诉刑不诉[2018]44 号。

是博彩行业使用的，并分多次给了赵某某4000元的好处费，同时康某某将其中1张不能使用的信用卡告知了赵某某。

案发前，赵某某的“车易贷”微信群因网友发生矛盾并使用“炸群”软件而解散。

检察院认为：经本院审查并退回补充侦查，本院认为本案事实不清、证据不足。目前只有赵某某一人供述收购他人信用卡并卖给康某某，并没有开卡人证实。赵某某多次供述其卖给康某某的5张信用卡中有1张因挂失不能正常使用，但挂失的时间节点无法界定，不能排除为无效卡的合理怀疑。综上，现有证据证实赵某某构成妨害信用卡管理罪的事实不清、证据不足，不符合起诉条件。

裁判结果：对赵某某不起诉。

判例解析：本案同样系收购信用卡后转售他人，如要入罪，交易对象需是伪造的信用卡或骗领的信用卡，出售无效卡（废卡）不构成本罪。同时，司法解释关于本罪入罪的情节标准是5张信用卡，减去1张可能的无效卡之后仅有4张，从而也达不到追诉标准。

第七章　内幕交易罪无罪判例解析

法律条文

《刑法》

第一百八十条　【内幕交易、泄露内幕信息罪；利用未公开信息交易罪】证券、期货交易内幕信息的知情人员或者非法获取证券、期货交易内幕信息的人员，在涉及证券的发行，证券、期货交易或者其他对证券、期货交易价格有重大影响的信息尚未公开前，买入或者卖出该证券，或者从事与该内幕信息有关的期货交易，或者泄露该信息，或者明示、暗示他人从事上述交易活动，情节严重的，处五年以下有期徒刑或者拘役，并处或者单处违法所得一倍以上五倍以下罚金；情节特别严重的，处五年以上十年以下有期徒刑，并处违法所得一倍以上五倍以下罚金。

单位犯前款罪的，对单位判处罚金，并对其直接负责的主管人员和其他直接责任人员，处五年以下有期徒刑或者拘役。

内幕信息、知情人员的范围，依照法律、行政法规的规定确定。

证券交易所、期货交易所、证券公司、期货经纪公司、基金管理公司、商业银行、保险公司等金融机构的从业人员以及有关监管部门或者行业协会的工作人员，利用因职务便利获取的内幕信息以外的其他未公开的信息，违反规定，从事与该信息相关的证券、期货交易活动，或者明示、暗示他人从事相关交易活动，情节严重的，依照第一款的规定处罚。

罪名详解

内幕交易罪的构成要件内容如下。

1. 行为主体

本罪的行为主体是特殊主体,必须是证券、期货交易内幕信息的知情人员或者非法获取证券、期货交易内幕信息的人员,一般简称为内幕信息知情人,有的则进一步简称为内幕人。所谓内幕信息,指的是证券交易活动中,涉及证券发行人的经营、财务或者对该发行人证券的市场价格有重大影响的尚未公开的信息。知情人员,则指的是由于持有发行人的证券,或者在相关公司中担任董事、监事、高级管理人员,或者由于其会员地位、管理地位、监管地位或职业地位,或者作为雇员、专业顾问履行职务,能够接触或者获得内幕信息的人员。根据《刑法》第180条第3款的规定,内幕信息、知情人员的范围由法律、行政法规规定,当前最主要是由《证券法》来规定。《证券法》对于内幕信息采取了定义加列举的形式,例如,公司经营方针和经营范围的重大变化,公司的重大投资行为,公司订立重要合同、提供重大担保或从事关联交易,公司发生重大债务违约,公司发生重大亏损等,均属于明确列举的内幕信息。上市公司持有5%以上股份的股东及其董事、监事、高级管理人员,公司的实际控制人及其董事、监事、高级管理人员,发行人控股或者实际控制的公司及其董事、监事、高级管理人员,由于所任公司职务或者因与公司业务往来可以获取公司有关内幕信息的人员等,均属于明确列举的知情人员。

本罪还有一类主体,即非法获取内幕信息的人员。根据《最高人民法院、最高人民检察院关于办理内幕交易、泄露内幕信息刑事案件具体应用法律若干问题的解释》(以下简称《内幕交易司法解释》)第2条,以下人员属于非法获取内幕信息的人员:利用窃取、骗取、套取、窃听、利诱、刺探或者私下交易等手段获取内幕信息的;内幕信息知情人员的近亲属或者其他与内幕信息知情人员关系密切的人员,在内幕信息敏感期内,从事或者明示、暗示他人从事,或者泄露内幕信息导致他人从事与该内幕信息有关的证券、期货交易,相关交易行为明显异常,且无正当理由或者正当信息来源的;在内幕信息敏感期内,与内幕信息知情人员联络、接触,从事或者明示、暗示他人从事,或者泄露内幕信息导致他人从事与该内幕信息有关的证券、期货交易,相关交易行为明显异常,且无正当理由或者正当信息来源的。

2. 行为表现

就内幕交易行为来说,主要有两种表现形式,一是在涉及证券、期货交易的内幕信息尚未公开前，买入或者卖出该证券，或者从事与该内幕信息有关的期货交易；二是在前述内幕信息公开前，明示或者暗示他人从事相关证券、期货交易。

不过，根据《内幕交易司法解释》第4条，以下行为不属于内幕交易：持有或者通过协议、其他安排与他人共同持有上市公司5%以上股份的自然人、法人或者其他组织收购该上市公司股份的；按照事先订立的书面合同、指令、计划从事相关证券、期货交易的；依据已被他人披露的信息而交易的；交易具有其他正当理由或者正当信息来源的。

3. 情节严重

构成内幕交易罪，需达到"情节严重"标准。根据《内幕交易司法解释》第6条，以下行为属于"情节严重"：证券交易成交额在50万元以上的；期货交易占用保证金数额在30万元以上的；获利或者避免损失数额在15万元以上的；3次以上的；具有其他严重情节的。二次以上实施内幕交易或者泄露内幕信息行为，未经行政处理或者刑事处理的，应当对相关交易数额依法累计计算。

本罪的责任形式为故意，行为人必须明知涉及证券的发行，证券、期货交易或者其他对证券、期货交易有重大影响的信息尚未公开而实施本罪行为。

理论难点

一、如何判断内幕信息的价格敏感性

《刑法》将内幕信息界定为"对证券、期货交易价格有重大影响的信息"，《证券法》第52条的界定是："证券交易活动中，涉及发行人的经营、财务或者对该发行人证券的市场价格有重大影响的尚未公开的信息，为内幕信息。"两者均强调了内幕信息对证券、期货交易价格的重大影响，理论上称之为价格敏感性。

内幕信息具有价格敏感性，这既是内幕信息的最重要特征，也是判断某一信息是否构成内幕信息的重要指标。那么，如何判断内幕信息的价格敏感性呢？这在中外内幕交易司法实践中都是一个疑难问题。根据欧盟《市场滥用指令》的相关规定，价格敏感性是指信息一旦公开将对金融工具交易价格或者交易量造成重大影响。在美国联邦最高法院，则是以理智投资者作为认定标准，即如果一个理智的投资者，在他作出投资时可能认为这个被忽略的事实是重要的，那么它就是重要的。换言之，这个被忽略的事实公开后，如果极有可能被理智的投资

者认为改变了自己所掌握的信息的性质,那么这些事实就是重要的。从投资者的角度看,如果他们将这条消息与他们已经获知的其他消息合并在一起时,便会对相关股票的价格给予重新评价。美国法院就是经常以这种理智投资者的可能决定为标准来判断某项消息是否属于“重要信息”。

我国《证券法》对于内幕信息采取了定义加列举的方式,《证券法》第 80 条第 2 款列举了 12 种内幕信息,第 81 条第 2 款列举了 11 种内幕信息。这种明确列举的立法方式有相当的可操作性,但是,列举并不能穷尽一切,所以法律上又设置了兜底条款。但由于缺乏“对证券、期货交易价格有重大影响”的实质界定,反而又使得对内幕信息价格敏感性判断方面缺乏可操作性。因此,有学者建议法律有必要对“重大影响”的信息进行实质界定,辅之以列举形式规定的价格敏感性信息类型,从而保证对内幕信息价格敏感性进行科学与准确的判断①。

二、如何认定内幕信息的形成时间

内幕信息形成时间的确定是内幕交易行政执法与刑事司法实践当中最为复杂、也最具争议的问题。《证券法》第 52 条对内幕信息作了界定,但是,内幕信息并非处于静止状态,而是会经历一个从酝酿、萌芽、发展到确定并最终公开的动态过程。内幕信息从形成到公开的过程又称为内幕信息敏感期,在敏感期内所作的证券、期货交易方可能构成内幕交易,在敏感期之外则绝对不存在内幕交易。在内幕信息的公开方面,一般以上市公司的公告为准,时间节点比较明确,因此最关键的是形成时间。认定了内幕信息的形成时间,也就确定了内幕信息敏感期,行为人所进行的证券、期货交易是否构成内幕交易也基本划定。因此,形成时间的认定至为关键。

那么,在内幕信息从萌芽到发生、发展的动态过程中,哪一时间节点能被确定为内幕信息的形成时间?如何确定内幕信息的形成时间呢?当前司法实践中援引最多的是《内幕交易司法解释》第 5 条 2 款:“《证券法》第六十七条②第二款所列‘重大事件’的发生时间,第七十五条规定的‘计划’、‘方案’以及《期货交易管理条例》第八十五条第十一项规定的‘政策’、‘决定’等的形成时间,应当认

---

① 参见钱列阳、谢杰:《证券期货犯罪十六讲》,法律出版社 2019 年版,第 102 页。

② 此为 2019 年《证券法》修订前的条文。

定为内幕信息的形成之时。”第3款：“影响内幕信息形成的动议、筹划、决策或者执行人员，其动议、筹划、决策或者执行初始时间，应当认定为内幕信息的形成之时。”

但是，司法解释的这两款规定不足以解决实践中众多的内幕信息类型以及纷繁复杂的实践。以市场上最为常见的并购重组型内幕信息为例，即《证券法》所列举的“公司的重大投资行为”，根据上述司法解释第5条第2款，重大投资行为发生的时间是内幕信息形成之时，这无异于同义反复，根本未解决任何问题。于是就到了上述司法解释第5条第3款的运用，即影响这一重大投资行为的动议、筹划、决策或者执行人员，其动议、筹划、决策或者执行的初始时间，便属于内幕信息形成之时。问题是，何为影响内幕信息形成的动议、筹划、决策人员？又如何确定动议、筹划、决策的初始时间？以并购重组为例，是否一家上市公司的董事长一决定开展并购重组，便意味着内幕信息形成了呢？或者更进一步说，该董事长萌生了并购重组的想法，提出了开展并购重组的设想（动议）之时，就属于内幕信息形成呢？应当说，这样的理解与认定与现实中的复杂实践并不完全吻合。理由之一是，并购重组是双方行为而非单方行为，如果仅仅是单方产生并购重组的想法，在连并购重组的相对方影子都还没看见的时候，如何确定这一想法能够实施并最终实现？一方萌生并购重组的想法之时，后续能否实施具有高度的不确定性，对于证券价格也谈不上会有什么重大影响。因此，将单方动议的时间确定为内幕信息形成时间，过分拉长了内幕信息敏感期，不利于证券市场的活跃交易。

当然，如果将《内幕交易司法解释》第5条第3款的适用条件限定为并购重组的双方均为同一人所实际控制的情况下，那么将该实际控制人提出动议、筹划或决策的时间认定为内幕信息形成时间，则相当准确。黄光裕内幕交易案其实就是这种情形，黄光裕是上市公司中关村的实际控制人，同时也是鹏润地产的实际控制人，黄光裕拟将鹏润地产装入上市公司。由于黄光裕一人足以主导该重大事件，因此黄光裕提出动议的时间便被认定为了内幕信息形成时间。

就司法案例来看，北京市高级人民法院（2017）京行终4554号颜某某诉中国证券监督管理委员会（以下简称证监会）证券行政处罚纠纷案值得参照。在该案中，法院认为：“并购重组型内幕信息从形成到公开，是一个动态、连续、有机关联的发展过程。当某事实的发生能够表明相关重大事项已经进入实质操作阶段并具有很大的实现可能性时，该事实的发生时点即为内幕信息的形成时点。”

该案给出了一条更为具体、更具可操作性的判断规则,其要点有二:一是相关重大事项已经进入实质操作阶段。反过来,如果仅仅是主观上的想法、思路,根本未进入实质操作阶段的话,不能够认定为内幕信息已经形成。二是具有很大的实现可能性。反过来,如果仅仅是单方面的想法,重大事项能否实现存在高度不确定性之时,同样不能认定为内幕信息已经形成。

在理论上,有学者认为,由于内幕信息具有复杂性与发展性,司法实践中无法静态地确定一个内幕信息形成时间的判断规则,只能在充分掌握内幕交易法律原理的基础上,采取类型化认定的思路予以具体分析①。

三、内幕信息非法获取人员的认定问题

内幕交易的另一类主体是非法获取内幕信息的人。如果内幕信息知情人员是基于特定身份、职务、事务而获知了内幕信息的话,那么非法获取内幕信息的人则显然不是基于特定身份、职务或事务而获知。在刑法理论上,对于其中的"非法"性应如何认定,长期存在三种观点:第一种"非法手段论"认为,非法获取内幕信息人员只能是利用骗取、套取、偷听、窃听、鉴定或者私下交易等非法手段或非法途径获取内幕信息的人员。第二种"不当获取论"认为,对于"非法获取"不能过于狭隘地理解,"非法获取"是指"不应该获取而获取",其中的"不该获取"是指行为人与内幕信息之间并无职务上或业务上的信赖关系,属于禁止接触或获取内幕信息的人。第三种"混同认定论"采取淡化非法获取内幕信息人员独立类型特征与模糊上述意见分歧的做法,使用统一的"内幕人"概念将内幕信息知情人及其近亲属、通过非法手段获取内幕信息的人员以及通过其他途径获取内幕信息的人员都纳入内幕交易行为主体范畴。

《内幕交易司法解释》第 2 条将非法获取内幕信息的人员划分为三种类型:①利用窃取、骗取、套取、窃听、利诱、刺探或者私下交易等手段获取内幕信息的;②内幕信息知情人员的近亲属或者其他与内幕信息知情人员关系密切的人员,在内幕信息敏感期内,从事或者明示、暗示他人从事,或者泄露内幕信息导致他人从事与该内幕信息有关的证券、期货交易,相关交易行为明显异常,且无正当理由或者正当信息来源的;③在内幕信息敏感期内,与内幕信息知情人员联络、

① 参见钱列阳、谢杰:《证券期货犯罪十六讲》,法律出版社 2019 年版,第 103 页。

接触，从事或者明示、暗示他人从事，或者泄露内幕信息导致他人从事与该内幕信息有关的证券、期货交易，相关交易行为明显异常，且无正当理由或者正当信息来源的。第一种毫无疑问属于手段非法型人员，第二种是与内幕信息知情人员关系密切的人员，第三种则是与内幕信息知情人员联络、接触的人员。

以上三种人员中，除了利用窃取、骗取、窃听等手段获取内幕信息的手段非法型人员被直接认定为非法获取内幕信息的人员之外，《内幕交易司法解释》对于其他两类主体均采取了精巧的反向解释联动规定了非法获取内幕信息的认定问题，也即，对于与内幕信息知情人员关系密切的人员而言，除了"关系密切"这一特征之外，还需符合相关交易行为明显异常、无正当理由或者正当信息来源两个特征方可被认定为非法获取内幕信息的人员。同样的，对于与内幕信息知情人联络、接触的人员而言，除了内幕信息敏感期内与知情人联络、接触这一客观行为之外，同样还需满足相关交易行为明显异常、无正当理由或者正当信息来源两个特征。之所以说这是一种精巧的反向解释，原因是内幕交易罪需由特定犯罪主体实施，界定非法获取内幕信息的人员本身是为了解释内幕交易之需要，而上述解释却通过与内幕信息知情人关系密切或敏感期内存在联络、接触，相关交易行为明显异常以及无正当理由或正当信息来源来反向解释该主体是否属于非法获取内幕信息的人员。之所以说是联动规定，原因是认定相关交易行为是否明显异常，需要依据《内幕交易司法解释》第 3 条之规定。之所以说十分精巧，是由于上述解释很巧妙地将偶然间、无意中听到内幕信息的人员排除在了内幕交易犯罪行为主体之外。

四、内幕交易违法所得的计算问题

根据《内幕交易司法解释》，从事内幕交易获利或者避免损失数额在 15 万元以上的，属于"情节严重"；获利或者避免损失数额在 75 万元以上的，则属于"情节特别严重"。对此，有学者认为对于证券期货市场而言，这一标准过低，司法实践中容易出现打击面过大或者标准虚置两种极端①。

内幕交易获利或者避免损失的数额可以统称为违法所得，《内幕交易司法解释》只规定了数额标准，并未规定可操作性的违法所得计算方法。实际上，内

① 参见刘宪权：《金融犯罪刑法学原理》，上海人民出版社 2017 年版，第 338 页。

幕交易违法所得的计算在中外司法实践中都是一个非常疑难且复杂的问题。在行政执法层面,证监会曾于2007年3月发布了一份《中国证券监督管理委员会证券市场内幕交易行为认定指引(试行)》(以下简称《内幕交易认定指引》),其中对于内幕交易违法所得进行了较详细的规定。

《内幕交易认定指引》对违法所得进行了界定:内幕交易的违法所得,是指行为人实施内幕交易行为获取的不正当利益,即行为人买卖证券获得的收益或规避的损失。其不正当利益,既可以表现为持有的现金,也可以表现为持有的证券。对于如何计算违法所得,该指引第23条给出了一个公式:"违法所得(获得的收益)=基准日持有证券市值+累计卖出金额+累计派现金额-累计买入金额-配股金额-交易费用;违法所得(规避的损失)=累计卖出金额-卖出证券在基准日的虚拟市值-交易费用。前款所称交易费用,是指已向国家交纳的税费、向证券公司交付的交易佣金、登记过户费、及交易中其他合理的手续费等。"但是,一方面,证监会只是将这一指引作为内部文件发布,并未正式对外公开,在其作出的行政处罚决定中,也很少正式援用该指引。另一方面,该指引所给出的计算公式里,累计卖出金额、累计派现金额等都很好认定,关键是基准日如何确定的问题。《内幕交易认定指引》第22条规定:"违法所得的计算,应以内幕交易行为终止日、内幕信息公开日、行政调查终结日或其他适当时点为基准日期。"这一规定有些含糊,究竟是内幕信息公开日、行政调查终结日还是其他日期?据此实在难以确定。

以利好型信息为例,典型的内幕交易是:行为人知悉某上市公司形成了内幕信息——行为人大笔买入该公司股票——内幕信息公开——股价上涨——行为人卖出股票获利。但是,实践情况远比公式来的复杂,要准确认定内幕交易违法所得,至少需综合考虑以下情形:在内幕信息敏感期内既有买入又有卖出,即存在反向交易;内幕信息公开前已经全部卖出;内幕信息公开后全部未卖出;内幕信息公开后只有部分卖出;内幕信息公开后一段时间内依次全部卖出。

内幕交易违法所得的认定原则上应采用实际成交差额规则。所谓实际成交差额规则,就是将实施内幕交易行为的平仓金额(卖出金额)减去建仓成本(买入金额)所得的差额作为内幕交易违法所得。对于内幕信息敏感期内的反向交易,理论与实务中均趋于一致地认为这并不影响内幕交易的认定,仍然应当根据交易账户买入与卖出相关证券期货的差额计算违法所得。不过,基于上述实践中大量存在的复杂情形,行为人可能并不一次性平仓,或者根本不平仓,同时考虑到内幕信息价格敏感性存在的消退等问题,根据刘宪权教授的研究,内幕交易违法所得的计算在实际成交差额规则的基础上,还需考虑以下例外规则:

1. 内幕信息影响力耗尽。

内幕信息具有价格敏感性,但内幕信息公开后,对于特定证券期货市场价格的影响是存在一定时间限度的,超过该时间限度,证券期货的价格波动已经与内幕信息无关,相关的交易行为也就不能完全被认定是基于内幕信息而展开。所以,如果有确实且充分的证据证明行为人在案发前全部或部分平仓是发生在内幕信息公开后相当长的时间,不存在对应性的利用内幕信息经济价值谋取利益之现实可能的,应当将相关经济收益排除在内幕交易违法所得之外。

2. 其他市场介入因素。

内幕信息对于特定证券期货的价格影响固然显著,但是,其他的宏观信息(例如,利率调整、存款准备金率调整、开征某项税收或减税等),行业趋势,托资质逾期或者上市公司其他重大事件等独立要素的变化或者共同作用同样会导致相关金融商品价格的起伏波动。如果上述信息在介入时间上与内幕信息重合,彻底否定其他市场重大信息对于内幕交易者平仓价格的影响,会导致法律判断与资本市场所发生的真实价格现象出现比较明显的相悖。故有必要将内幕信息之外其他对证券期货价格具有显著影响的系统性信息所导致的获利数额予以扣除。

3. 内幕信息实际影响不明显。

一般来说,有的内幕信息公开之后确实会对相关证券期货价格产生很大的影响,但有的内幕信息公开后却并未引起市场的普遍关注或者出现有意义的价格反应,这实际上是由内幕信息的具体类型所决定的。

4. 内幕交易未平仓部分的拟制违法所得核定规则。

内幕信息公开之后行为人未全部平仓,买入卖出的完整交易行为实际尚未完成。法律理论、金融立法以及判例实务中比较一致的观点是,重大信息对于金融商品市场交易价格的影响持续期间通常为10个交易日。因此,以重大信息公开后10个交易日金融商品市场平均价格为基准核定内幕交易所对应的经济数额,是在缺少实际成交价格条件下对信息价值市场化表现的一种合理推算。而对于避损型内幕交易,也应当以内幕信息公开后10个交易日的平均价格作为拟制内幕交易违法所得的基准价格。以抛售金额减去信息公开后金融商品10个交易日平均价格乘以内幕交易抛售量所得出的价格差额，便构成内幕交易避损金额①。

无罪判例

一、侯某某、兰某内幕交易、泄露内幕信息案②

检察院指控：2010 年 7 月 6 日，龙星化工在深交所中小板上市，股票代码：002442，主营业务为炭黑的生产和销售，董事长为刘某。

2014 年 7 月 28 日，龙星化工因炭黑行业不景气寻求转型，经兴业证券的冯某介绍，刘某在北京认识了戴某（美籍华人），双方协商后对龙星化工拟收购戴某控制的美国教育资产事宜达成框架性方案。

2014 年 9 月 12 日，刘某与戴某签订了《保密协议》与《合作备忘录》，确立合作事宜；2014 年 11 月 20 日，龙星化工发布《关于筹划重大资产重组的停牌公告》，龙星化工股票停牌；2015 年 5 月 8 日，龙星化工发布《关于终止筹划重大资产重组事项暨公司证券复牌公告》，龙星化工公告重组失败并复牌。

证监会认定，龙星化工拟收购美国教育资产事宜在公开被披露前属于内幕信息。上述内幕信息不晚于 2014 年 7 月 28 日形成，公开于 2015 年 5 月 8 日。

兰某作为龙星化工董事长刘某的秘书，经证监会认定为该内幕信息知情人，其利用工作的便利，通过密拍收购文件、偷听收购信息的手段获知收购重组的内幕信息及重要时间节点。

侯某某在对龙星化工股票交易价格有重大影响的信息尚未公开前，从兰某处刺探获知该信息，2014 年 9 月委托兰某操作其个人账户大量买入龙星化工股票，10 月份收回账户。2014 年 11 月 17 日至 19 日之间，侯某某让其亲属、朋友侯某甲、陈某等 8 人突击开立证券账户，并借用陈某的证券账户，将其本人资金分散至上述证券账户，突击买入龙星化工股票。侯某某在内幕信息敏感期内累计买入龙星化工股票 202.7067 万股，买入金额总计人民币 1558.4196 万元，非

---

① 参见刘宪权：《内幕交易违法所得司法判断规则研究》，载《中国法学》2015 年第 6 期，第 247 ~ 259 页。

② 河北省石家庄市中级人民法院刑事判决书，(2017) 冀 01 刑初 102 号。

法获利人民币177.881878万元。检察院认为侯某某的行为构成内幕交易罪。

被告人侯某某辩称：其没有向被告人兰某刺探龙星化工重组的事，其是在网上看到相关消息的；其让亲戚朋友开立账户是为躲避三角债务；买入股票的金额其可以承受，不属于重大金额。

辩护人的主要辩护意见：指控侯某某构成内幕交易罪的证据不足：一是指控侯某某从兰某处刺探获知内幕信息的证据不足；二是侯某某不符合内幕交易罪的主体要件；三是侯某某获知的内幕信息与其股票交易行为之间不具有必然性和因果关系。

指控侯某某构成内幕交易的核心证据：

1. 证监会《关于侯某某等人涉嫌内幕交易案有关问题的认定函》：(1)龙星化工拟收购美国教育资产事宜在公开披露前属于《证券法》规定的内幕信息；(2)上述内幕信息不晚于2014年7月28日形成，公开于2015年5月8日；(3)刘某作为龙星化工董事长和实际控制人，筹划并全程参与龙星化工重组事宜，是收购方最终决策人，属于《证券法》规定的内幕信息知情人。兰某作为龙星化工董事长刘某的秘书，因工作原因获知该内幕信息，属于《证券法》规定的内幕信息知情人。

2. 财达证券公司开户信息、存管指定账户、各证券账户股票交易情况，证明侯某某、侯某甲等人股票账户开户以及上述账户在2014年9月10日至2015年5月11日期间交易的交易情况；

3. 证人刘某证言：经冯某介绍，其和美国这家教网络育管理公司的大股东戴某在北京见了第一面，后来其和公司副董事长俞某以及董事会秘书江某在北京和戴某商谈收购公司的意向。记得在2014年9月，戴某给江某发了一封电子邮件，内容是对这家美国教育管理公司的介绍。江某把邮件内容打印了出来，交给其看，有六七页纸。其看了之后，就把这几页纸放办公桌上了，后来其找不见这份关于公司的介绍文件了，就问秘书兰某，兰某说她把这几页纸收起来了，并说为了方便以后查找，还把这几页纸扫描到她自己的计算机里保存起来了。证监会找其谈话后，其问兰某是怎么回事，兰某对其说是她看了这份公司的介绍并对公司高管的行动推测，猜想公司可能要进行重组，所以兰某就自己开户购买了公司的股票，并且她还说侯某某购买公司股票的信息，也是她对侯某某说的，侯某某以前不会炒股，还是兰某帮着她购买的股票。事后其知道侯某某购买了1000

多万元的其公司股票，还是分了好多账户购买的。

2015 年 2 月 4 日，其在和证监会工作人员问话笔录中称：2014 年 10 月，其在酒席间对侯某某等人说起过其龙星化工股份公司打算重组的事。在同一天的另外一份笔录中还说道：其在电话中对侯某某说，龙兴化工公司重组的事很顺利。这些话不是其说的，这是当时和其谈话的证监会工作人员提前写好的笔录，逼着其签字，其当时不愿意签字，他们就说如果不签字，其和其公司都过不了关，他们也回去交不了差，没办法其只好签了字。后来其觉得这个事情不合适，就写材料到北京金融街的证监会稽查局进行反映，但是没有人受理其材料。

4. 被告人侯某某供述：大概是 2009 年其和刘某老婆一起吃饭的时候认识了刘某。大概是 2010 年，兰某结婚之前去其珠宝行买东西，因而认识了兰某。大概是 2014 年八九月其想买卖股票，其知道兰某一直在炒股，其就提出了让兰某帮助其买卖股票。兰某帮其炒股大概有 1 个月的时间。大概是 2014 年的 10 月底因为其当时急需用钱，就把股票卖掉了，也就不让兰某帮其炒股了。在兰某帮其炒股期间大概挣取了 4 万元钱，其没有给兰某好处费。2014 年 11 月，其除了用自己的账户，还分别带领其父亲、母亲、其外甥彭某、彭某的同学、其两个侄子、其店里的两个员工、其一个朋友，在邢台的财达证券、广发证券让他们开户，这些账户都由其掌控，其总共入资大概 1500 万元，利用这些证券账户都买了龙星化工的股票。因为当时龙星化工涨势很好，是其老公让其买的。因为其做生意也欠别人钱，其老公也给其说过，买多了网上就能查出来，能进入前几名的公司排名，怕给人家看到不好，所以就开了这么多账户，分散买了。2014 年下半年刘某没有跟其说过龙星化工的经营情况等事情，其没有见面或打电话问过刘某关于龙星化工的事情。兰某没有跟其讲过，其也没有问过兰某龙星化工的事情。

2014 年 7 月 28 日南汪村庙会那一天，去庙会的人特别多，刘某去其桌敬了一杯酒就走了，刘某没说什么。在证监会的笔录上说的是证监会的人让其那么说的，说其要和刘某说的一致，因为其家有事急着要走，其就按照他们的意思说了，就是为了迎合证监会的意思。2014 年的 11 月 3 日其给刘某打电话，没有谈到龙星化工股份有限公司的其他事情，其没有跟别人说过购买龙星化工股票的事情，也没有让别人购买。其在大规模购买龙星化工股票之前，没有问过刘某公司事情。

其在2014年七八月的时候在互联网上看到龙星化工要重组的消息。网上就是说龙星化工可能要重组、股票要大涨。网上龙星化工的消息很多，其会相信重组，是因为其在网上看到后，问了兰某龙星化工股份有限公司是否要重组，兰某说不知道，其还问兰某公司领导刘某在忙什么，兰某说领导很忙，经常出差，其就想在网上看到龙星化工要重组的消息应该是真的。其去龙星化工股份有限公司找兰某，在兰某办公室问的。其问兰某龙星化工的效益怎么样，兰某说还行，其就觉得利好消息应该是准的。其觉得买的不算多，其有这个经济实力。

侯某某当庭供述与其多次供述基本相符，均否认从兰某处刺探得知龙星化工内幕交易信息。

5. 被告人兰某供述：2010年其从北京回沙河置办结婚用品，到侯某某的金店购买金饰时认识了侯某某。之后其通过招聘方式进了龙星化工。

2014年七八月，其和侯某某在大街上碰到，侯某某发现其用手机炒股，过了没多长时间，侯某某到龙星化工其办公室说她也开了一个股票账户，想让其教她用手机炒股，因为发现手机品牌不一样，操作方式不一样，后来她觉得麻烦，就提出让其使用她的账号在其手机上操作。其问侯某某买什么，她说："就买龙星化工吧，余下的你看着买吧，你买了什么就给我买点什么。"因为侯某某账户里资金有500万元之多，其和她说心里没底，不敢买太多，她说就买百十来万吧。其没有和侯某某说过公司重组的事情，买龙星化工股票是侯某某要求的。

大约在2014年9月底的时候，侯某某问其股票账户怎么样，其说还行，挣了有三四万块钱。随后侯某某说她着急用钱，让其把所有股票都卖掉，把钱转回银行账户里。然后其就把证券账户的户名、密码都还给了她，之后其就再没有使用侯某某账户进行股票交易了。

其得知公司要进行重组以及停牌的事情以后，没有告诉过侯某某或者其他人，没有人问过其这方面的事情。侯某某向其问过龙星化工公司方面的事情，2014年11月初，侯某某打电话问其龙星化工股票为什么涨的那么猛啊，是不是要有大动作？另外还可不可以买？其和她说具体为什么涨其也不清楚，涨这么多了，如果她有钱，敢买就买呗。开始不知道侯某某自己购买龙星化工股票的事情，直到证监会找其谈话之后，其才知道侯某某也买了龙星化工股票。

兰某当庭供述与其多次供述基本一致，均否认向被告人侯某某透露过龙星化工内幕交易信息。

6. 东方财富网龙星化工股吧证据材料证实:2014 年 11 月 20 日,龙星化工股票停牌前,股吧中有关于龙星化工即将重组的传言,也有不利于该股票上涨的利空消息。

石家庄中级人民法院认为:对于被告人侯某某及其辩护人所提指控侯某某构成内幕交易罪证据不足的辩解及辩护意见,经查,关于起诉书指控被告人侯某某从兰某处刺探获知龙星化工内幕交易信息的事实,自证监会调查开始,被告人侯某某、兰某对此均予以否认,仅有证人刘某证称兰某对其说过侯某某购买龙星化工股票的信息是兰某告知侯某某的。一方面,刘某的证言属于孤证;另一方面,刘某在被证监会调查时曾说其本人向侯某某透露过龙星化工重组的事很顺利,后其又向证监会否认该情节,侦查机关也未能将该证言予以转化,故刘某证称兰某向侯某某透露内幕消息的证言证明力存疑。本院认为,现有证据不能认定侯某某从兰某处刺探获知龙星化工内幕交易信息。对于被告人侯某某辩称从网上得知龙星化工可能重组的消息,在卷证据“东方财富网股吧——龙星化工吧网页”显示,龙星化工有关“重组、收购”信息,在 2014 年 8 月底至 11 月 20 日停牌公告期间,曾多次在该股吧有显示和讨论。例如,2014 年 8 月 29 日“重组股有先兆停牌前暴涨如长城电脑、万好万家”,2014 年 9 月 2 日“最佳整合:重组 + 拉升 = 发财”,2014 年 11 月 12 日“今天听龙星化工公司的朋友说要收购”。本院认为,现有证据不能排除被告人侯某某从网络得知龙星化工可能发生“重组、收购”信息的可能性。对于起诉书指控侯某某在龙星化工股票停牌前,利用亲属朋友突击开立证券账户,大量买入龙星化工股票的事实,相关证据证明该事实属实,侯某某辩解称系为了躲避三角债务。本院认为,侯某某的该交易行为确属反常,但综合全案证据,认定被告人侯某某属于非法获取内幕信息的人员应查明“内幕信息”来源,现侯某某从何处得到“内幕信息”的仍不明,认定其属于非法获取内幕信息的人员,并构成内幕交易罪的证据不足。

裁判结果:被告人侯某某无罪。

判例评析:

内幕交易是常见而多发的典型证券犯罪。根据最高人民法院、最高人民检察院联合制定的《内幕交易司法解释》,内幕交易成交额 250 万元以上的便属于情节特别严重,需判处 5 年以上有期徒刑。本案中,检察院指控侯某某内幕交易金额超过 1500 万元,如指控成立,极有可能判处 10 年有期徒刑。性质不可谓不恶劣，后果不可谓不严重。然而，在证监会出具了《关于侯某某等人涉嫌内幕交易案有关问题的认定函》的情况下，法院顶住压力宣告无罪，足见在内幕交易的刑事辩护方面，辩护律师大有空间可为。

内幕交易罪是法定犯，犯罪构成有三个要件：第一，行为人是内幕信息知情人或者非法获取内幕信息的人员；第二，行为人在内幕信息公开前从事与该内幕信息有关的证券交易；第三，情节严重。相应的，从辩护的角度，如要推翻内幕交易指控，便可从三方面着手：行为人不是内幕信息知情人或非法获取内幕信息的人；行为人未从事与内幕信息有关的交易，或者说，行为人所从事的证券交易与内幕信息无关；情节不严重。本案中，法院正是以被告人侯某某不是非法获取内幕信息的人作为主要理由而宣告其无罪。

根据《内幕交易司法解释》第2条，非法获取内幕信息的人员包括三类，其中一类是“利用窃取、骗取、套取、窃听、利诱、刺探或者私下交易等手段获取内幕信息的”。就本案而言，证监会认定身为龙星化工董事长刘某秘书的兰某是内幕信息知情人，而侯某某则是从兰某处探听得知了龙星化工并购重组的内幕信息。换言之，检察院指控侯某某乃属于前述“利用套取、刺探等手段获取内幕信息的”非法获取内幕信息人员。但是，在证据层面，侯某某从被调查开始便一直供述未从兰某处套取、刺探内幕信息，兰某也一直供述没有向侯某某透露过龙星化工的内幕信息。认定侯某某从兰某那里获知龙星化工并购这一内幕信息只有刘某的证言，但是刘某的证言又前后反复，并且还陈述称中间的一份笔录是证监会事先做好，继而威逼利诱他签字的。这不得不让人怀疑刘某证言的效力。同时，这一证言即便真实，也因属于孤证而无法成立。所以，从现有证据来看，认定侯某某属于非法获取内幕信息的人员证据不足。

本案的另一有利证据是东方财富网龙星化工股吧里边关于龙星化工并购重组的传言。尽管侯某某动用多个股票账户重仓龙星化工股票的交易行为十分反常，在没有确切证据证明侯某某是非法获知了内幕信息，而同时股吧里面又存在龙星化工并购重组传言的情况下，确实无法排除侯某某是基于对股吧里面重组信息的确信而重仓龙星化工股票的可能性。刑事案件的证明标准是“排除一切合理怀疑”，本案因无法排除合理怀疑，只能宣判被告人无罪。

内幕交易罪是法定犯、身份犯，具有特定的身份是构罪的前提。本案给辩护人的启示是：切断有关身份认定的证据链条，是成功辩护的重要策略之一。

二、荣某某内幕交易、泄露内幕信息案[①]

基本案情:2016 年 10 月,深圳 A 股份公司拟收购 B 公司股权进行重组,荣某某作为 B 公司的实际控股股东参与了重组谈判。谈判过程中,荣某某将上述信息告知了 B 公司执行董事兼法定代表人高某某。高某某伙同罗某某在内幕信息敏感期内,利用"刘某""张某"两个证券账户合计买入深圳 A 股份公司股票 737,882 股,成交金额共计人民币 6,313,388 元,截止到 2018 年 5 月实际亏损 130 余万元。

检察院认为:荣某某作为 B 公司实际控股股东,其将参与 B 公司重组谈判信息告知该公司时任执行董事兼法定代表人高某某的行为,未违反相关保密和注意义务,不构成泄露内幕信息罪。同时,在案证据不能证实荣某某具有内幕交易行为。

案件结果:对荣某某不起诉。

三、单某某内幕交易案[②]

公安机关移送审查起诉认定:单某某于 2014 年 1 月至 3 月底期间,在益盛药业筹划发行股票购买资产的敏感期内与内幕知情人毕某某接触、联络频繁,并于 2014 年 3 月 11 日、12 日集中大量购买益盛药业股票 74,860 股,交易金额 1,592,740 元,非法获利 318,364.93 元,并且其在此之前从未进行过任何股票交易,在敏感期内集中大量交易该股票,交易习惯存在明显异常。

检察院认为:经本院审查并退回补充侦查,仍然认为吉林省通化市公安局认定的犯罪事实不清、证据不足,不符合起诉条件。

案件结果:对单某某不起诉。

---

① 参见北京市人民检察院第二分院京二分检刑不诉[2019]6 号。

② 参见集安市人民检察院集检刑不诉[2018]3 号。

第八章　背信运用受托财产罪无罪判例解析

法律条文

《刑法》

第一百八十五条之一　【背信运用受托财产罪;违法运用资金罪】商业银行、证券交易所、期货交易所、证券公司、期货经纪公司、保险公司或者其他金融机构,违背受托义务,擅自运用客户资金或者其他委托、信托的财产,情节严重的,对单位判处罚金,并对其直接负责的主管人员和其他直接责任人员,处三年以下有期徒刑或者拘役,并处三万元以上三十万元以下罚金;情节特别严重的,处三年以上十年以下有期徒刑,并处五万元以上五十万元以下罚金。

社会保障基金管理机构、住房公积金管理机构等公众资金管理机构,以及保险公司、保险资产管理公司、证券投资基金管理公司,违反国家规定运用资金的,对其直接负责的主管人员和其他直接责任人员,依照前款的规定处罚。

《最高人民检察院、公安部关于公安机关管辖的刑事案件立案追诉标准的规定(二)》

第三十五条　〔背信运用受托财产案(刑法第一百八十五条之一第一款)〕商业银行、证券交易所、期货交易所、证券公司、期货公司、保险公司或者其他金融机构,违背受托义务,擅自运用客户资金或者其他委托、信托的财产,涉嫌下列情形之一的,应予立案追诉:

(一)擅自运用客户资金或者其他委托、信托的财产数额在三十万元以上的;

(二)虽未达到上述数额标准,但多次擅自运用客户资金或者其他委托、信托的财产,或者擅自运用多个客户资金或者其他委托、信托的财产的;

(三)其他情节严重的情形。

罪名详解

随着经济的发展,人们的理财途径越来越多,金融机构在接受客户委托理财的过程中往往会积聚起大量的资产。这些资产一旦擅自使用,可能会给金融机构带来丰厚收益,但却使得资产管理活动处于巨大的风险之中,严重损害委托人利益,扰乱金融秩序。因此,《刑法修正案(六)》新增了这一罪名,以填补刑事立法的漏洞。

本罪所保护的法益是金融管理秩序和客户的合法权益。本罪的行为使客户的财产陷入极大风险之中,动摇了社会公众对金融机构投资理财的信任感,严重损害客户的合法权益,危害金融管理秩序。

本罪构成要件的内容为行为人实施了“违背受托义务,擅自运用客户资金或者其他委托、信托的财产”的行为。所谓“委托、信托的财产”,主要是指在当前的委托理财业务等相关业务中,存放在各类金融机构中的以下几类客户资金和资产:

(1)证券投资业务中的客户交易资金。在我国的证券交易制度中,客户交易结算资金指客户在证券公司存放的用于买卖证券的资金。

(2)委托理财业务中的客户资产。委托理财业务是金融机构接受客户的委托,对客户存放在金融机构的资产进行管理的业务,包括资金、证券等。

(3)信托业务中的信托财产,分为资金信托和一般财产信托。

(4)证券投资基金,指通过公开发售基金份额募集的客户资金。

(5)各类资产管理计划。

责任形式方面表现为故意,一般是为了获取非法利润。

需注意的是,本罪的犯罪主体为特殊主体,即为“商业银行、证券交易所、期货交易所、证券公司、期货经纪公司、保险公司或者其他金融机构”,个人不能构成本罪的主体。

理论难点

一、如何认定“违背受托义务”

中国有个成语:背信弃义,用以谴责违背诺言、不讲道义、出卖朋友的行为。

背信运用受托财产罪是背信罪的一种[①]。在法律上，背信行为的本质是违背受托义务，滥用委托权限。[②]

理论上一般认为，受托义务不仅包括金融机构与客户之间约定的义务，还包括法律、行政法规、部门规章等规范性文件所规定的义务，也即，受托义务包括约定义务及法定义务。从实务角度，受托义务的判断，首先应审查商业银行、证券交易所、期货交易所、证券公司、期货公司、保险公司或者其他金融机构与客户之间所签订的合同；其次应审查《商业银行法》《证券法》《保险法》《信托法》《期货交易管理条例》等法律法规之规定。例如，根据《信托法》第 25 条至第 30 条的规定，受托人有以下七大义务：(1)受托人应当遵守信托文件的规定，为受益人的最大利益处理信托事务；(2)受托人管理信托财产，必须恪尽职守，履行诚实、信用、谨慎、有效管理的义务；(3)受托人除依照本法规定取得报酬外，不得利用信托财产为自己谋取利益，受托人利用信托财产为自己谋取利益的，所得利益归入信托财产；(4)受托人不得将信托财产转为其固有财产；(5)受托人不得将其固有财产与信托财产进行交易或者将不同委托人的信托财产进行相互交易，但信托文件另有规定或者经委托人或者受益人同意，并以公平的市场价格进行交易的除外；(6)受托人必须将信托财产与其固有财产分别管理、分别记账，并将不同委托人的信托财产分别管理、分别记账；(7)受托人应当自己处理信托事务，但信托文件另有规定或者有不得已事由的，可以委托他人代为处理，但应当对他人处理信托事务的行为承担责任。

二、如何理解“擅自运用”

所谓擅自运用，是指未经委托人或受益人的同意而私自动用受托资产的行为，例如，证券公司擅自动用客户交易资金，期货公司擅自动用客户交易保证金，等等。

不过，需要区别的是擅自运用与不当运用。受托从事委托理财或者资产管理的虽然是专业人士，但是，市场尤其是金融市场瞬息万变，谁也不可能保证决策永远正确。因此，因不当运用造成客户资产损失的，不一定构成本罪。特别是

① 我国刑法中还有背信损害上市公司利益罪。

② 参见刘宪权：《金融犯罪刑法学原理》，上海人民出版社 2017 年版，第 248 页。

对于信托行为,由于一般授权比较概括,受托人的行为也就相对比较自由。如果信托文件没有特别约定,只要不违背为委托人利益最大化处理信托事务的法理,即使是由于受托人过失导致决策失误,进而导致信托财产遭受重大损失的,也不应以本罪论处①。

典型案例

大连营业部等背信运用受托财产罪一案②

基本案情:大连营业部系兴证期货有限公司的下属分支机构。孟某某于2009年8月至2014年7月在大连营业部担任总经理,负责营业部全面工作。陈某于2013年8月至2014年7月在大连营业部担任客户经理,负责开发及维护客户资源。

2013年,陈某认识了高某及其妻子孙某,并向其介绍大连营业部有保本理财产品,收益高于银行利息。高某要求保证资金安全,并且随取随用,陈某在请示孟某某后,向被害人高某口头承诺投资期货在保本保息基础上达到7%的年收益率。

2013年10月22日,高某与兴证期货有限公司签订了《期货经纪合同》及相关附属文件,按照大连营业部工作人员的指引开立了期货保证金账户,并于次日向账户内转款人民币1670万元,陈某向高某索要了期货账户的交易密码。

孟某某、陈某未能为高某找到第三方投资顾问,在未通知高某也未取得其同意的情况下,二人商议后决定自行使用高某的期货账户交易密码进行交易。2013年10月31日至2014年1月20日间,孟某某、陈某擅自运用高某期货账户进行交易,造成高某期货保证金账户亏损人民币1043.1万元,共计产生交易手续费1,533,642.48元,其中为兴证期货有限公司赚取手续费825,353.56元,上交给期货交易所708,288.92元。案发后,孟某某、陈某及胡某某返还被害人高某人民币共计191万元。

法院认为:兴证期货大连营业部违背受托义务,擅自运用客户资金,情节特

---

① 参见刘宪权:《金融犯罪刑法学原理》,上海人民出版社2017年版,第250页。

② 参见辽宁省高级人民法院刑事裁定书,(2016)辽刑终494号。

别严重,其行为侵犯了国家的金融管理秩序和客户的合法权益,构成背信运用受托财产罪。孟某某作为该营业部直接负责的主管人员,陈某作为该营业部其他责任人员,其行为均构成背信运用受托财产罪,二人系共同犯罪,在犯罪过程中地位和作用相当,不分主从。

关于孟某某提出对高某开户一事并不知情、亦没有参与操作高某账户的辩解,经查,虽然高某开户时孟某某并不在国内,但是作为大连营业部的负责人,其对新开设期货账户的客户具有审批权,且陈某供述称高某准备开户时通过电话与孟某某取得联系,并提出高某对于投资资金有收益和时限的要求,故孟某某对于高某开户一事应当知情;根据其本人和陈某在侦查阶段的供述,结合证人胡某某、高乙的证言以及相关书证,足以证实孟某某实施了积极参与操作高某账户的行为,不论大连营业部是否有理财产品业务,均不能否认其行为本身的违法性。

关于大连营业部及其辩护人、孟某某及其辩护人、陈某的辩护人提出不构成犯罪的辩解和辩护意见,经查,高某与兴证期货有限公司签订了《期货经纪合同》,合同成立后高某即与兴证期货形成委托管理期货账户资金的法律关系,兴证期货应当遵循诚实信用原则,以专业的技能、勤勉尽责地执行客户的委托,维护客户的合法权益,不得向客户做获利保证,亦不得未经客户委托或者不按照客户委托内容,擅自进行期货交易;孟某某、陈某在未告知高某也未征得高某同意的情形下,利用掌握的交易密码自行操作高某的期货账户,属于擅自运用客户资金的行为;孟某某作为大连营业部的负责人,与陈某共同利用高某的账户资金进行期货交易,收取的手续费亦归兴证期货有限公司所有,构成单位犯罪,均应承担相应的刑事责任。

裁判结果:(1)大连营业部犯背信运用受托财产罪,判处罚金人民币 100 万元;(2)孟某某犯背信运用受托财产罪,判处有期徒刑 3 年 6 个月,并处罚金人民币 15 万元;(3)陈某犯背信运用受托财产罪,判处有期徒刑 3 年,并处罚金人民币 10 万元。

判例解析:作为新增罪名,本罪在实务中并不多见,本案系大连市第一例背信运用受托财产罪案例。公安机关一开始以挪用资金罪立案侦查,检察院在审查逮捕环节改变定性。本案中,兴证期货大连营业部并没有期货理财产品业务,孟某某、陈某两人超出公司业务范围受理高某的委托,并擅自运用高某期货账户的行为能否认定为兴证期货大连营业部的行为,是本案的焦点问题。对此,案件办理过程中出现两种截然相反的意见。

第一种意见认为,本案不构成单位犯罪,孟某某、陈某的行为构成挪用资金罪。大连营业部、孟某某、陈某及其辩护人均提出本案不应认定为单位犯罪,根据最高人民法院于2001年1月21日发布的《全国法院审理金融犯罪案件工作座谈会纪要》规定"以单位的分支机构或者内设机构、部门的名义实施犯罪,违法所得亦归分支机构或者内设机构、部门所有的,是单位犯罪",认定单位犯罪必须同时具备两个条件:一是以单位名义实施;二是违法所得归单位所有。本案中孟某某、陈某行为系擅自做主,未经过大连营业部集体讨论决定,大连营业部也没有违法所得,所收取的825,353.56元为手续费,系正当收入。而孟某某、陈某两人利用其职务上的工作便利,擅自使用高某账户资金,两人的行为涉嫌挪用资金罪。

第二种意见认为,本案构成单位犯罪,大连营业部、孟某某、陈某均应承担相应刑事责任。本案中大连营业部违背受托义务,擅自运用客户资金,其行为侵犯了国家的金融管理秩序和客户的合法权益。高某与兴证期货有限公司签订《期货经纪合同》,合同成立后高某即与兴证期货有限公司形成委托管理期货账户资金的法律关系,兴证期货有限公司应当遵循诚实信用原则,以专业的技能、勤勉尽责地执行客户委托,不得未经客户同意擅自进行期货交易。本案中孟某某作为大连营业部的负责人,与陈某两人擅自决定操作高某的期货账户,且系超出正常范围的大量、频繁操作,产生了大量的手续费、佣金,其中手续费825,353.56元被兴证期货收取。尽管兴证期货有限公司是按照正常的收费标准收取手续费,从程序上是正当的,但是大连营业部擅自使用客户账户的行为是违法的,其收取的手续费也相应地具有了违法属性。因此构成单位犯罪。

从判决结果来看,一、二审法院均采纳了第二种意见。

本案中,陈某作为客户经理,为吸引客户谎称有保本理财产品,误导高某开立期货账户并转入高额交易保证金,这在投资者适当性审查及业务开拓方面已然违规。陈某一开始称为高某寻找第三方投资顾问进行期货账户操作,但未能寻找到投资顾问,在此情况下,本不应该对账户进行任何操作。然而,陈某、孟某某商议之后,擅自利用掌握的密码对高某期货账户进行操作,造成账户巨额亏损,大连营业部则因频繁交易而收取了高额的交易手续费。《期货交易管理条例》第67条规定:“期货公司有下列欺诈客户行为之一的,责令改正,给予警告,没收违法所得,并处违法所得1倍以上5倍以下的罚款;没有违法所得或者违法所得不满10万元的,并处10万元以上50万元以下的罚款;情节严重的,责令停业整顿或者吊销期货业务许可证:……(三)不按照规定接受客户委托或者不按照客户委托内容擅自进行期货交易的;……”孟某某、陈某对高某账户进行操作,本身都没有为其个人谋取直接利益的故意,主要是为了留住客户、获得手续费收入。因此,大连营业部收取的82万余元手续费认定为违法所得,并无不妥。对单位进行处罚,并未导致单位受到“二次伤害”。

无罪判例

张某某背信运用受托财产一案①

基本案情:2014年11月25日,某上市企业投资3000万元设立某基金公司,通过温州某证券公司的工作人员吴某甲居中介绍,在温州一带开展股票配资业务。赵某某、梁某某等人签订《投资咨询服务协议》后,将保证金打到某基金公司账户,该基金公司将客户保证金打到上市企业的另一全资子公司账户,到该公司分配的Homs系统(一种股票资金分拆账号系统)股票操作账号后交由赵某某、梁某某等人,赵某某、梁某某等人使用该账号,以约定的保证金的倍数买卖股票。在协议期内,赵某某、梁某某等人要求某基金公司退还保证金及股票收益资金,某基金公司在与赵某某、梁某某等人签订结算确认书后拒不归还保证金及收益,并称:资金在某基金公司;资金在某集团的股票上;资金在其控制的信托账户。经审计,赵某某、梁某某等人的保证金打到某基金公司,该基金公司将一部分资金打到另一公司,一部分打到该基金公司控制设立的深圳某科技公司,而某科技公司有大量的资金流向某基金公司的实际控制人吴某乙(另案处理)的妹妹吴某丙、妹夫饶某某,员工张某某、郑某某个人账户,用于购买四川某信托等信托产品,放大杠杆,参与股票买卖。经向上市企业实控人鲜某某取证,鲜某某称吴某乙以超过客户保证金约定倍数向某基金公司配资,配资的资金账号一部分

① 温州市鹿城区人民检察院鹿检公诉刑不诉[2019]126号。

给客户使用,另一部分由其公司自营,参与操纵股票。因遭遇2015年股灾,吴某乙的自营账户产生巨大亏损,吞没客户的保证金及收益,以致无法偿还赵某某、梁某某等人的保证金及收益。

张某某于2015年3月至2016年1月担任某基金公司法人代表,负责某基金公司的整体运营。张某某负责的某基金公司将配资客户的保证金当做自有资金以更高的杠杆(配资比例)向深圳某公司配资,其配资的资金账户一部分交由客户买卖股票,剩余部分用于吴某乙的自营盘操作。2015年10月13日,张某某在与赵某某、梁某某等人签订的《基金公司与温州客户结算协议》中承诺,在某基金公司管理的信托产品持有的停牌股票全部复牌后的30天内与温州客户结算。其后,某基金公司管理的信托产品持有的停牌股票全部复牌,且持有的所有信托结清,而某基金公司拒不履行承诺偿还债务。

检察院认为:经本院审查并退回补充侦查,本院仍然认为温州市公安局鹿城区分局认定的犯罪事实不清、证据不足。现有证据无法证实涉案基金公司属于刑法意义上的金融机构,同时也无相关书证等客观证据证实张某某对涉案基金公司收取的客户资金进行使用或审批流转的具体行为,故不符合起诉条件。

裁判结果:对张某某不起诉。

判例解析:本案公安机关的案情描述非常复杂,但概括而言,公安机关所认为的张某某涉嫌背信运用受托罪的核心事实是:张某某擅自将配资客户的保证金当做自有资金,以更高的杠杆向其他公司配资,配资后大部分资金提供给公司实际控制人吴某乙用于其股票自营盘操作,最后因股灾及股票停牌等因素,未能向配资客户归还保证金。

张某某这种将客户保证金作为自有资金使用的行为是否构成背信运用受托财产罪,是本案的焦点问题。背信运用受托财产罪的犯罪主体是特殊主体,仅限于商业银行、证券交易所、期货交易所、证券公司、期货经纪公司、保险公司或者其他金融机构,同时,本罪为单纯的单位犯罪,个人无法单独构成本罪。涉案的基金公司并非金融机构,同时,在公司未被追诉的情况下,仅仅追究其法人代表的背信运用受托财产罪显然不合法。就客观方面而言,用资方向配资方缴纳的配资保证金,不同于客户向期货公司缴纳的交易保证金。配资保证金汇入配资方账户后,具体如何使用完全可由配资方自主决定。且货币是种类物,保证金汇入后,客观上已无法证明哪一部分是公司自有资金,哪一部分是用资方的保证金。期货交易保证金则不同，保证金在客户自己的期货账户之中，由客户自己掌握、控制，一般情况下期货公司是无法运用客户保证金的，因此，在期货公司擅自使用客户保证金的情况下才可能构成背信运用受托财产罪。就此而言，本案在客观方面也不符合背信运用受托财产罪的犯罪构成。

第九章 背信损害上市公司利益罪无罪判例解析

法律条文

《刑法》

第一百六十九条之一 【背信损害上市公司利益罪】上市公司的董事、监事、高级管理人员违背对公司的忠实义务,利用职务便利,操纵上市公司从事下列行为之一,致使上市公司利益遭受重大损失的,处三年以下有期徒刑或者拘役,并处或者单处罚金;致使上市公司利益遭受特别重大损失的,处三年以上七年以下有期徒刑,并处罚金:

(一)无偿向其他单位或者个人提供资金、商品、服务或者其他资产的;

(二)以明显不公平的条件,提供或者接受资金、商品、服务或者其他资产的;

(三)向明显不具有清偿能力的单位或者个人提供资金、商品、服务或者其他资产的;

(四)为明显不具有清偿能力的单位或者个人提供担保,或者无正当理由为其他单位或者个人提供担保的;

(五)无正当理由放弃债权、承担债务的;

(六)采用其他方式损害上市公司利益的。

上市公司的控股股东或者实际控制人,指使上市公司董事、监事、高级管理人员实施前款行为的,依照前款的规定处罚。

犯前款罪的上市公司的控股股东或者实际控制人是单位的,对单位判处罚金,并对其直接负责的主管人员和其他直接责任人员,依照第一款的规定处罚。

罪名详解

背信损害上市公司利益罪，是指上市公司的董事、监事、高级管理人员，违背对公司的忠实义务，利用职务便利，操纵上市公司从事损害上市公司利益的活动，以及上市公司的控股股东或实际控制人，指使上市公司董事、监事、高级管理人从事损害上市公司利益的活动，致使上市公司利益遭受重大损失的行为。

本罪的主体是特殊主体，必须是上市公司的董事、监事和高级管理人，以及上市公司的控股股东或实际控制人。由于控股股东或实际控制人有可能并不在上市公司任职，因此本罪分为以下两种类型：

第一种类型是上市公司的董事、监事和高级管理人员，利用职务便利，操纵上市公司从事损害上市公司利益的活动，致使上市公司利益遭受重大损失。所谓“损害上市公司利益的活动”，具体是指：

(1)无偿向其他单位或者个人提供资金、商品、服务或者其他资产的；

(2)以明显不公平的条件，提供或者接受资金、商品、服务或者其他资产的；

(3)向明显不具有清偿能力的单位或者个人提供资金、商品、服务或者其他资产的；

(4)为明显不具有清偿能力的单位或者个人提供担保，或者无正当理由为其他单位或者个人提供担保的；

(5)无正当理由放弃债权、承担债务的；

(6)采用其他方式损害上市公司利益的。

第二种类型是上市公司的控股股东或者实际控制人，指使上市公司的董事、监事、高级管理人员实施前述损害上市公司利益的活动，致使上市公司利益遭受重大损失。

本罪是结果犯，根据最高人民检察院、公安部的立案追诉标准的规定，本罪的立案追诉标准为：(1)实施前述行为，致使上市公司直接经济损失150万元以上的；(2)致使企业、公司发行的股票或者公司、企业债券、存托凭证或者国务院依法认定的其他证券被终止上市或者多次被暂停上市交易的；(3)其他致使上市公司利益遭受重大损失的情形。

理论难点

一、刑法理论上的背信罪及其本质

背信罪是大陆法系国家的常见罪名，德国、日本、韩国刑法对此均有规定。所谓背信罪，是指依法律、公务机关命令或者法律行为为他人处理事务的人，违背其义务，致使他人财产遭受损失的行为。[①] 背信罪的构成要件是：

（1）为他人处理事务者（处理他人事务）；

（2）以图谋自己或第三者的利益或加害本人（公司）为目的（图利或加害的目的）；

（3）实施违背其任务的行为（违背任务）；

（4）给他人造成财产上的损害（财产损害的发生）。

关于背信罪的本质，刑法理论上主要存在"滥用权限说"、"背信说"以及"背信的滥用权限说"三种学说。

滥用权限说将滥用法律上的代理权视为背信罪的本质，认为背信罪主要发生在与第三者的对外关系上，并且只有基于代理权的法律行为才可能构成背信罪。背信说将违背与他人的信任、信赖关系以及诚信义务而侵害他人财产视为背信罪的本质，背信行为除存在于与第三者的关系中，还存在于与委托人的对内关系中，并且不限于法律行为，凡是破坏事实上的信任关系的行为，都可能成立背信罪。背信的滥用权限说则认为，背信罪的基础仍然是违反诚实信用义务，但只有滥用对他人财产的管理权限或事实上的事务处理权限，从而违反诚信义务的行为才是背信行为。[②]

以上三种学说中，"滥用权限说"仅立足于有代理权的法律行为，范围限定过窄，因为从本质上说，上市公司的董事、监事、高管与公司股东（包括公众股东）也是一种委托代理关系。"背信说"则范围设定过宽，因为诚信义务的范围很广，其中既包括为委托人利益积极作为的义务，也包括不得主动加害委托人利益的消极义务。如果将一切破坏信任关系的行为均纳入背信罪范畴，则过于将

① 参见张明楷：《外国刑法纲要》，清华大学出版社 2007 年版，第 621 页。

② 参见刘宪权：《金融犯罪刑法学原理》，上海人民出版社 2017 年版，第 246～247 页。

道德义务法律化，扩大了刑法的打击范围。“背信的滥用权限说”范围设定适中，较符合我国刑法的规定。根据背信罪的本质，广义的背信罪几乎涵盖了所有违背诚实信用义务，滥用权限而损害他人财产的行为，如贪污、挪用以及损害单位利益的受贿行为都可归入背信罪的范畴。

比照上述背信罪的构成要件与本质，背信损害上市公司利益罪规制的应当是上市公司董事、监事、高管违背对公司的忠实义务，滥用权限操纵上市公司，致使上市公司遭受重大损失的行为。

二、如何理解“对公司的忠实义务”

背信损害上市公司利益罪的入罪基础是对公司忠实义务的违反，因此，对公司的忠实义务是该罪刑责评价中必须重视的内容。忠实义务是《公司法》上的重要概念，与之并列的还有另一概念——勤勉义务。对忠实义务的内涵及外延的认识需根据《公司法》原理。

《公司法》第 147 条第 1 款规定：“董事、监事、高级管理人员应当遵守法律、行政法规和公司章程，对公司负有忠实义务和勤勉义务。”一般认为，忠实义务是指董事、监事、高管应当忠实于公司，不得将自己的利益置于公司利益之上，不得利用职权谋取私利。勤勉义务则是指董事、监事、高管执行职务时应勤勉、尽责，做到一个适任的管理人应有的注意。勤勉义务是注意义务和积极义务，忠实义务是禁止义务和消极义务，两者内容可能存在交织，但本质是不同的。

《公司法》设立忠实义务的目的是禁止董事、监事和高管利用职务便利优势而得到他在正常情况下不应或不能从公司得到的利益。在上述概念之外，忠实义务还应当有一个隐含的内容，就是不得故意损害公司利益，此作为道德的底线不言而自明。因此，忠实义务的核心有四个渐进层次，最基本第一层是不得故意损害公司利益；第二层是董事等人员不得滥用职务，谋取私利；第三层是为阻断私利，要避免使其个人利益与公司利益发生冲突；第四层是在利益冲突发生时，应将公司利益置于个人利益之上。根据《公司法》第 148 条之规定，忠实义务具体内容包括下列行为：①不得挪用公司资金；②不得将公司资金以其个人名义或者以其他个人名义开立账户存储；③不得违反公司章程的规定，未经股东会、股东大会或者董事会同意，将公司资金借贷给他人或者以公司财产为他人提供担保；④不得违反公司章程的规定或者未经股东会、股东大会同意，与本公司订立合同或者进行交易；⑤不得未经股东会或者股东大会同意，利用职务便利为自己或者他人谋取属于公司的商业机会，自营或者为他人经营与所任职公司同类的业务；⑥不得接受他人与公司交易的佣金归为己有；⑦不得擅自披露公司秘密；⑧违反对公司忠实义务的其他行为。这些具体行为中，可以认为第①、②、⑦项是忠实义务第一层次的内容，第③项是第二层次的内容，第④、⑤项是第三层次的内容，第⑥项是第四层次的内容。当然，这只是一个初步的区分，并且也是不断变化的，例如，如果以明显不合理的价格与本公司进行交易，那就已经故意损害了公司的利益。

不过，作为最为严厉的规制手段，背信损害上市公司利益罪的构成以造成公司重大损失为构成要件，而上述一些违背忠实义务的行为，可能并未直接损害公司利益。可见，《公司法》对忠实义务内涵和外延的规定，无疑要高于《刑法》的要求。《刑法》对忠实义务的要求，不过停留在《公司法》要求的第二个层次上。

三、如何理解“操纵上市公司从事”

“操纵”的原意是“用不正当的手段支配、控制”。除了本罪，“操纵”一词还出现在《刑法》第 182 条操纵证券、期货市场罪中，主要是指采用“人为的操作”或“人为的方法”使市场价格朝自己意图的方向变化。参照上述定义，操纵上市公司可界定为，行为人通过人为的方法控制和支配上市公司，使上市公司的经营管理活动，根据行为人意志进行。“操纵”可以清晰地反映出本罪是一种直接故意犯罪。

《刑法》第 169 条之一的规定，在“操纵上市公司”之后还有“从事”的表述。这一规定体现出两层含义：第一层含义，是非法行为在构成犯罪者操纵下实施。第二层含义，是非法行为是由上市公司实施的单位行为，不是构成犯罪者的个人行为；构成犯罪者并不直接实施相关行为，而是在幕后操控。因此，根据该规定，本罪相关行为的具体实施者是上市公司，而非董事、高管或大股东个人。这是本罪区别于其他个人实施行为的犯罪，如职务侵占罪、挪用资金罪的关键所在。职务侵占罪与挪用资金罪是行为人利用职务便利所实施的个人行为，而本罪是行为人利用职务便利，操纵单位，以单位名义所实施的单位行为。

四、如何认定损失

在具体的损失认定上，无正当理由放弃债权或承担债务比较好认定，放弃的债权数额或者实际承担的债务数额便是直接损失；以明显不公平的价格提供或接受资金、商品、服务或其他资产（不公平交易），实践中一般通过价格评估来确定，由具备资质的价格评估机构通过确定公允价格，进而对比实际成交价格来计算损失；无正当理由对外担保，应当以实际代偿的金额来认定损失。麻烦的是认定无偿向他人或者向明显不具有清偿能力的主体提供资金、商品、服务或资产这两类行为。以实践中最常见的大股东/控股股东占用上市公司资金为例，占资行为一般在上市公司年报中披露，这样一来，是以实际占用的金额认定损失？还是以同期利息计算损失？如果在起诉之前全部归还，还能否认定损失？即便到期未归还，但财务上记为应收账款，能否直接认定为损失？是否需财务上记为坏账并且计提资产减值之后方能认定为损失？这些问题十分复杂，同时会受到上市公司选择的不同财务会计准则的影响，还有待于进一步研究。

无罪判例

余某某等违规披露、不披露重要信息，背信损害上市公司利益案①

基本案情：博元公司成立于1988年10月，于1990年在上交所上市，股票代码为：600656。博元公司的控股股东系华信泰公司（法定代表人系被告人余某某），全资子公司系信实公司、裕荣华公司（博元公司占60%股份，信实公司占40%股份），李某甲（在逃）和余某某夫妇共同管理该公司。此外，李某甲还借用他人身份证注册成立青禧公司和茂盛荣公司，并实际控制该两家公司，利用该两家公司进行走账和开展关联业务。

2010年3月，李某甲和余某某夫妇注册成立华信泰公司，并以华信泰公司的名义通过司法拍卖取得博元公司原第一大股东东莞勋达公司3997万股限售流通股，成为博元公司新的控股股东，取得公司的控制权。由于博元公司原控股股东东莞勋达公司和第二大股东许某曾对股权分置改革后公司2008年、2009年的股改业绩作出承诺，承诺上市公司2008年归属于母公司的所有者净利润不低于4500万元，2008年、2009年两年累计归属于上市公司普通股股东的净利润不低于1亿元；实际净利润与承诺净利润之间的差额部分将由东莞勋达公司和

① 参见广东省珠海市中级人民法院刑事判决书，（2016）粤04刑初131号。

许某以现金方式补足，具体支付时间为2009年度报告披露后10日内。2008年归属于上市公司股东的净利润为4503.36万元，完成了该年的股改业绩承诺。2009年归属于上市公司股东的净利润为负4.72亿元，与股改业绩承诺的净利润之间的差额为5.26亿元。

2010年4月，东莞勋达公司、许某所持有的限售流通股分别通过司法拍卖、司法划转转给华信泰公司、辽源大成公司、林某等8名新股东，由于东莞勋达公司和许某没有按期支付上述股改业绩承诺，8名新股东必须承接支付上述股改业绩承诺款的义务。

2010年5月，广东证监局多次催促，要求控股股东华信泰公司牵头尽快支付和督促林某等8名股改义务人支付5.26亿元股改业绩承诺款。截至2011年4月尚有3.845亿元的股改业绩承诺款没有兑付，其中包括华信泰公司的1.386亿元。李某甲、余某某以华信泰公司名义承诺支付并代其他股改义务人支付全部股改业绩承诺款，并称由于博元公司账户被冻结，为保证资金安全，相关款项支付到子公司信实公司和裕荣华公司账户。为了完成股改业绩承诺款的支付，使限售流通股能尽快解禁上市流通，李某甲和余某某、博元公司总裁陈某共同商议，由李某甲负责筹集款项，华信泰公司代全部股改义务人支付3.845亿元股改业绩承诺款。

2011年4月26日、27日，由李某甲安排向东莞的龙某甲借款1亿元，由余某某签定借款合同，通过东莞科汇公司等十几家公司和华信泰公司、裕荣华公司之间循环转账，每次转款9800万余元，循环四次累计形成转入华信泰公司3.845亿元，从华信泰公司累计转至裕荣华公司账户3.845亿元的表象，制造由裕荣华公司代收股改业绩承诺虚构华信泰公司已支付剩余股改业绩承诺款，并已代林某等股改义务人支付共3.845亿元股改业绩承诺款的假象，再虚构将3.845亿元借款给东莞景瑞公司的方式通过再次循环转账将1亿元还款给东莞科汇公司，并制造已将3.845亿元用于借款投资理财的假象，以应对广东证监局的检查。陈某在转款前将上述借款1亿元进行循环转账形成3.845亿元记录情况告知博元公司的财务总监伍某某，并与伍某某共同策划转款的金额，由陈某带裕荣华公司的出纳罗某某前往中信银行东莞星河支行完成上述转账过程，并由罗某某将进账单交给会计邓某、财务经理张某某、财务总监伍某某等财务人员做账。2011年4月29日，博元公司隐瞒上述情况，发布临时公告披露股改业绩承诺已全部缴付至博元公司及其子公司信实公司、裕荣华公司相关账户的虚假信息。

由于广东证监局在对股改业绩承诺款进行检查的过程中不同意将3.845亿元款项出借给东莞景瑞公司的操作，为了应对广东证监局，被告人李某甲和余某某向深圳利明泰公司借款4亿元存放在裕荣华公司建行深圳分行账户中，制造账上有钱的假象，使用伪造的东莞景瑞公司转款到裕荣华公司的银行进账单，虚构已从东莞景瑞公司收回借款3.845亿元的事实，并用伪造的进账单、电汇凭证做账。张某某根据伪造的银行进账单制作博元公司的合并财务报表，并在合并财务报表上虚假反映已收到股改业绩承诺款3.84亿元的事实，导致博元公司虚增银行存款3.84亿元，虚增资本公积3.84亿元。2011年8月25日，余某某、伍某某、张某某依据虚假财务报表制作和发布博元公司的2011年半年度报告，对股改业绩承诺款的履行情况进行虚假公告披露。

为掩盖虚假支付股改业绩承诺款的事实，余某某主持召开董事会，决定将股改业绩承诺款用于购买银行承兑汇票以掩盖事实真相。2011年12月，其从深圳市鑫海马投资有限公司通过青禧公司转入华信泰公司1000万元，李某甲指使伍某某将该1000万元通过循环转账形成37笔转账记录，虚构购买银行承兑汇票的事实。伍某某设计转账流程并指使张某某、罗某某进行网银操作，在信实公司、华信泰公司和青禧公司之间通过循环转账37次，虚构信实公司向青禧公司转账3.34亿元的事实，用于向青禧公司购买37张面额共3.47亿元银行承兑汇票的假象，并据此制作虚假的财务报表，并在2011年年报中进行公告，导致博元公司2011年年报虚增应收票据3.47亿元，虚增其他流动负债1223万元。

2012年至2014年期间，被告人余某某、张某某根据李某甲提供的上述37张信实公司买进的虚假银行承兑汇票，按照李某甲的要求多次虚构将上述银行承兑汇票进行贴现、票据置换和支付预付款等交易，并根据李某甲提供的相关置换来的虚假银行承兑汇票进行记账，制作博元公司的虚假财务报表、致使博元公司披露的2011年至2014年的半年报、年报中虚增资产金额或者虚构利润均达到了当期披露的资产总额或利润总额的30%以上。其中2011年半年报中虚增负债4亿元；2011年年报中虚增资产3.47亿元（虚增资产占比68.67%）。随后2012年至2014年半年报、年报均大幅度虚增资产、收入及利润。

博元公司在2011年至2014年期间的公告和财务会计报告中违规未披露公司的实际控制人还有李某甲，且违规未披露青禧公司为李某甲控制下的关联公司，违规未披露股改款未实际履行等重要信息。

2014年6月18日，证监会广东证监局对博元公司立案调查，发现该公司涉嫌违规披露、不披露重要信息罪和伪造、变造金融票证罪并移交公安机关，上海证券交易所于2015年5月15日对该公司的股票实施停牌，同月28日对该公司的股票暂停上市，2016年3月21日对该公司股票作出终止上市的决定。

检察院认为：博元公司作为依法负有信息披露义务的公司，在2011年至2014年期间，向股东和社会公众提供虚假的或者隐瞒主要事实的财务会计报告，或者对依法应当披露的其他重要信息不按照规定披露，严重损害股东或者其他人的利益，情节严重，被告人余某某、陈某作为公司直接负责的主管人员，被告人伍某某、张某某、罗某某作为直接责任人员，应以违规披露、不披露重要信息罪追究其刑事责任。被告人余某某作为博元公司的实际控制人、董事长，被告人伍某某、张某某、陈某作为公司的高级管理人员、罗某某作为公司的监事，违背对公司的忠实义务，利用职务便利，操纵上市公司从事损害公司利益的行为，致使上市公司遭受重大损失，应以背信损害上市公司利益罪追究其刑事责任。

法院认为：

（一）本案构成违规披露、不披露重要信息罪

经查，本案事实梳理如下：2011年4月，李某甲与被告人余某某等虚构华信泰公司已代付股改业绩承诺款3.845亿元的事实，并在临时报告、半年报中披露。后为掩盖上述虚假事实，利用1000万元循环转账，虚构购买37张承兑汇票的事实，并在2011年年报中披露；2012年至2014年期间多次虚构将上述银行承兑汇票进行贴现、票据置换和支付预估款等交易，根据李某甲提供的相关置换来的虚假银行承兑汇票进行记账，制作博元公司的虚假财务报表，致使2012年至2014年半年报、年报不属实。另外，博元公司还违规不披露公司实际控制人还有李某甲以及青禧公司也是李某甲控制下的关联公司等信息。综上，本案基本事实就是相关被告人基于完成股权分置改革方案、实现股票上市流通的目的，虚构财务报表并予以违规披露的犯罪事实。对该系列行为应认定为同一事实，该事实符合违规披露、不披露重要信息罪的主客观构成要件，应以违规披露、不披露重要信息罪追究相关被告人的责任。

（二）本案不构成背信损害上市公司利益罪

本案中，李某甲伙同被告人余某某等人为达到实现股票上市流通的目的，掩

盖没有完成3.845亿元股改业绩承诺款缴纳的事实，以博元公司实际控制人、高级管理人员的身份，指使财务人员伪造财务报表，实际操纵公司，致使公司被证监部门稽查并被终止上市，客观上损害了博元公司利益，致使博元公司遭受重大损失。就各被告人行为的定性问题，《刑法修正案（六）》增加第169条之一规定"上市公司的董事、监事、高级管理人员违背对公司的忠实义务，利用职务便利，操纵上市公司从事下列行为之一，致使上市公司利益遭受重大损失的，处……"，采用列举式的方式描述了该罪的罪状，同时在该条第1款第6项中采用兜底方式规定了"采用其他方式损害上市公司利益的"行为。根据《刑法》的体系解释和目的解释的方法，该条款列举的前5项均系公司高级管理人员通过与关联公司不正当交易"掏空"上市公司的行为，第6项兜底条款的解释应当采用相当性解释，即限制在其他通过与关联公司不正当交易"掏空"上市公司的行为，而非所有损害公司利益的行为。故各被告人的行为不构成背信损害上市公司利益罪。同时，如上所述，本案实质就一个行为，也不应定性为两个罪名。

裁判结果：被告人余某某犯违规披露、不披露重要信息罪，判处有期徒刑1年7个月，并处罚金人民币10万元。

其余略。

判例解析：虽然背信损害上市公司利益罪在2006年便经《刑法修正案（六）》新增入刑，但司法实践中此类案件并不多，无罪判例更是少见，博元公司余某某案是典型的无罪判例，十分经典。

本案的基本事实概言之就是：博元公司的原股东东莞勋达公司、许某对上市公司负有股改业绩承诺，需向上市公司支付业绩承诺款5.26亿元。李某甲、余某某夫妇实际控制的华信泰公司、辽源大成公司等8人通过司法拍卖等形式取得了东莞勋达公司、许某所持博元公司股份，承继了支付业绩承诺款的义务，但经广东证监局多次催促仍有3.845亿元的承诺款未支付。李某甲、余某某为了完成股改业绩承诺款的支付，达到限售流通股尽快解禁的目的，通过在下属子公司之间循环转账的方式，制造已由子公司代收了业绩承诺款的假象并在博元公司年报、半年报等报告中披露。由于业绩承诺款实际上并未支付，由此导致博元公司财务报表上的数据严重失实。此后，为了进一步掩盖这一行为，又发生了买进虚假的银行承兑汇票并进行相关交易的行为，由此导致公司披露的财务报表进一步失实。

由此可以看出，本案行为的时间跨度虽然较长，但核心事实就是一个：虚构股改业绩承诺款已经支付的事实，其他的一系列事实包括子公司之间循环转账、买进虚假的银行承兑汇票、进行各种交易等均是为了成就这一行为或者掩盖这一行为。法院认定本案实际上就是一个行为，而非两个行为或多个行为的定性是十分准确的。

本案中法院认为余某某等的行为不构成背信损害上市公司利益罪，其论述理由指出了本罪构罪的核心特征，那就是：根据体系解释、相当性解释的方法，本罪规制的是上市公司董事、监事、高管通过各类不正当交易"掏空"上市公司的行为，而非所有损害公司利益的行为。

不过，笔者认为对该案还可以从学理层面进行更精致地论述，找出更为精准的无罪理由。背信损害上市公司利益罪的入罪基础是董事、监事、高管违反对公司的忠实义务，何为忠实义务？上文已有详细阐明，不再赘述。就本案而言，华信泰公司系博元公司控股股东，华信泰公司等 8 人负有向博元公司支付股改业绩承诺款 3.845 亿元的义务，广东证监局亦多次催促要求控股股东华信泰公司牵头尽快支付和督促林某等 8 名股改义务人支付业绩承诺款。很显然，这是一种积极作为义务，属于勤勉义务而非忠实义务的范畴。余某某作为博元公司董事长，李某甲作为公司实际控制人，应当积极履行这一勤勉义务。余某某未履行这一勤勉义务，相反还制造假象予以掩盖，此举确实损害了公司利益，但不属于背信损害上市公司利益罪的规制范畴。进而言之，忠实义务是消极义务、不作为义务，其目的是防止公司利益不应当减损时而发生减损；勤勉义务是积极义务、作为义务，其目的是防止公司利益应当增加时却未增加。本案中，余某某等虚构股改业绩承诺款支付的事实，使得公司利益应当增加而未增加，恰恰是对勤勉义务而非忠实义务的违反。《刑法》将背信损害上市公司利益罪限定在违反忠实义务的范畴，背后有着对刑事手段规制范围的深刻考量，正如本案判决所指出，本罪规制的是防止董事、监事、高管通过不正当交易积极减少（不应当减少而减少）"掏空"上市公司财产的行为，上市公司财产消极增加（应当增加而未增加）等其他损害上市公司利益的行为，则并非本罪的调整范围。

第十章　违法发放贷款罪无罪判例解析

法律条文

《刑法》

第一百八十六条　【违法发放贷款罪】银行或者其他金融机构的工作人员违反国家规定发放贷款，数额巨大或者造成重大损失的，处五年以下有期徒刑或者拘役，并处一万元以上十万元以下罚金；数额特别巨大或者造成特别重大损失的，处五年以上有期徒刑，并处二万元以上二十万元以下罚金。

银行或者其他金融机构的工作人员违反国家规定，向关系人发放贷款的，依照前款的规定从重处罚。

单位犯前两款罪的，对单位判处罚金，并对其直接负责的主管人员和其他直接责任人员，依照前两款的规定处罚。

关系人的范围，依照《中华人民共和国商业银行法》和有关金融法规确定。

《商业银行法》

第四十条　商业银行不得向关系人发放信用贷款；向关系人发放担保贷款的条件不得优于其他借款人同类贷款的条件。

前款所称关系人是指：

（一）商业银行的董事、监事、管理人员、信贷业务人员及其近亲属；

（二）前项所列人员投资或者担任高级管理职务的公司、企业和其他经济组织。

《最高人民检察院、公安部关于公安机关管辖的刑事案件立案追诉标准的规定（二）》

第三十七条　〔违法发放贷款案（刑法第一百八十六条）〕银行或者其他金融机构及其工作人员违反国家规定发放贷款，涉嫌下列情形之一的，应予立案追诉：

（一）违法发放贷款，数额在二百万元以上的；

（二）违法发放贷款，造成直接经济损失数额在五十万元以上的。

罪名详解

违法发放贷款罪，是指银行或者其他金融机构的工作人员违反国家规定发放贷款，数额巨大或者造成重大损失的行为。

本罪所保护的法益是国家的信贷管理制度和金融机构自身的合法权益。一方面，违法发放贷款行为违反金融法规，侵害了国家的信贷管理制度；另一方面，因为以造成重大损失为构成要件，所以也侵犯了金融机构的财产所有权益。

本罪的构成要件内容为银行、其他金融机构或者其工作人员违反国家规定，向关系人以外的其他人发放贷款，数额巨大或者造成重大损失的行为。所谓违反国家规定，是指违反《商业银行法》《民法典》等一切法律有关信贷管理的规定。如依法应对借款人是否符合有关贷款的条件进行审查而不审查；依法应对借款人的信用等级以及借款的安全性、合法性、盈利性进行调查、评估却不调查、评估；依法应与借款人签订借款合同而不签订合同；对借款人是否符合条件虽然进行了审查，但在审查中马马虎虎、应付从事，不做认真、细致、全面、深入的审查就作出合格的决定；明知申请借款人不符合条件，但为了向其发放贷款，而向有关批准贷款的领导谎报情节或隐瞒真相；明知借款人不符合条件，但由于人情关系或接受了借款人贿赂及某种利益，利用自己的职权擅自向其发放贷款；违反中国人民银行贷款利率上下限的规定，擅自提高贷款利率而放松其他条件发放贷款；签订贷款合同，利用手中职权指使或亲自就一些重要条款如还款期限、还款方式、违约责任不予以明确；超越自己的职权，擅自批准发放贷款；等等。

责任形式方面，理论上存在争议，有人认为应当是故意，有人认为应当是过失，有人认为本罪既可以由故意构成也可以由过失构成。

本罪的犯罪主体为特殊主体，自然人犯罪主体是银行或者其他金融机构的工作人员，单位犯罪的主体是银行或者其他金融机构。银行或者其他金融机构及其工作人员以外的主体不属于本罪的主体。

理论难点

一、如何理解“违反国家规定”

《刑法修正案(六)》对违法发放贷款罪进行了修订,将原条文中的“违反法律、行政法规规定”修改为“违反国家规定”。在修订之前,理论界对于“违反法律、行政法规规定”的理解争议颇多,主要焦点是其中是否包含中国人民银行发布的《贷款通则》等有关规范性文件。

《刑法修正案(六)》通过后,对这一问题的理解趋于统一。何谓“国家规定”?《刑法》第96条规定:“本法所称违反国家规定,是指违反全国人民代表大会及其常务委员会制定的法律和决定,国务院制定的行政法规、规定的行政措施、发布的决定和命令。”《最高人民法院关于准确理解和适用刑法中“国家规定”的有关问题的通知》中进一步明确:“国务院规定的行政措施”应当由国务院决定,通常以行政法规或者国务院制发文件的形式加以规定。以国务院办公厅名义制发的文件,符合以下条件的,亦应视为《刑法》中的“国家规定”:(1)有明确的法律依据或者同相关行政法规不相抵触;(2)经国务院常务会议讨论通过或者经国务院批准;(3)在国务院公报上公开发布。对于违反地方性法规、部门规章的行为,不得认定为“违反国家规定”。据此,《贷款通则》作为中国人民银行发布的部门规章,不能作为“国家规定”而成为违法发放贷款的违法依据。

《商业银行法》对贷款调查、贷款审批等环节作了严格规定。其中该法第7条第1款规定:“商业银行开展信贷业务,应当严格审查借款人的资信,实行担保,保障按期收回贷款。”第35条第1款规定:“商业银行贷款,应当对借款人的借款用途、偿还能力、还款方式等情况进行严格审查。”第36条规定:“商业银行贷款,借款人应当提供担保。商业银行应当对保证人的偿还能力,抵押物、质物的权属和价值以及实现抵押权、质权的可行性进行严格审查。经商业银行审查、评估,确认借款人资信良好,确能偿还贷款的,可以不提供担保。”第37条规定:“商业银行贷款,应当与借款人订立书面合同。合同应当约定贷款种类、借款用途、金额、利率、还款期限、还款方式、违约责任和双方认为需要约定的其他事项。”第38条规定:“商业银行应当按照中国人民银行规定的贷款利率的上下限,确定贷款利率。”概言之,“国家规定”的主要内容包括:商业银行或者其他金融机构办理借款业务的程序包括申请、贷款调查、贷款审批、签订贷款合同、发放贷款、贷后检查、贷款归还等方面的规定。

二、如何认定“造成重大损失”

本罪入罪的情节之一是“造成重大损失”，但如何认定重大损失？是否包括间接损失？是否只要贷款逾期未还就可认定为损失？

根据《最高人民检察院、公安部关于公安机关管辖的刑事案件立案追诉标准的规定（二）》，本罪的损失仅限于直接损失，即不能收回的贷款本金及利息损失。对此各方面意见较为一致。争议较大的是在何种情况下才能认定为造成了损失？是否需金融机构穷尽所有手段仍不能追回贷款方可认定为损失？

根据《贷款通则》，金融机构的不良贷款包括“一逾两呆”：呆账贷款、呆滞贷款、逾期贷款。逾期贷款，系指借款合同约定到期（含展期后到期）未归还的贷款（不含呆滞贷款和呆账贷款）。呆滞贷款，系指按财政部有关规定，逾期（含展期后到期）超过规定年限以上仍未归还的贷款，或虽未逾期或逾期不满规定年限但生产经营已终止、项目已停建的贷款（不含呆账贷款）。呆账贷款，系指按财政部有关规定列为呆账的贷款，具体而言，是指逾期（含展期）3 年以上（含 3 年）作为催收贷款管理，按规定条件确认为呆账损失，尚未批准，准备核销的贷款。

根据《公安部经侦局关于骗取贷款罪和违法发放贷款罪立案追诉标准问题的批复》第 2 条，如果银行或者其他金融机构仅仅出具“形成不良贷款数额”的结论，不宜认定为“重大经济损失数额”。根据目前国有独资银行、股份制商业银行实行的贷款五级分类制，商业贷款分为正常、关注、次级、可疑、损失五类，其中后三类称为不良贷款，不良贷款尽管“不良”但并不一定形成了既成的损失，因此“不良贷款”不等于“经济损失”，也不能将“形成不良贷款数额”等同于“重大经济损失数额”。

逾期贷款不能视为银行或金融机构已经造成的损失，这一点理论界意见较为一致。但对于呆滞贷款、呆账贷款是否一概视为金融机构的损失，仍不无争议。刘宪权教授认为，呆账贷款是可以全额计提坏账，从银行总行按规定提取的呆账准备金中予以冲销的贷款，应作为银行的实际损失。对于呆滞贷款，如果经法院判决并依法强制执行后仍不能归还的，也可以视为实际损失[①]。

三、如何理解本罪的主观罪过

违法发放贷款罪的罪过形式是一个颇受争议的话题，理论上主要存在三种观点：第一种观点认为违法发放贷款罪的罪过形式只能是故意；第二种观点认为违法发放贷款罪的罪过形式只能是过失；还有观点认为违法发放贷款罪的罪过形式在有的情况下是故意，在有的情况下是过失。第三种观点为主流观点。

主观罪过的评价对象是危害结果，而不是行为人对行为本身的心理态度。换言之，故意和过失都是以行为人对危害结果的认知作为判断标准。在违法发放贷款罪中，行为人对自己发放贷款的行为违法性是明知的，即实施违法发放贷款行为本身是出于故意，不存在所谓过失问题。但是，对于发放贷款有可能导致重大损失的结果，行为人主观上则有可能是故意，也有可能是过失。如果行为人认识到其违法发放贷款行为会导致重大经济损失仍然违法发放贷款，则其罪过形式为故意；如果行为人在违法发放贷款时没有认识到其行为会导致重大经济损失而发放贷款，则其主观方面为过失。[②]

无罪判例

一、马某违法发放贷款、受贿案[③]

基本案情：1996年11月，广河县农工商批发公司法定代表人马某甲（另案处理）找到原农行广河县支行主管信贷的副行长刘某某（已病故）要求贷款200万元，刘某某遂向时任该行行长的马某作了汇报，马某表示同意后由刘某某和信贷股经办，于同年11月26日，向广河县农工商批发公司发放贷款200万元，期限为1年。

1997年10月、11月，经马某同意，农行广河县支行先后于1997年10月22日、11月7日向广河县农工商批发公司（法定代表人为马某甲之子马某乙）办理

---

① 参见刘宪权：《金融犯罪刑法学原理》，上海人民出版社2017年版，第234～235页。

② 参见刘庆伟：《违法发放贷款罪的罪过形式之我见》，载中国法院网 https://www.chinacourt.org/article/detail/2008/06/id/306005.shtml

③ 参见甘肃省定西市中级人民法院刑事判决书，(2002)定中刑字第28号。

了两个100万元的转贷手续。2000年10月30日,农行广河县支行将无力收回的200万元本金及508,069元利息资产债权转移到中国长城资产管理公司兰州办事处,之后再未催收。

1998年3月,马某告知马某甲其兄马某丙需用钱,让马某甲寻些,几日后,马某甲将一户名为马某丁的200,380.04元活期存折交给马某,马某又将该存折交给其兄。同年11月3日,该存折上的20万元被一署名为马某戊的人支取。

检察院认为,马某的行为构成违法发放贷款罪和受贿罪。

法院认为:农行广河县支行向广河县农工商批发公司发放贷款并非被告人马某的个人行为。该贷款逾期后农行将债权转移到中国长城资产管理公司兰州办事处,由于该公司对该债权资产尚未处置,其损失无法认定,故公诉机关指控马某违法发放贷款的罪名不能成立。被告人及其辩护人关于造成重大损失没有依据的辩护理由成立。

马某从马某甲处取得的20万元究竟是马某向马某甲索贿还是借款,依据现有证据无法确认,故公诉机关指控马某犯受贿罪的证据不足,不能认定有罪。被告人及其辩护人的辩护意见本院予以采纳。

裁判结果:被告人马某无罪。

判例解析:本案是《刑法修正案(六)》通过之前的案例,当时《刑法》第186条关于违法发放贷款罪定罪量刑的标准是"造成较大损失""造成重大损失""造成特别重大损失"。也即,在修订之前,违法发放贷款罪只有造成严重损失这一条入罪标准,单纯的数额巨大不构成犯罪。《刑法修正案(六)》通过后,本罪的成立条件和加重情节才分别变更为:"数额巨大或者造成重大损失"和"数额特别巨大或者造成特别重大损失"。本案中,案涉贷款只是被转移给长城资产管理公司,之后未再进行催收。然则,转由资产管理公司处置的贷款,并非意味着完全无法回收,后续如何发展具有不确定性,不能据此认定为损失,因而不构成犯罪。若本案发生在《刑法修正案(六)》通过之后,虽然从贷款数额上看已经达到了追诉标准,但公诉方还需进一步证明在贷款发放过程中,当事人究竟哪些方面违反了国家规定。

二、嫩江县信用联社、肖某某等违法发放贷款案[①]

检察院认为：经查，被告单位嫩江县信用联社法定代表为肖某某、监事长为赵某某、主任为刘某、信贷管理部部长为王某某。在2011年12月至2012年3月期间，嫩江信用联社为了最大化向嫩江县霍龙门乡农户发放贷款，追求更好的经营效益，不按照国家规定及《黑龙江省农村信用社农户贷款管理办法》要求严格依程序办理贷款，不要求借款人提供必要的证明文件，使大量不符合条件的贷款被发放，并造成大量贷款被人顶名贷款、集中使用。截至案发，违法发放的贷款总金额达8590.5万元。至今上述贷款尚有本金255.12万元、利息200万余元逾期不能归还。公诉机关认为，本案系单位犯罪，嫩江信用联社违反国家规定办理、发放贷款，数额巨大，被告人肖某某作为单位直接负责任的主管人员，赵某某、刘某、王某某作为其他责任人员，应当以违法发放贷款罪追究其刑事责任。本案系共同犯罪，肖某某作为直接负责任的主管人员，赵某某、刘某、王某某作为其他责任人员，在共同犯罪中起次要作用。

证据材料(部分)：

证人证言：1. 证人赵某甲的证言：我在2011年年末到2012年5月份之间，因要建养猪场、养鱼池，通过霍龙门信用社主任金某，用自己名义和吉某、孙某、刘某甲等人的名义贷款329.35万元，贷款手续都是通过金某和桓某办理的。为我顶名贷款的农户有不符合贷款资格的，当时金某提出过异议，我说这些人都是在村中有承包土地，金某说到还款时别差事儿就行，然后金某就同意了。在办理贷款手续时桓某也提过异议，我说已和金某说好了，桓某就给办理了贷款手续。为我顶名贷款的农户自己向信用社的工作人员申报的住房、土地、农机具等情况。

2. 证人吉某的证言：我于2011年12月在霍龙门信用社贷款20万元，其中赵某甲用10万元，我自用10万元，自己用的已经偿还了。当时给赵某甲顶名贷款的有很多人，我在一些纸上签名按手印。签字第二天赵某甲领这些人到霍龙门信用社领的贷款。霍龙门信用社的工作人员没有向我要土地证、村级证明等文件，也没有到我家核实家庭实际收入和房屋、农机具等财产情况。

---

① 参见黑龙江省嫩江县人民法院刑事判决书，(2017)黑1121刑初167号。

……

法院查明:嫩江县信用联社依照国家法律和金融政策规定,为辖区内的农民和农村经济发展提供金融服务。2011 年至 2012 年期间,肖某某任嫩江信用联社理事长,系该单位的法定代表人,理事长应对联社的经营管理活动是否符合国家法律、行政法规、金融政策进行审查。其在参加贷审会时,负责审查每笔贷款的全面风险,有一票否决权。刘某任嫩江信用联社主任,主持联社经营管理的日常工作,负责管理辖区内农村信用社的业务活动,保证辖区内农村信用社顺利开展业务并健康发展。其参加贷审会时,负责审查和把握贷款的市场风险、道德风险和合规性风险,有一票否决权。赵某某任嫩江信用联社监事长,其参加贷审会时,列席贷审会,负责审查贷款程序的合规性。王某某任嫩江信用联社信贷管理部部长,信贷管理部负责嫩江信用联社信贷综合业务并负责审批 20 万元以上(不包括 20 万元)30 万元以下(包括 30 万元)的贷款业务。嫩江信用联社贷审会负责审批 30 万元(不包括 30 万元)以上贷款业务,四被告人均系参加嫩江信用联社贷审会的成员。

嫩江信用联社在 2011 年年末至 2012 年第一季度发放农户种植业贷款期间,因嫩江县域内农户政府部门均没有核发土地证,在此情况下,被告单位法人代表肖某某,根据嫩江县域的地理位置和辖区特点,对在北部山区(包括嫩江县霍龙门乡辖区)居住的各农户所经营的土地,在政府部门均没有核发土地证的情况下,为保证单位贷款业务正常发放,及时调整要求承办贷款部门在审核贷款时以当地政府负责清理农村土地的职能部门提供的土地数据进行综合确定,即将嫩江县“五清办”清查土地的数据及村台账作为农户借款授信额度的一项重要凭据,没有要求按黑龙江省农村信用社联合社制定的《黑龙江省农村信用社农户贷款管理办法》规定的“申请办理贷款农户需提供近三年生产经营收入及主要来源的说明和土地使用权、承包经营权及其他重要生产资料权属证明”进行审核。嫩江信用联社下属的霍龙门信用社主任金某、客户经理桓某(均已判刑)在执行嫩江信用联社的决定时,不严格履行贷前调查职责,将内容不真实的贷款材料上报嫩江信用联社的信贷管理部、贷审会分别审批。被告人肖某某、刘某、赵某某、王某某不依法依规履行审批职责,使大量违法信贷资金得到审批并发放,造成大量信贷资金被人顶名冒用和集中使用,逾期不能归还。

另查明,嫩江信用联社贷审会审议审批贷款共计 21 笔,合计金额为 940 万元，截至2016年9月30日已全部收回。经嫩江信用联社信贷部审议审批贷款共计124笔，合计金额为3260万元，截至2017年12月19日，经信贷部审批的贷款尚有6笔合计金额90.88万元未收回。肖某某、赵某某、刘某、王某某经公安机关电话通知主动到公安机关接受调查。

法院认为：关于被告单位嫩江信用联社、被告人肖某某、赵某某、刘某、王某某是否构成违法发放贷款罪的问题，需进行具体分析。违法发放贷款是指金融机构的工作人员，实施了违反《商业银行法》《贷款通则》等法律、行政法规发放贷款的行为。《商业银行法》明确规定：商业银行贷款，应当对借款人的借款用途、偿还能力、还款方式等情况进行严格审查；城市信用合作社、农村信用合作社办理存款、贷款和结算等业务，适用本法有关规定。《黑龙江省农村信用社农户贷款管理办法》是黑龙江省农村信用社联合社为黑龙江省内各农村信用社制定的行内贷款管理办法，不是国家规定，该贷款管理办法要求农户在申请办理贷款时需提供近3年生产经营收入及主要来源的说明和土地使用权、承包经营权及其他重要生产资料权属证明，其目的是掌握借款人经济实力和偿还能力。而本案被告单位法人肖某某，根据嫩江县域的地理位置和辖区特点，对在北部山区（包括嫩江县霍龙门乡辖区）居住的各农户所经营的土地，在政府部门均没有核发土地证的情况下，为保证单位贷款业务正常发放，及时调整要求承办贷款部门在审核贷款时以当地政府负责清查农村土地的职能部门提供的土地数据进行综合确定，即将嫩江县"五清办"清查土地的数据及村台账作为农户借款授信额度的一项重要凭据，其目的也是掌握借款人经济实力和还款能力，保障贷款的安全性，此规定不违反国家规定，且黑龙江省农村信用社联合社于2017年8月23日出具的说明，允许省内下属各分支机构在执行《黑龙江省农村信用社农户贷款管理办法》时，可根据本地区客观情况，制定具体的实施办法。对这一做法上级联社也予以认可。故嫩江信用联社的决定，即不将土地台账及其他经济收入证明作为农户贷款档案中的必备资料，要求将嫩江县"五清办"清查土地的数量作为农户借款授信额度的一项重要凭据，不违反国家规定。导致本案大量不符合条件贷款被发放，被他人顶名使用、集中使用的原因，是信用社负责调查的人员调查不实，信贷各个审查环节不严格履行工作职责，而并不是嫩江信用联社采取了将嫩江县"五清办"清查土地的数据及村台账作为农户借款授信额度的措施。被告单位嫩江信用联社不构成违法发放贷款罪。

被告人肖某某作为嫩江信用联社的理事长，其职责系对嫩江信用联社的整体经营管理活动是否符合国家法律、行政法规、金融政策进行审查，其在参加贷审会时，负责审查每笔贷款的全面风险，有一票否决权。而被告人肖某某在2011年至2012年期间，参加贷审会时，不严格审查贷款资料是否真实和完整，没有完全准确掌握每笔贷款的风险，而审批、通过了不符合贷款条件的贷款940万元，其行为已构成违法发放贷款罪。

被告人刘某作为嫩江信用联社主任，其职责是主持嫩江信用联社经营管理的日常工作，负责管理辖内农村信用社的业务活动，保证辖内农村信用社顺利开展业务并健康发展，其参加贷审会时，负责审查和把握贷款的市场风险、道德风险和合规性风险，有一票否决权。2011年至2012年期间，其主持贷审会审批大额贷款时，工作疏忽，不严格审查、把关，没有准确掌握每笔贷款的风险，而审批、通过了具有市场风险和不合规的贷款940万元，被告人刘某的行为已构成违法发放贷款罪。

被告人王某某作为嫩江信用联社信贷管理部部长，其部门职责系负责单位的信贷资产管理、信贷风险监测检查；负责组织授信档案管理、贷后管理的规划、计划并组织实施；负责单位授信业务用信情况的监督管理。王某某在其职权范围内审批贷款时，不严格审查贷款程序是否合规、贷款资料是否真实和完整，没有完全准确掌握每笔贷款的风险，而审批、通过了具有市场风险和不合规的贷款3260万元，被告人王某某的行为已构成违法发放贷款罪。

被告人赵某某作为嫩江信用联社监事长，其职责系监督、更正理事长、主任以及其他有关人员违法违规行为，其参加贷审会时，负责审查贷款程序的合规性，有一票否决权。2011年至2012年期间，经贷审会审批出去940万元不良贷款，主要原因是负有对每笔贷款的合法性及贷款档案资料是否完整进行全面审查义务的人不严格履行职责造成的，监事长应负对违规行为监督不力的责任，其没有正确行使一票否决的权力，故被告人赵某某构成违法发放贷款罪。

裁判结果：结合各被告人构成自首、大部分贷款已收回等情节，判决如下：(1)被告单位嫩江县农村信用合作联社无罪。(2)被告人肖某某犯违法发放贷款罪，免予刑事处罚。(3)被告人刘某犯违法发放贷款罪，免予刑事处罚。(4)被告人王某某犯违法发放贷款罪，免予刑事处罚。(5)被告人赵某某犯违法发放贷款罪，免予刑事处罚。

判例解析：本案贷款发放过程中，确实存在调查不实、审核不严等现象，致使出现大量违规贷款、冒名贷款现象。从辩护角度，本案值得关注的有以下两点：其一，对于系统内所制定的规范性文件《黑龙江省农村信用社农户贷款管理办法》可否适用的问题，裁判说理部分已深入论述了这一银行系统内部的规定不属于“国家规定”，不能作为认定违法性的依据。其二，也更为重要的是关于违法发放贷款罪的单位犯罪的认定。单位犯罪是受单位意志支配下所实施的犯罪行为。单位意志不是单位内部某个成员的意志，也不是各个成员意志的简单相加，而是单位领导集体或者代表单位整体利益的成员在领导、指挥、决策、执行过程中形成的具有单位整体性的意志，即单位的整体意志。本案中，体现单位意志的是没有要求农户提供土地使用权证、土地承包经营权证等土地权属证明，而是要求将嫩江县“五清办”清查土地的数据及村台账作为农户借款授信额度的一项重要凭据的做法。这一做法是在政府部门均没有核发土地证的情况下，为保证单位贷款业务正常发放而作出的权宜之举，不违反国家规定，也得到了上级联社的认可。因此，该规定的作出及执行本身并无问题。本案之所以出现大量违规贷款，原因是相关工作人员调查不实、审核不严，而这属于单位内部员工的失职渎职行为，并非单位意志。如果认定单位构成犯罪而对其作出处罚，会导致单位蒙受二次损失。因此，本案尽管存在大量违法发放贷款的行为，但作为单位的信用联社是无罪的。

另需说明的是，本案裁判说理部分将《贷款通则》列为违法发放贷款罪的违法性依据，是不妥当的。

第十一章　违规出具金融票证罪无罪判例解析

法律条文

《刑法》

第一百八十八条　【违规出具金融票证罪】银行或者其他金融机构的工作人员违反规定，为他人出具信用证或者其他保函、票据、存单、资信证明，情节严重的，处五年以下有期徒刑或者拘役；情节特别严重的，处五年以上有期徒刑。

单位犯前款罪的，对单位判处罚金，并对其直接负责的主管人员和其他直接责任人员，依照前款的规定处罚。

《最高人民检察院、公安部关于公安机关管辖的刑事案件立案追诉标准的规定(二)》

第三十九条　〔违规出具金融票证案(刑法第一百八十八条)〕银行或者其他金融机构及其工作人员违反规定，为他人出具信用证或者其他保函、票据、存单、资信证明，涉嫌下列情形之一的，应予立案追诉：

(一)违反规定为他人出具信用证或者其他保函、票据、存单、资信证明，数额在二百万元以上的；

(二)违反规定为他人出具信用证或者其他保函、票据、存单、资信证明，造成直接经济损失数额在五十万元以上的；

(三)多次违规出具信用证或者其他保函、票据、存单、资信证明的；

(四)接受贿赂违规出具信用证或者其他保函、票据、存单、资信证明的；

(五)其他情节严重的情形。

罪名详解

违规出具金融票证罪，是指银行或者其他金融机构及其工作人员违反规定，为他人出具信用证或者其他保函、票据、存单、资信证明，情节严重的行为。

本罪保护的法益是国家金融管理制度。有些银行或者其他金融机构及其工作人员，违反国家规定，出具信用证或者其他保函、票据、存单、资信证明等，一方面给国家造成经济上的重大损失，另一方面又给诈骗犯罪分子进行其他诈骗犯罪创造了条件，提供了帮助，造成了严重扰乱金融秩序和社会秩序的后果，为严厉打击这类犯罪分子，《刑法》设专条规定予以打击。

本罪的构成要件内容为行为人违反金融法律、法规以及金融机构内部有关信用证、保函、票据、存单、资信证明的管理规定，滥用职权或者玩忽职守，开出上述代表着银行信用的特定金融票据的行为。

本罪的主体是特殊主体，即银行或者其他金融机构及其工作人员。这里规定的“银行”，包括中国人民银行、各商业银行、政策性银行以及其他在我国境内设立的中外合资银行和外资银行。“其他金融机构”，是指除银行以外的其他金融机构，即所谓的非银行金融机构。

本罪责任形式既可以是故意，也可以是过失。对于开具金融票据的违规性一般是故意，但对于后续造成的损失则可能是过失。

理论难点

一、本罪的犯罪对象

本罪的犯罪对象是金融票证，具体而言是指信用证、保函、票据、存单和资信证明这5种金融票证，除此之外的违规开具其他银行凭证不构成本罪。因此，本罪中的犯罪对象小于伪造、变造金融票证罪，后者还包括信用卡以及委托收款凭证、汇款凭证、银行存单等其他银行结算凭证。

这里着重介绍下保函。保函，又称担保函，作为银行最为重要的资信文件之一，是指应申请人请求，向第三方开具的保证受益人会按照保函的规定履行某种特定的义务，一旦申请人未能履行保函所规定的义务时，则由担保人代为履行义务的书面保证文件。担保人为银行，由银行出具的保函，为银行保函。

保函,根据其经济功能及业务性质的不同,通常分为信用保函与融资保函。前者主要包括:借款保函、付款保函、预付款保函。开具保函是银行主要的日常业务之一,但也存在着较大的金融风险。首先,由于申请人作为第一付款人在申请开立保函时,一般不需要交纳保证金,一旦申请人破产、倒闭或采取一些欺诈方法不履行义务时,银行依照保函履行某种义务如偿还约定债务后,缺少必要的手段追索代偿资金;其次,银行出具的保函不能借助于货物作为申请人未能履行义务的保证,对其用于抵押的物品的处理,往往要受到这样或那样的限制;再次,申请人违约不履行义务时,为了彻底推卸责任,往往也是极力阻碍银行承付而否认自己的违约行为,从而易使银行牵涉到贸易纠纷中去;最后,保函受益人不间断索债的行为,往往也会造成银行陷于被动境地,尤其是融资性的保函,其索偿条款一般都是无条件的,担保银行对于受益人的即使是不公正的索赔要求,也无力抗拒,除付款之外,别无选择。为此,银行在承办保函业务时,必须对申请人的资信情况、经营能力及状况等各方面进行认真的审查,避免为资信情况不好、经营状况不佳的客户出具保函。

二、如何理解本罪中的“违反规定”

关于违规出具金融票证罪中的“违反规定”的含义,理论上有不同观点。第一种观点认为,违反规定是指与出具信用证或者其他保函、票据、存单、资信证明有关的所有法律、法规。第二种观点认为,违反规定是指违反了《商业银行法》《票据法》和其他出具信用证、保函、票据、存单、资信证明应当遵守的有关金融法律、法规以及金融机构内部制定的有关规章制度。通说为第二种观点。

为了加强对金融票证的管理,杜绝金融机构内部的非法出具行为,国家有关金融法律、法规对出具金融票证的条件及程序都作了严格而明确的规定。例如,对于银行汇票,根据有关规定,只限于中国人民银行和各专业银行等参加全国联行往来的银行机构签发。在不能签发银行汇票的银行开户的汇款人需要使用银行汇票时,应将款项转交附近可以签发银行汇票的银行办理。汇款人申请办理银行汇票,应向签发银行填写“银行汇票委托书”。委托书一式三联:第一联为存根;第二联为支款凭证;第三联为收入凭证。交付现金办理汇票的,第二联应当注销。应详细填明单位、个体户名称或个人姓名;确定不了的,应填写汇款人指定人员的姓名;个体户和个人需要兑付地支取现金的,须填明兑付银行名称,并在“汇款金额”栏先填写“现金”字样，后填写汇款金额；确定不得转汇的，应当在备注栏说明。签发行管理时，应当认真审理委托书的内容是否齐全、清晰。填明“现金”字样的，还应当审查是否是个体户或个人；在收受有关款项后，才能据以签发银行汇票。又如出具保函进行担保的，应当对担保对象的商业背景、资信情况进行认真的审查，并在进行必要的风险预测后，认为符合有关条件的，才能出具。

无罪判例

一、程某某违规出具金融票据案[①]

基本案情：2012 年 12 月至 2015 年 4 月，山西雅士利乳业有限公司出纳曾某某利用职务之便挪用公司资金 252 万元，用于个人购买彩票、购房、购车、支付贷款利息及日常消费。在此期间，曾某某为掩盖挪用公司资金的犯罪事实，找到程某某（应县某银行工作人员）帮忙，违规为其出具“银行询证函”。

检察院认为：经本院审查并退回补充侦查，本院仍然认为应县公安局认定的犯罪事实不清、证据不足，不符合起诉条件。

裁判结果：对程某某不起诉。

判例解析：本案检察院是以存疑（事实不清、证据不足）作出不起诉的决定，但实际上，银行询证函并非违规出具金融票证罪的 5 种犯罪对象之一，本案应属法定不起诉案件。

二、谢某某违规出具金融票证案[②]

基本案情：1995 年初，杨某某通过他人介绍认识中行海南省分行分管国际结算业务的副行长王某甲。杨某某提出想做一些进口钢材生意，但没有资金，便询问王某甲海南中行能否为其减免保证金开立信用证，王某甲答应可以帮忙。随后，杨某某便和林某某（杨某某表弟）于 1995 年 5 月 22 日登记成立了海南某实业有限公司，注册资金人民币 200 万元，杨某某、林某某为公司股东。实际上

---

① 参见山西应县人民检察院应检公诉刑不诉（2016）16 号。

② 参见海口市人民检察院海检公一刑不诉（2019）9 号。

该公司是一个典型的三无公司（一无资本注入，二无办公场所，三无从业人员）。

1995 年 5 月 26 日，杨某某在无任何贸易背景情况下，以实业公司做进口钢材贸易为由向中行海南省分行申请开立 291 万美元的信用证，同时申请全额减免信用证保证金。尽管实业公司无任何资产抵押，更无信誉可言，但王某甲事先和国际结算处进口科副科长谢某某作了交代。所以，实业公司在中行海南分行获准全额减免保证金并获得了信用证。至此实业公司在中行海南省分行陆续开始了开立信用证。

实业公司杨某某、林某某等人从中行海南省分行骗出款项后，所做的贸易都亏损，无法按期支付信用证款项。期间，杨某某、林某某、王某甲还与王某乙、谢某某等人相互勾结，通过虚构贸易背景和伪造信用证附随单据开立信用证，骗取了大量资金，致使中行减免开证金额不断增加，实业公司无力偿还。1996 年年初，王某甲为了转移省行风险，授意谢某某介绍实业公司到中行海南厦门支行开证。

经查，实业公司从 1995 年 5 月至 1998 年年初，一共开立了 35 笔信用证，其中减免保证金的有 16 笔，厦门支行担保开立 16 笔，厦门支行担保开立 3 笔。截至 1998 年，实业公司共欠海南省中行 6 笔信用证保证金垫付款，共计 977 万美元、4600 万人民币。其中，谢某某审核的 1 笔减免保证金信用证导致厦门支行资金损失 271.46 万美元。

谢某某身为银行工作人员，在明知实业公司是一个无任何信誉、无任何资产公司的情况下，为其减免保证金开立信用证，造成银行 977 万美元、4600 万人民币的重大损失。海口市公安局认为，谢某某涉嫌违规出具金融票证罪，应负刑事责任。

检察院认为：经本院提前介入以及受理案件后依法审查，本院认为，海口市公安局认定谢某某构成违规出具金融票证罪的犯罪事实不清、证据不足，不符合起诉条件。主要理由是：（1）本案涉及的同案人杨某某信用证诈骗案，2002 年时经本院二次退查，公安机关在补查报告书中针对本院提出的问题予以书面回复：第一，实业公司在省中行开立 35 笔信用证，每笔业务均有申请和审批手续，相关业务经办人、进口科、国际结算处、行领导都有签名和批示意见，审批程序没有过错。第二，因实业公司总经理杨某某与省中行的特殊关系，该公司开立信用证大部分采取减免保证金的方式，后期该公司无力偿还中行信用证垫付款，行长王某甲仍授意让厦门支行继续为其担保开证，厦门支行也确实为该公司担保并垫付

977万美元和4600万元人民币的信用证欠款，因此实业公司在省中行并未提供虚假保证开立信用证。谢某某签署审核意见的三份减免保证金申请的审批表中所作科长意见可以与该结论印证，审核意见的文字表述难以证明其在开立信用证和审核减免保证金业务中存在主观故意和过错。(2)杨某某的实业公司并非完全没有经济实力，相关审批表、申请显示，其公司在中行账户有800万元的定期存单，也有广西柳州的商场等抵押物存在，该公司虽挪用了4000万余元投资三洋某药厂、某大厦等，但并未挥霍，挪用资金投入实际经营，因此谢某某作为科长在审核减免保证金申请时作意见向领导报告，并不能显示谢某某存在违规出具金融票证的主观故意。(3)谢某某到案后承认审核全额减免保证金的申请时有行领导给其打过招呼，这一供述可判断其对实业公司的减免申请存在不合规的情况有所认识，但其辩解行领导的指示其不得不执行，又体现出其行为的被强制性，亦即其并非自愿签署上述呈批意见。(4)谢某某辩解其出国并不是蓄意潜逃的理由也有可信度，因其丈夫先于其出国读书工作，其1998年2月先到美国考察学校，4月出国申请读书的过程可以显示其是正常出国，其出国时间与本案案发有2年多的间隔，与2000年4月王某甲从广州出逃的行为存在明显区别。(5)杨某某涉嫌信用证诈骗罪系本案的关联犯罪，且系主罪，2002年2月1日、4月23日，本院以事实不清，证据不足，两次退回补充侦查，后以事实不清，证据不足，不符合起诉条件，建议公安机关对杨某某信用证诈骗案做撤案处理，公安机关作了撤案处理。本案作为信用证诈骗罪的从罪，也未查清，不符合起诉条件。(6)经追赃，厦门支行的损失基本追回，国家损失得到弥补，这一事实在处理本案时应当予以考虑。

综上，本案事实不清，证据不足，现有证据不能排除合理怀疑，无法得出谢某某构成违规出具金融票证罪的唯一性结论。

裁判结果：对谢某某不起诉。

判例解析：该案是一起较为复杂的涉信用证犯罪案件。从本案裁判文书载明的情况看，公安机关认为杨某某在虚构贸易背景，在无任何抵押的情况下从银行开出35笔信用证，事后无法归还银行垫款，造成银行巨额亏损，杨某某构成信用证诈骗罪，而为其开具信用证的银行工作人员谢某某则构成违规出具金融票证罪。

然则，本案在数个方面均无法支持公安机关的认定。首先，作为主案的杨某某信用证诈骗案,被检察院以事实不清、证据不足不起诉;其次,开立信用证时减免保证金是正常银行业务,减免决定由银行领导作出,谢某某只是执行者,在审核减免保证金时向领导做了汇报,业务审批流程符合规定,不能显示谢某某存在违规出具金融票证的主观故意;再次,杨某某的实业公司并非公安局认定的"三无公司",而是拥有一定经济实力,取得相关资金后并未挥霍,这显示杨某某信用证诈骗一案中"以非法占有为目的"存疑;又次,谢某某在审核减免保证金申请时,行领导给其打过招呼,这显示其作为员工,行为受到一定的被强制性。最后,银行损失基本追回,也是对谢某某不起诉的考量因素。

三、柯某某违法发放贷款、违规出具金融票证一案①

基本案情:2013 年 6 月,柯某某担任某银行厦门支行行长期间,授意裘某某到厦门购买空壳公司,以邵某的商铺作抵押向厦门支行申请贷款,厦门支行员工熊某某(另案处理)、林某某(另案处理)以及柯某某在明知裘某某购买的甲公司系空壳公司、贷款用途不真实、抵押物价值高评,仍违规向甲公司发放贷款 790 万元。

2014 年 6 月,在甲公司贷款到期,裘某某无法按时偿还的情况下,柯某某主动找蒋某某等社会资金方帮甲公司出资"过桥"(由社会资金方蒋某某等人出资代甲公司偿还到期贷款本息,而后银行继续向甲公司发放贷款供甲公司偿还上述社会资金方的垫资款)。之后,林某某与柯某某、熊某某在明知裘某某无法提供甲公司 2013 年度经审计的会计报表、甲公司没有实际经营,且甲公司 2014 年的贷款系用于偿还蒋某某等人"过桥"资金的情况下,仍违规以银行承兑汇票的方式向甲公司发放贷款 790 万元。

2014 年 8 月至 10 月间,柯某某、熊某某授意蒋某某到将乐县购买店面,采用低值高评的方式向厦门支行申请贷款,蒋某某以厦门乙贸易公司名义向厦门支行申请贷款,林某某与柯某某、熊某某在明知乙公司是空壳公司、没有实际经营、抵押物低值高评的情况下,仍审批通过乙公司 500 万元的授信申请。2014 年 10 月 23 日,熊某某明知乙公司提供虚假购销合同,仍违规向乙公司发放贷款 500 万元。

① 厦门市思明区人民检察院思检公诉刑不诉[2018]290 号。

截至案发，甲公司贷款逾期本金778.72万元未收回，甲公司提供的贷款抵押物经厦门市价格认证中心认定，在案发时价格为2,168,764元，乙公司贷款逾期本金500万元未收回，乙公司提供的抵押物经厦门市价格认证中心认定，在案发时价格为2,065,832元。

检察院认为：经本院审查并两次退回公安机关补充侦查，本院仍然认为柯某某违法发放贷款、违规出具金融票证的犯罪事实不清、证据不足，不符合起诉条件。

裁判结果：对柯某某不起诉。

判例解析：在另案中，检察院对柯某某也作出了不起诉决定。从本案裁判文书载明的内容看，本案案情确实存在很大疑点。例如，如果确系柯某某授意裘某某以空壳公司为名向银行贷款，而随后柯某某在明知贷款主体系空壳公司、贷款用途不真实、抵押物高评的情况下仍然发放贷款，那么本案就是一起内外勾结的骗贷案件，应认定四人之间存在共同的骗取贷款的犯罪故意。柯某某主动联系过桥资金，继续以银行承兑汇票方式发放贷款，继续为蒋某某安排的空壳公司贷款，这些行为均显得十分异常。在公安局缺乏充分证据证实的情况下，检察院作出不起诉决定是正确的。

四、段某某违规出具金融票证一案[①]

基本案情：2012年2月至2013年6月，段某某在某银行邵阳市某支行担任行长期间，对邵阳某电器有限公司法人代表范某某提供的办理承兑汇票授信资料和客户经理李某撰写的授信报告的内容不做仔细的调查、审核，擅自认定报告结论。段某某作为调查复核人违反了《某银行一般法人授信业务管理办法》第24条、《某银行授信业务担保管理办法》第85条相关规定，导致邵阳某电器公司抵押给银行的三处房产估值虚高，授信贷款额高于抵押物价值，授信敞口达1.68亿元。授信完成后，在2012年4月28日至2014年5月28日期间，邵阳某电器有限公司法人代表范某某提供了邵阳某电器有限公司与长沙某电气设备有限公司签订的虚假电缆供货合同（17份）到某银行邵阳宝东支行申请开具银行承兑汇票，后在某银行邵阳分行分28次开具银行承兑汇票，金额达9.6亿元。开具

① 邵阳市双清区人民检察院双检刑不诉〔2018〕22号。

银行承兑汇票后，向银行提供了票面金额为 8 亿元的虚假增值税发票复印件。李某作为开具承兑汇票的经办人，段某某作为审核人，没有核实合同的真实性交易关系，没有查实增值税发票的真伪和汇票购买资金的真实用途，违反了《某银行承兑汇票业务管理办法》第 12 条、第 16 条，《某银行授信后检查操作规程》第 15 条规定，导致邵阳某电器有限公司未归还本金 1.19 亿元。段某某作为银行的主要负责人对贷款资料该审而不审查，玩忽职守，明知邵阳某电器有限公司不具有开具承兑汇票的条件，仍因扩展业务违反规章制度为邵阳某电器有限公司办理授信、开具承兑汇票。

检察院认为：经本院审查并退回补充侦查，本院仍然认为邵阳市公安局双清分局认定的犯罪事实不清、证据不足，不符合起诉条件。

裁判结果：对段某某不起诉。

第十二章　对违法票据承兑、付款、保证罪无罪判例解析

法律条文

《刑法》

第一百八十九条　【对违法票据承兑、付款、保证罪】银行或者其他金融机构的工作人员在票据业务中，对违反《票据法》规定的票据予以承兑、付款或者保证，造成重大损失的，处五年以下有期徒刑或者拘役；造成特别重大损失的，处五年以上有期徒刑。

单位犯前款罪的，对单位判处罚金，并对其直接负责的主管人员和其他直接责任人员，依照前款的规定处罚。

《最高人民检察院、公安部关于公安机关管辖的刑事案件立案追诉标准的规定(二)》

第四十条　〔对违法票据承兑、付款、保证案(刑法第一百八十九条)〕银行或者其他金融机构及其工作人员在票据业务中，对违反票据法规定的票据予以承兑、付款或者保证，造成直接经济损失数额在五十万元以上的，应予立案追诉。

罪名详解

对违法票据承兑、付款、保证罪，是指金融机构工作人员在票据业务中，对违反《票据法》规定的票据予以承兑、付款或保证，造成金融机构重大损失的行为。

本罪保护的法益是国家对票据的管理制度以及金融机构的信誉和资金安全。

本罪的构成要件内容为，在票据的业务中，对违反《票据法》规定的票据予以承兑、付款或者保证，造成重大损失的行为。这里的票据是指汇票、本票和支

票。在行为方式上，是对违反《票据法》规定的票据予以承兑、付款、保证。“承兑、付款、保证”是票据业务的三种形式。承兑是指汇票付款人承诺在汇票到期日支付汇票金额的一种附属票据行为。付款是指票据的付款人、承兑人或者担当付款人在票据到期时对持票人支付票据金额，从而消灭票据关系的行为。保证是指票据债务人以外的第三人为担保特定票据债务的履行，以负担同一内容的票据债务为目的而进行的一种附属票据行为。

在结果上，必须造成重大损失，才能构成对违法票据承兑、付款、保证罪，所以，对违法票据承兑、付款、保证罪属于结果犯。

本罪的责任形式究竟是故意还是过失，或者两者皆可，理论上存在较大争议。

本罪的主体是特殊主体，包括银行或其他金融机构及其工作人员。

理论难点

一、如何认定重大损失

对违法票据承兑、付款、保证罪以“造成重大损失”为犯罪构成的必要条件，对于如何认定重大损失，理论上存在两种观点。第一种观点认为，所谓重大损失是指由于行为人的违法承兑、付款、保证，使银行、金融机构被骗，造成的重大经济损失；第二种观点认为，对违法票据承兑、付款、保证罪中的重大损失包括给承兑人付款、保证的金融机构造成的损失，也包括给其他受害人造成的损失。

刘宪权教授认为，本罪中的重大损失，主要是指给银行或者其他金融机构造成的损失，同时也包括给其他有关单位和个人造成的损失。[①] 例如，金融机构在对汇票承兑、保证（付款除外）后，持票人对票据进行了背书转让、抵押、质押等行为，如果后手在向金融机构请求付款时，金融机构拒绝偿付或者无力偿付，则后手有可能对其所有前手行使票据追索权，这样就有可能给作为前手的其他单位或个人造成损失。

对于“重大损失”的认定标准，目前只有《最高人民检察院、公安部关于公安机关管辖的刑事案件立案追诉标准的规定（二）》明确造成直接经济损失 50 万

① 参见刘宪权：《金融犯罪刑法学原理》，上海人民出版社 2017 年版，第 304 页。

元以上应予追诉的标准。[1] 但这是否就是定罪量刑的标准，还有待司法解释进一步明确。至于“特别重大损失”应以何标准认定？目前欠缺司法解释的规定。

二、本罪的主观方面为何

关于本罪的主观罪过形式，理论上存在较大争议。有认为是过失，有认为是故意，有认为是出于过失或者间接故意。一般是过失构成，但也不排除间接故意。

我们认为，本罪既可以是故意，也可以是过失。

第一种情形，行为人因疏忽大意，对票据审查不严，未发现票据违反《票据法》而予以承兑、付款或保证，造成重大损失的，构成疏忽大意的过失犯罪。这种情形属于“玩忽职守”类型。

第二种情形，行为人明知票据违法，也预见到予以承兑、付款、保证可能造成重大损失，却采取希望或放任的态度，构成故意。这属于“滥用职权”型。

无罪判例

一、薛某某对违法票据承兑、付款、保证案[2]

基本案情：2015 年 11 月 12 日至 2016 年 1 月 29 日间，张某某（另案处理）指使巩某某（另案处理）到霍州市某信用社使用变造的银行承兑汇票办理贴现业务。时任该信用社市场营销 A、B 岗位的工作人员田某某和陈某某，在给巩某某办理汇票贴现业务时，均未在票据鉴别信息采集仪器上检验汇票的真伪，未审查汇票是否有变造、涂改痕迹，时任该信用社核算岗位的人薛某某在银行承兑汇票贴现审批表上签字时，亦未对汇票真伪进行审查，即将变造的汇票办理了贴现。其中，薛某某在核算岗位工作期间，违规办理贴现业务 4 笔，金额共计 3730 万元。

检察院认为：票据贴现行为不属于《刑法》第 189 条规定的承兑、付款、保证这三种票据行为，薛某某没有构成对违法票据承兑、付款、保证罪的犯罪事实。

---

① 追诉标准修订前为 20 万。

② 霍州市人民检察院霍检公诉刑不诉［2017］20 号。

裁判结果:对薛某某不起诉。

判例解析:票据承兑、付款和保证均属于特定的票据行为,根据《刑法》规定,对违法票据承兑、付款、保证罪的构成限于该三种行为。票据贴现虽是一种重要的票据活动,然则却是与票据承兑、付款、保证不同类型的行为。

二、周某对违法票据承兑、付款、保证案①

基本案情:2012 年 5 月 29 日,山西甲公司从某银行太原分行申请到 3 亿元银行承兑汇票,用于支付煤矿购煤款,后因该煤矿停产致无法正常履行合同,上述汇票退还给了该公司。王某某和姚某某(另案处理)系甲公司的财务人员,为了缓解公司资金压力,姚某某受王某某的安排,联系李某某(另案处理)欲将其中 2.5 亿元银行承兑汇票进行贴现,李某某又与倪某某电话联系,双方商定由倪某某负责以 4.1% 的月利率办理贴现。倪某某又通过网上贴现信息,联系到陈某某(已判),约定按 3.9% 的月利率(年利率 4.68%)办理贴现。陈某某将该贴现信息告知高某某后,高某某授意许某某由其乙公司出面接收汇票。当晚,姚某某通过李某某的朋友将 5 张(金额均为 5000 万元)共计 2.5 亿元的银行承兑汇票交给倪某某,倪某某当即送至乙公司,将汇票交给在此等候的许某某等人。5 月 30 日,高某某、许某某安排厉某和张某某具体承办该票据贴现,厉某、张某某二人通过马某某、王某某(上述四人已判)将票交给于某某(批捕在逃)。5 月 31 日,于某某以乙公司的名义在某银行支行办理非法贴现手续,周某作为银行工作人员,只根据于某某提供的乙公司虚假的贸易合同和伪造的增值税发票,在没有真实贸易背景的情况下,只进行形式上的审查,违法为 2.5 亿元银行承兑汇票办理年利率 5.05% 的贴现审批手续,贴现金额 243, 512, 152.8 元。6 月 1 日,于某某以月利率 5.15%(年利率为 6.180%)向张某某指定的第三方委托收款人丙公司转入 24, 206 万元贴现资金,丙公司向乙公司转入 24, 156 万元,高某某、许某某二人采用付大留小的手段,只支付给甲公司 163, 713, 333 元贴现资金,剩余的 79, 798, 819 元贴现资金被高某某和许某某等人非法分别占有,造成甲公司被骗 79, 798, 819 元。

检察院认为:周某的上述行为不构成对违法票据承兑、付款、保证罪,周某系

① 吕梁市离石区人民检察院离检公诉二刑不诉[2015]5 号。

在票据本身真实合法，只是贴现时相关手续存在不合法情形下实施的贴现行为，甲公司被骗近 8000 万元系他人在贴现完成后独立行为造成的，非周某能够预见与控制，该损失与周某的行为无刑法意义上的因果关系，且我国《刑法》第 189 条规定的对违法票据承兑、付款、保证罪客观方面只包括承兑、付款、保证三种票据行为，不明确包括贴现这一行为。综上所述认为“法无明文规定不为罪”，周某的行为不构成犯罪。

裁判结果：对周某不起诉。

判例解析：同上一案例，票据贴现不属于本罪的行为类型。本案另需注意的是，票据贴现后出现了诈骗行为，持票人甲公司在贴现之后出现了近 8000 万元的损失。但是，这属于其他的犯罪事实，与作为银行员工的周某的贴现行为没有关联，不具有刑法上的因果关系。

第十三章　洗钱罪无罪判例解析

法律条文

《刑法》

第一百九十一条　【洗钱罪】为掩饰、隐瞒毒品犯罪、黑社会性质的组织犯罪、恐怖活动犯罪、走私犯罪、贪污贿赂犯罪、破坏金融管理秩序犯罪、金融诈骗犯罪的所得及其产生的收益的来源和性质，有下列行为之一的，没收实施以上犯罪的所得及其产生的收益，处五年以下有期徒刑或者拘役，并处或者单处罚金；情节严重的，处五年以上十年以下有期徒刑，并处罚金：

（一）提供资金帐户的；

（二）将财产转换为现金、金融票据、有价证券的；

（三）通过转帐或者其他支付结算方式转移资金的；

（四）跨境转移资产的；

（五）以其他方法掩饰、隐瞒犯罪所得及其收益的来源和性质的。

单位犯前款罪的，对单位判处罚金，并对其直接负责的主管人员和其他直接责任人员，依照前款的规定处罚。

罪名详解

洗钱，另有俗称“洗黑钱”，是一个金融行业的专业术语，是一种将非法所得合法化的行为，主要指将违法所得及其产生的收益，通过各种手段掩饰、隐瞒其来源和性质，使其在形式上合法化。

现代意义上的洗钱源自于20世纪20年代，美国芝加哥黑手党一个金融专家购买了一台投币洗衣机，开了一个洗衣店。每天晚上在结算当天洗衣收入时，将非法所得的赃款加入其中，再向税务局申报纳税，税后赃款就全部成了他的合法收入，这就是“洗钱”一词的来历。不少洗钱行为具有跨国性，因此反洗钱是一项跨国界的重要任务。在国际层面，《联合国禁止非法贩运麻醉药品和精神药物公约》《欧洲反洗钱公约》《联合国打击跨国有组织犯罪公约》《联合国反腐败公约》等国际条约都对打击洗钱犯罪作出了要求和规定。

在我国，所谓洗钱罪，是指明知是毒品犯罪、黑社会性质的组织犯罪、恐怖活动犯罪、走私犯罪、贪污贿赂犯罪、破坏金融管理秩序犯罪、金融诈骗犯罪的所得及其产生的收益，掩饰、隐瞒其来源和性质，并使其表面合法化的行为。

洗钱罪所保护的法益是国家金融管理秩序。洗钱犯罪中所涉及的金额往往巨大，这些巨额赃款流入金融体系中，会影响到金融机构存贷比率的决策等相关正常活动，其社会危害性也主要或集中表现在对金融管理秩序的破坏上。

在构成要件上，洗钱的行为方式有5种：(1)提供资金帐户的；(2)将财产转换为现金、金融票据、有价证券的；(3)通过转帐或者其他支付结算方式转移资金的；(4)跨境转移资产的；(5)以其他方法掩饰、隐瞒犯罪所得及其收益的来源和性质的。对于第五种的“其他方式”，《最高人民法院关于审理洗钱等刑事案件具体应用法律若干问题的解释》进一步明确为以下行为：(1)通过典当、租赁、买卖、投资等方式，协助转移、转换犯罪所得及其收益的；(2)通过与商场、饭店、娱乐场所等现金密集型场所的经营收入相混合的方式，协助转移、转换犯罪所得及其收益的；(3)通过虚构交易、虚设债权债务、虚假担保、虚报收入等方式，协助将犯罪所得及其收益转换为“合法”财物的；(4)通过买卖彩票、奖券等方式，协助转换犯罪所得及其收益的；(5)通过赌博方式，协助将犯罪所得及其收益转换为赌博收益的；(6)协助将犯罪所得及其收益携带、运输或者邮寄出入境的；(7)通过前述规定以外的方式协助转移、转换犯罪所得及其收益的。

在本罪的责任形式方面，洗钱罪的主观方面是直接故意，即行为人为掩饰、隐瞒毒品犯罪、黑社会性质的组织犯罪、恐怖活动犯罪、走私犯罪、贪污贿赂犯罪、破坏金融管理秩序犯罪、金融诈骗犯罪的所得及其收益，并且进行了洗钱行为。

理论难点

一、如何理解本罪的“上游犯罪”

洗钱罪是对毒品犯罪、黑社会性质的组织犯罪、恐怖活动犯罪等犯罪所得及其收益，通过一系列操作将“黑钱”洗白，使其在形式上成为合法财产的行为。显然，洗钱犯罪是一种“下游犯罪”“派生犯罪”，毒品犯罪、黑社会性质组织犯罪、恐怖活动犯罪等则属于“上游犯罪”“原生犯罪”。

洗钱罪的上游犯罪，根据当前我国《刑法》的规定，包括以下七类犯罪：毒品犯罪、黑社会性质的组织犯罪、走私犯罪、恐怖活动犯罪、贪污贿赂犯罪、破坏金融管理秩序犯罪、金融诈骗犯罪。当然，每一类犯罪下面又包含有多个具体罪名。不过，在《刑法》框架下，具有违法所得的犯罪远不止这七类，例如赌博罪、开设赌场罪，等等，但是，超出这七类犯罪范畴的，即便对犯罪违法所得进行了掩饰、隐瞒，也不能定为洗钱罪。对此，学术界一直有观点认为我国洗钱罪上游犯罪的范围过于狭窄，应该进一步扩大。

不过，对于法律拟制为违法所得的犯罪，例如巨额财产来源不明罪，能否成为洗钱罪的上游犯罪的问题，有观点认为巨额财产来源不明罪不能作为洗钱罪的上游犯罪，理由是洗钱罪的犯罪对象必须是“犯罪”所得，而巨额财产来源不明罪虽然行为人不能说明财产合法来源，但公诉机关也没有证据表明是犯罪所得。从实体上看，既然现有证据不能认定为贪污、贿赂所得，那么该罪中涉及的财产并非犯罪所得，不存在构成洗钱犯罪的可能。另一种观点认为，立法条文本身可能存在疏漏，需要补充。立法之所以将无法说明来源的巨额财产拟制为违法所得，正是基于此原因。为了有效打击上游犯罪，基于刑事政策的考量，禁止任何人从犯罪行为及相关行为中获利；为了保持打击的连贯性，这些不能说明合法来源的财产，自然不能受到法律的保护，对这些非法所得进行掩饰、隐瞒的自然应当依照洗钱犯罪处罚。①

---

① 参见陈冉、车东昀：《洗钱罪低定罪率疑难问题解析》，载《铁道警官高等专科学校学报》2013 年第 3 期，第 74 页。

二、本罪与掩饰、隐瞒犯罪所得、犯罪所得收益罪如何区分

掩饰、隐瞒犯罪所得、犯罪所得收益罪是指明知是犯罪所得及其产生的收益而予以窝藏、转移、收购、代为销售或者以其他方法掩饰、隐瞒的行为。该罪与洗钱罪同属赃物类犯罪(销赃罪)，存在容易混淆之处。

《最高人民法院关于审理洗钱等刑事案件具体应用法律若干问题的解释》第3条规定："明知是犯罪所得及其产生的收益而予以掩饰、隐瞒，构成《刑法》第三百一十二条规定的犯罪，同时又构成《刑法》第一百九十一条或者第三百四十九条规定的犯罪的，依照处罚较重的规定定罪处罚。"根据该规定，洗钱罪与掩饰、隐瞒犯罪所得、犯罪所得收益罪之间是特别法与一般法的法条竞合关系。

两罪的区别主要是以下几方面：

第一，两罪的上游犯罪种类不同。洗钱罪的上游犯罪只限于毒品犯罪、黑社会性质的组织犯罪、恐怖活动犯罪、走私犯罪、贪污贿赂犯罪、破坏金融管理秩序犯罪、金融诈骗犯罪这七类犯罪，而掩饰、隐瞒犯罪所得、犯罪所得收益罪的上游犯罪则是除此之外的有"犯罪所得"及收益的所有犯罪。

第二，两罪的犯罪客体不同。掩饰、隐瞒犯罪所得、犯罪所得收益罪被规定在妨害司法罪中，保护的法益主要是司法机关追诉犯罪的职能活动，也包含上游犯罪中的被害人对财物的合法权益。洗钱罪保护的法益则是国家的金融管理秩序。洗钱行为对于上游犯罪规模的扩大和犯罪的持续发生有着比普通犯罪更大的促进作用，社会危害性更大。《刑法》之所以把洗钱罪独立出来，单列在破坏金融管理秩序罪中，设置了相较于掩饰、隐瞒犯罪所得、犯罪所得收益罪更高的法定刑，其依据正在于此。

第三，两罪的行为方式有所差异。洗钱罪的行为方式是"掩饰、隐瞒犯罪所得及其收益的来源和性质的"，而掩饰、隐瞒犯罪所得、犯罪所得收益罪的表述是"掩饰、隐瞒的"。从字面意义上看，两者有所区别。洗钱罪由于其涉及妨害金融管理秩序和破坏国家经济安全的性质，所以侧重点在于掩饰、隐瞒犯罪所得及其收益的来源和性质，也就是俗话说的把"赃钱洗白"，披上合法的外衣；而掩饰、隐瞒犯罪所得、犯罪所得收益罪的行为方式包括掩饰、隐瞒犯罪所得及其收益的来源和性质，但又不局限于此，还包括掩饰、隐瞒犯罪所得及其收益的处所等其他情况。因此，两罪之间就发生了交叉，即使上游犯罪属于洗钱罪规定的七

类上游犯罪之一，但是不涉及掩饰、隐瞒犯罪所得及其收益的来源和性质的，按照罪刑法定的要求和立法本意，仍应该定掩饰、隐瞒犯罪所得、犯罪所得收益罪而非洗钱罪。

那么，如何理解“掩饰、隐瞒来源及性质”呢？我们认为，《刑法》第191条规定了洗钱罪的5种行为方式，即提供资金账户；将财产转换为现金、金融票据、有价证券；通过转账或者其他结算方式转移资金；跨境转移资金；以其他方式掩饰、隐瞒犯罪所得及其收益的来源和性质。第五种行为方式作为兜底条款，是对列举式规定的补充归纳，应该与前四项所列举的方式具有相当性。《最高人民法院关于审理洗钱等刑事案件具体应用法律若干问题的解释》第2条的列举式规定，在《刑法》第191条的基础上，又进一步明确洗钱行为可以通过商业银行等银行类的金融性机构，证券公司、保险公司等非银行类金融机构来实现，也可以通过商品交易、企业收购、投资等方式以及赌博等非法途径实施，意图在于淡化洗钱罪在行为方式上的特殊要求。据此，“掩饰、隐瞒来源及性质”不需要局限在金融领域或通过金融机构来实现，应当将其落脚点放在资金形式的“转换”上而非“金融机构”上。洗钱罪要求行为人借助一定的金融手段或非金融手段来实现对犯罪所得及其收益的转换，它一定有一个类似交易、兑换等的转换过程。例如，行为人明知系他人受贿犯罪所得的一个名贵花瓶而为其保管，因为不涉及资金形式的“转换”，只能构成掩饰、隐瞒犯罪所得罪；同理，行为人明知系他人受贿犯罪所得的现金港币而提供场所藏匿，只是物理意义上的转移、窝藏行为，行为的落脚点在于掩饰、隐瞒实物本身，而非犯罪所得的性质和来源，不涉及资金形式的“转换”，仍应定掩饰、隐瞒犯罪所得罪①。

无罪判例

一、单某洗钱案②

基本案情：2014年9月至2017年9月期间，韩某某（另案处理）指使单某使

---

① 参见《刑事审判参考》2016年第3辑，第1103号“姜某掩饰、隐瞒犯罪所得案——如何区分掩饰、隐瞒犯罪所得、犯罪所得收益罪与洗钱罪”。

② 连云港市海州区人民检察院海检诉刑不诉［2019］46号。

用其建设银行卡接收某生物公司、科技公司、投资公司等多个涉案账户资金2900万余元，后转移资金至韩某某个人及其指定账户。单某明知韩某某汇入其银行账户的款项是韩某某破坏金融管理秩序犯罪或金融诈骗犯罪的所得，仍通过提供银行账户、在不同银行账户之间频繁划转等方式取现、转账，帮助韩某某转移资金。经查，单某取现或转账的2900万余元属于韩某某集资诈骗所得。

检察院认为：经审查并退回补充侦查，仍然认为连云港市公安局海州分局认定的犯罪事实不清、证据不足。现有证据不能证实单某提供给韩某某使用的银行卡内流转的资金系韩某某实施集资诈骗犯罪的所得，不符合起诉条件。

裁判结果：对单某不起诉。

判例解析：洗钱罪的构成要求上游犯罪为毒品犯罪、金融诈骗犯罪等七类犯罪，同时要求行为人明知是该七类犯罪的违法所得或产生的收益而掩饰、隐瞒其来源和性质。从本案文书来看，单某提供个人账户并收取了2900万余元，但这些款项是否均属于集资诈骗所得，以及单某是否明知这些款项属于集资诈骗所得，均需要充分证据予以证明，否则不符合起诉条件。

二、邓某某洗钱案[①]

移送审查起诉书认定：2016年1月至2017年5月，邓某某担任深圳市某投资公司风控经理期间，明知杨某某（另案处理）先后两次提供的人民币100万元为受贿所得，邓某某仍通过提供资金账户、协助转移资金等形式将现金转换为有价证券（股票、基金证券），用以掩饰、隐瞒该资金的来源、性质。

检察院认为：经本院审查并两次退回补充侦查，本院仍然认为张家界市永定区人民检察院反渎职侵权部门认定的犯罪事实不清、证据不足。因无确实充分证据证实杨某某提供给邓某某的100万元资金系受贿款，且邓某某主观上不明知该款项的性质，无法认定邓某某构成洗钱罪，不符合起诉条件。

裁判结果：对邓某某不起诉。

判例解析：本案系检察院自侦案件，经指定管辖后，审查起诉的检察院作出了不起诉决定。本案指控的犯罪事实是邓某某明知100万元资金系受贿款而协助转换为股票、基金，但无充分证据证明该100万元系受贿款，以及无充分证据

① 桑植县人民检察院桑检公诉刑不诉[2018]41号。

证明邓某某知晓该款项性质,因而作出了不起诉决定。

三、肖某甲洗钱案①

基本案情:肖某甲系湖北省某政府部门原干部胡某某之妻田某某的外甥女,经田某某夫妻介绍,2003 年以来在黄石港区某物业公司工作,肖某甲一直与田某某夫妻保持亲戚往来,其丈夫张某某在黄石及周边建筑工地做事。在 2008 年至 2013 年期间,肖某甲多次协助转移胡某某夫妇违法受贿资金,并用违法收回资金购买武汉某公馆房屋,这些资金与胡某某、田某某夫妇职业及财产状况明显不符。

1. 2011 年 1 月 5 日,邹某甲通过邹某乙、邹某丙,将现金 50 万元存入邹某丙尾号 5316 的银行卡内,由邹某乙将该银行卡交给田某某,该款为田某某受贿款,后田某某将 50 万元受贿款中的 30 万元用于支付其已与肖某甲约定的,以肖某甲的丈夫张某某名义购买的武汉某公馆小区房屋购房首付款。肖某甲应当明知田某某该 30 万元购房款为违法收入资金。

2. 2008 年 10 月 8 日,田某某将柯某某送给胡某某买房的 100 万元行贿款中的 30 万元存入肖某甲尾号为 4980 的账户,肖某甲于 2008 年 10 月 13 日将田某某该 30 万元和肖某甲本人的 11 万元合计 41 万元转账至黄石某房地产公司用于投资生息。肖某甲应当明知田某某委托其投资黄石某房地产公司的 30 万元为违法收入。

3. 2009 年 8 月 3 日,田某某操作肖某甲账户转账 65 万元至徐某某尾号为 1317 的账户,2009 年 8 月 4 日肖某甲将田某某委托其在黄石某房地产公司投资生息的 30 万元受贿款加上肖某甲自己的 20 万元转账至徐某某尾号为 1317 的账户,2009 年 8 月 4 日张某某转账 35 万元至徐某某尾号为 1317 的账户,2009 年 8 月 4 日邹某乙转账 10 万元至徐某某尾号为 1317 的账户(该款流转情况目前无法查明),2009 年 8 月 3 日柯某某用熊某某账户转账 22 万元至徐某某尾号为 1317 的账户,同日柯某某向徐某某尾号为 1317 的账户存入近 18 万元,其中田某某委托肖某甲在黄石某房地产公司投资生息的 30 万元为受贿款、柯某某分别汇入的 22 万元和 18 万元合计 40 万元为田某某在柯某某处投资的 100 万元 40% 年利息收益,按照国家规定年利息不得超出 36%,其中超出部分的 4% 投资

---

① 黄石市黄石港区人民检察院港检刑事检察部刑不诉[2019]15 号。

利息应当认定为田某某的非法收入。田某某通过各方筹集共计200万元资金转给徐某某进行投资生息，至第3年、第4年最后一次投资生息104万元，2013年8月9日徐某某尾号为4234的账户将该款转账至肖某甲尾号为7678的账户，再由肖某甲将104万元转账至张某某，再由张某某转账给王某某。肖某甲应当明知该笔104万元转账款中有田某某的违法收入。

检察院认为：经审查并二次退回补充侦查，仍然认为黄石市公安局经开区分局认定肖某甲为田某某投资转账时应当明知转账资金系田某某的违法收入无直接证据证实，事实不清，证据不足，不符合起诉条件。

裁判结果：对肖某甲不起诉。

判例解析：本案公安局认定的案情十分复杂，从其起诉意见书来看，使用的均是肖某甲“应当明知为违法资金”的表述，这属于推定明知。但是，根据最高人民法院关于洗钱罪的司法解释，推定明知是有严格条件的，需要有其他方面的证据证明，例如存在明显不合理的反常交易而又缺乏正当理由，否则不能轻易推定明知。

四、赵某洗钱案①

基本案情：中行吉林市分行副行长赵某甲利用职务之便，在参与中行与吉恩镍业股票定向增发的过程中，涉嫌受贿，赵某为哥哥赵某甲提供自己的工商银行账号供赵某使用，并根据赵某甲的要求利用该账户向北京中永公司汇款2900万元，2016年9月26日、2016年10月16日先后两次分别汇入3161万元、2639万元，合计5800万元。

检察院认为：经审查并退回补充侦查，仍然认为吉林市公安局认定的犯罪事实不清、证据不足。关于款项来源是否是他人受贿所得事实不清、证据不足，而且上游犯罪尚未依法裁判，不符合起诉条件。

裁判结果：对赵某不起诉。

判例解析：洗钱罪是毒品犯罪、贪污贿赂犯罪等七类犯罪的下游犯罪，构成洗钱罪的前提是上游犯罪的确定，尤其是被指控清洗的资金系毒品犯罪、贪污贿赂犯罪等犯罪之违法所得性质的确定。本案例表明，在上游犯罪定案之前，作为下游的洗钱犯罪欠缺起诉条件。

---

① 吉林市高新区人民检察院吉高新检刑不诉[2018]10号。

第十四章 集资诈骗罪无罪判例解析

法律条文

《刑法》

第一百九十二条 【集资诈骗罪】以非法占有为目的，使用诈骗方法非法集资，数额较大的，处三年以上七年以下有期徒刑，并处罚金；数额巨大或者有其他严重情节的，处七年以上有期徒刑或者无期徒刑，并处罚金或者没收财产。

单位犯前款罪的，对单位判处罚金，并对其直接负责的主管人员和其他直接责任人员，依照前款的规定处罚。

《最高人民法院关于审理非法集资刑事案件具体应用法律若干问题的解释》

第二条 实施下列行为之一，符合本解释第一条第一款规定的条件的，应当依照刑法第一百七十六条的规定，以非法吸收公众存款罪定罪处罚：

(一)不具有房产销售的真实内容或者不以房产销售为主要目的，以返本销售、售后包租、约定回购、销售房产份额等方式非法吸收资金的；

(二)以转让林权并代为管护等方式非法吸收资金的；

(三)以代种植(养殖)、租种植(养殖)、联合种植(养殖)等方式非法吸收资金的；

(四)不具有销售商品、提供服务的真实内容或者不以销售商品、提供服务为主要目的，以商品回购、寄存代售等方式非法吸收资金的；

(五)不具有发行股票、债券的真实内容，以虚假转让股权、发售虚构债券等方式非法吸收资金的；

(六)不具有募集基金的真实内容，以假借境外基金、发售虚构基金等方式非法吸收资金的；

(七)不具有销售保险的真实内容，以假冒保险公司、伪造保险单据等方式非法吸收资金的；

（八）以网络借贷、投资入股、虚拟币交易等方式非法吸收资金的；

（九）以委托理财、融资租赁等方式非法吸收资金的；

（十）以提供“养老服务”、投资“养老项目”、销售“老年产品”等方式非法吸收资金的；

（十一）利用民间“会”“社”等组织非法吸收资金的；

（十二）其他非法吸收资金的行为。

第七条　以非法占有为目的，使用诈骗方法实施本解释第二条规定所列行为的，应当依照刑法第一百九十二条的规定，以集资诈骗罪定罪处罚。

使用诈骗方法非法集资，具有下列情形之一的，可以认定为“以非法占有为目的”：

（一）集资后不用于生产经营活动或者用于生产经营活动与筹集资金规模明显不成比例，致使集资款不能返还的；

（二）肆意挥霍集资款，致使集资款不能返还的；

（三）携带集资款逃匿的；

（四）将集资款用于违法犯罪活动的；

（五）抽逃、转移资金、隐匿财产，逃避返还资金的；

（六）隐匿、销毁账目，或者搞假破产、假倒闭，逃避返还资金的；

（七）拒不交代资金去向，逃避返还资金的；

（八）其他可以认定非法占有目的的情形。

集资诈骗罪中的非法占有目的，应当区分情形进行具体认定。行为人部分非法集资行为具有非法占有目的的，对该部分非法集资行为所涉集资款以集资诈骗罪定罪处罚；非法集资共同犯罪中部分行为人具有非法占有目的，其他行为人没有非法占有集资款的共同故意和行为的，对具有非法占有目的的行为人以集资诈骗罪定罪处罚。

第八条　集资诈骗数额在10万元以上的，应当认定为“数额较大”；数额在100万元以上的，应当认定为“数额巨大”。

集资诈骗数额在50万元以上，同时具有本解释第三条第二款第三项情节的，应当认定为刑法第一百九十二条规定的“其他严重情节”。

集资诈骗的数额以行为人实际骗取的数额计算，在案发前已归还的数额应予扣除。行为人为实施集资诈骗活动而支付的广告费、中介费、手续费、回扣,或者用于行贿、赠与等费用,不予扣除。行为人为实施集资诈骗活动而支付的利息,除本金未归还可予折抵本金以外,应当计入诈骗数额。

罪名详解

集资诈骗罪,是指以非法占有为目的,使用诈骗方法非法集资,数额巨大的行为。

本罪保护的法益较为复杂,既包括公私财产所有权,也包括国家的金融管理制度。

本罪的构成要件内容为行为人必须实施了使用诈骗方法非法集资,数额较大的行为。客观上必须具备:

1. 必须有非法集资的行为。所谓非法集资,是指公司、企业、个人或其他组织未经批准,违反法律、法规,通过不正当的渠道,向社会公众或者集体募集资金的行为,这是构成本罪的行为实质。

2. 集资是通过使用诈骗方法实施的。所谓使用诈骗方法,是指行为人以编造谎言、捏造或者隐瞒事实真相的方法,骗取他人的资金,只要行为人采用了隐瞒真相或虚构事实的方法进行集资的,均属于使用欺骗方法非法集资行为。

3. 使用诈骗方法非法集资必须达到数额较大,才构成犯罪,否则,不构成犯罪。

责任形式方面,本罪只能由故意构成,且以非法占有为目的。即犯罪行为人在主观上具有将非法聚集的资金据为己有的目的。所谓据为己有,既包括将非法募集的资金置于非法集资的个人控制之下,也包括将非法募集的资金置于本单位的控制之下。在通常情况下,这种目的具体表现为将非法募集的资金的所有权转归自己所有,或任意挥霍,或占有资金后携款潜逃等。

理论难点

一、如何理解本罪中的"使用诈骗方法"

根据《最高人民法院关于审理非法集资刑事案件具体应用法律若干问题的

解释》第7条，似乎可得出这一结论：只要行为客观方面符合非法吸收或者变相吸收公众存款的形式，同时具有非法占有的目的，便可以成立集资诈骗罪。然则，非法吸收公众存款罪突出的是其“非法”性，即行为人的集资活动未获得行政机关的批准或许可，但是在吸收存款的过程中，并不一定使用诈骗方法。换言之，并非任何非法吸收公众存款的行为均使用诈骗方法，“非法吸收公众存款＋以非法占有为目的”并不必然构成集资诈骗罪。只有使用诈骗方法集资，才构成集资诈骗罪。

诈骗罪的构造是：行为人实施欺骗行为——使对方陷入认识错误——对方基于认识错误处分财产——行为人或第三人取得财产——被害人遭受财产损失。集资诈骗罪同样需符合这一构造。值得斟酌的是，集资诈骗罪中的“使用诈骗方法”具体内容为何？对于受害人而言，何种情况下方可认定为被骗陷入认识错误？张明楷教授认为，《刑法》第192条中的“诈骗方法”就是指“欺骗行为”。欺骗行为，表现为向受骗者表示虚假的事项，或者说向受骗人传递不真实的资讯，但这种欺骗必须是使受骗者陷入或者继续维持（或强化）处分财产的认识错误的行为。就集资诈骗而言，只要某种行为足以使对方陷入“行为人属合法募集资金”“行为人属正当募集资金”“行为人的行为获得了有权机关的批准”“出资后会有回报”等认识错误，进而导致对方“出资”，那么，这种行为就属于集资诈骗罪中的诈骗方法。至于行为人是就事实进行欺骗，还是就价值进行欺骗，均不影响欺骗行为的性质。①

二、如何认定本罪中的“以非法占有为目的”

是否存在非法占有目的，是区分集资诈骗罪与非法吸收公众存款罪的关键要素。因此，准确认定非法占有目的，是正确定罪量刑的前提。

司法实践中，认定非法占有目的无非两种途径：一是行为人主动供述具有非法占有目的后辅以客观证据印证，二是行为人否认具有（故意狡辩或者对法律拟制的规定缺乏了解）非法占有目的时用客观证据反推。实践中，使用第二种的司法推定方式更为常见，也得到了司法解释的确认。根据《最高人民法院关于审理非法集资刑事案件具体应用法律若干问题的解释》第7条，具有以下八种

① 参见张明楷：《刑法学》（第5版）（下），法律出版社2016年版，第796页。

情形之一的,可以推定行为人存在非法占有目的:①集资后不用于生产经营活动或者用于生产经营活动与筹集资金规模明显不成比例,致使集资款不能返还的;②肆意挥霍集资款,致使集资款不能返还的;③携带集资款逃匿的;④将集资款用于违法犯罪活动的;⑤抽逃、转移资金、隐匿财产,逃避返还资金的;⑥隐匿、销毁账目,或者搞假破产、假倒闭,逃避返还资金的;⑦拒不交代资金去向,逃避返还资金的;⑧其他可以认定非法占有目的的情形。概括来看,这些情形可以分为行为人不想返还与不能返还两大类。携款逃匿、抽逃转移、销毁账目、拒不交代去向,都表明行为人主观上不想归还集资款。集资后不用于生产经营、肆意挥霍、用于违法犯罪活动,均属于行为人自身故意导致集资款不能返还。

司法实践中,在推定集资者是否具有"非法占有目的"时,应注意以下方面:

第一,基础事实必须客观真实,不得进行二次推定。这需要构建案件法律事实的证据确实充分,按照时间脉络对行为人的非法集资行为进行最客观真实的描述。

第二,基础事实与推定事实须有逻辑上的因果联系。这意味着,行为人具有的携款逃匿等逃避返还资金的情形,客观上要能够直接产生"导致集资款不能返还"的后果,这样才能推定行为人具有主观不想还型非法占有目的。

第三,必须坚持主客观相一致。既要注意分析、判断行为人主观心理,更要查清客观行为,如是否存在还款行为、不能还款的具体原因、集资款的去向等。行为人将集资款用于高风险行业的情况,能否认定其主观上具有非法占有目的,不宜一概而论,应当结合行为人的抗风险能力,如自有资金、亏损程度、负债状况等案件具体情况具体认定。

第四,要避免以对诈骗方法的认定替代对非法占有目的的认定和根据损失结果简单地客观归罪①。行为人以非法占有目的进行非法集资必然使用诈骗方法,但是,使用诈骗方法并不必然说明行为人具有"非法占有目的"。例如,行为人认为自己实际投资的项目不会吸引投资者的目光,于是编造虚假的项目,承诺保本付息,欺骗公共投资的,如果行为人将集资款用于可以回报投资者的经营活动,即使最终因为经营不善而导致集资款不能返还,也不能认定行为人具有非法

---

① 参见王兆忠等:《集资诈骗罪审理中常见疑难问题认定与证明》,载《法律适用》2019 年第 16 期。

占有的目的[①]。

无罪判例

一、庞某合同诈骗、集资诈骗案[②]

基本案情:2001年至2004年,庞某系四川小角楼酒业公司巴中市总经销商,庞某与平昌小角楼酒类销售公司签订了小角楼酒买卖合同。庞某在从事小角楼酒经销期间,分别向周某甲、谭某乙、张某丙提供小角楼酒,皆采用先付款,后供酒的方式进行。后经算账,庞某累计欠周某甲1998年至2004年差价款106.45万元、欠谭某乙2000年至2004年货款36.6418万元、欠张某丙2000年至2005年货款6.7万元,共计149.7918万元。

同时,庞某在从事小角楼酒经销期间,以代理小角楼酒差钱为由,以年息或月息1~3分为标准,先后在认识的冯某等9人处借款;以经营抱国醇酒业公司缺钱为由,以年息或月息1~5分为标准,在认识的李某等12人处借款。庞某在支付部分借款本息和以酒抵款后,截至2012年11月1日未能偿还冯某借款7.6万元、李某借款21.8万元以及其他人数额不等的借款,共计223万余元。

另查明,2005年10月24日,庞某与平昌小角楼酒类销售公司对经销期间发生的往来账务进行了清算,庞某应向平昌小角楼酒类销售公司偿付货款72万余元。平昌小角楼酒类销售公司及四川小角楼酒业有限责任公司应向庞某支付25万余元,其中平昌小角楼酒类销售公司应向庞某支付2001年12月15日至2002年12月15日销售总额1%的奖励12万余元,并支付2005年10月30日前销售费用、业务用酒、酒品质量及借款计12万余元。四川小角楼酒业公司应向庞某支付礼品券价金3784元。

2005年11月,庞某名下的抱国醇酒业公司在巴州区选址,在租用厂房、修建车间、场地硬化、购买酒罐、外包装方面投入部分资金。2005年下半年该公司进行经营、生产,至2006年11月停止生产。2006年12月8日,巴州区人民法院

---

① 参见刘仁文、田坤:《非法集资犯罪适用法律疑难问题探析》,载《江苏行政学院学报》2012年第1期。

② 参见四川省巴中市中级人民法院刑事判决书,(2017)川19刑终37号。

因经济纠纷对抱国醇酒业公司生产车间库存的散酒200吨予以查封。2006年11月6日,抱国醇酒业公司取得“全国工业产品生产许可证(白酒)”,2010年5月14日四川省质量技术监督局核发了许可证,2012年11月5日许可证被注销。

2006年至2010年,庞某任巴中市巴州区人大代表。

2010年5月1日,庞某委托巴中市民营经济维权中心工作人员处理其与他人的债权债务等纠纷。

2011年5月17日,庞某以抱国醇酒业公司的全国工业产品生产许可证(白酒)入股,在成都与他人签订了合作协议,共同经营抱国醇品牌系列酒。

2012年11月10日庞某被安徽省合肥市公安机关抓获。

法院认为:1.关于合同诈骗罪,本院认为庞某是否具有非法占有的目的,是否在签订、履行合同过程中,骗取对方当事人财物,主要从以下方面来分析判断:

(1)庞某与周某甲、谭某乙、张某丙等人的购销酒合同的基本内容、合同履行情况。公诉机关指控在被害人周某甲、谭某乙、张某丙等人支付足额购酒款后,庞某只履行极少部分合同。经查,本案中,庞某在从事小角楼酒巴中总代理数年中,下欠货款是多年多次累计形成的。在案证据中,侦查机关没有收集庞某与周某甲、谭某乙、张某丙等人签订的书面购销小角楼酒的相关合同,也无其他证据如进出货单等证据证实购销合同的基本内容。庞某与被害人周某甲等人之间关于小角楼酒销售模式、购销总金额及单价、结算方式、利润产生等合同基本内容亦无证据支持。因此,公诉机关仅因庞某欠周某甲、谭某乙、张某丙大额欠款及相关欠据,指控庞某只履行合同极少部分证据不充分。

(2)庞某在销售小角楼酒过程中是否具有非法占有的目的,是否具有欺诈行为。公诉机关指控被害人周某甲等人向庞某支付足额购酒款后,庞某不足额发货,庞某辩称是平昌小角楼酒类销售公司对酒调价让其在经营中高进低出产生逆向价差致其亏损。经查,庞某的辩称仅有庞某的供述予以证实,侦查机关未收集平昌小角楼酒类销售公司与庞某之间的财务依据,欠周某甲、谭某乙、张某丙的货款双方均认可是累计经营形成,且在庞某给周某甲所立的条据上,载明系差价款,差价款如何形成无证据证实。因此,认定庞某具有非法占有的目的,具有欺诈行为,拒不退还购酒款的证据不充分。

(3)庞某欠下货款后外出行为的定性。公诉机关指控庞某逃匿的事实,提供了庞某第一次供述中所说为了逃债、开拓市场的讯问笔录,另出示了部分被害人从2004年至2008年起陆续出现联系不到庞某的陈述。经查，现有在案证据可以证实：①王某某在2012年5月在成都找到庞某，约定每月还款3000元，截至2012年11月1日庞某共还款1.5万元；②2005年至2006年庞某在巴州区鼎山投入了抱国醇酒业公司的酒厂，并经营了1年多；③2006年11月6日抱国醇酒业公司取得生产许可证（白酒）；④2006年至2010年期间庞某系巴中清江人大代表；⑤2010年5月庞某曾委托他人代为处理借款、债权债务纠纷；⑥2011年5月庞某与他人在成都成立了四川鑫源甘露有限公司，经销抱国醇酒。从现有证据看，庞某未在巴中期间与携款逃匿性质不同，不能必然得出其离开属于拒不偿还。

2. 关于集资诈骗罪，本院认为庞某是否具有非法占有目的，是否使用诈骗方法非法集资，主要从以下方面来分析判断：

（1）庞某实施非法集资的行为，是否向社会公开宣传，是否向不特定的对象集资。经查，根据庞某供述、各债权人陈述，庞某在资金缺乏的情况下，均是庞某主动向熟识的各债权人提出借款请求，庞某与各借款人之间并未通过其他人介绍、联系，各借款人在借款前均认识庞某，在案无证据证实庞某采用向社会公开宣传的方式向不特定的人进行集资。

（2）庞某向他人借款时是否虚构事实。根据庞某供述、各债权人陈述以及在案书证、证人证言，可证实庞某借款的原因是代理小角楼酒和投资抱国醇酒业公司的酒厂，经查，庞某的借款时间确实是在其代理小角楼酒、投资抱国醇酒厂的期间内，故借款的事由并未虚构。

（3）庞某借款是否具有非法占有的主观目的。经查，现有证据证实庞某对抱国醇酒业公司的酒厂进行了投入，酒厂也进行了生产，经侦查机关委托，四川中意资产评估事务所认为酒厂的投资无施工依据、购买依据、合法的土地使用手续，故无法对投资金额进行评估。而根据生产许可证办理情况、各借款人以酒抵债及巴州区人民法院查封库存白酒200吨等情况看，侦查机关对抱国醇酒业公司的投入情况未收集到客观真实的证据。故现有在案证据不能确定庞某投入生产经营活动或者用于生产经营活动所需资金与所筹集资金规模的比例，不能锁定资金去向，也无其他证据证实庞某在此期间有肆意挥霍、携款潜逃、资金用于违法犯罪活动、逃避返还资金的情形，从而实现非法占有。

综上所述，本院认为，原判认定庞某构成合同诈骗罪、集资诈骗罪的证据不足,原公诉机关指控庞某所犯罪名不能成立。

裁判结果:(1)撤销四川省南江县人民法院(2017)川1922刑初14号刑事判决;(2)上诉人(原审)庞某无罪。

判例解析:本案的审理过程颇为复杂、漫长。当事人2012年11月被抓获,南江县人民法院先后作出三份一审判决,巴中市中级人民法院两度发回重审。最终的无罪判决作出时,距离当事人被抓获已长达5年。

本案中,当事人庞某涉嫌合同诈骗罪与集资诈骗罪两项罪名。关于合同诈骗罪,《刑法》第224条第3项规定一种行为类型:"没有实际履行能力,以先履行小额合同或者部分履行合同的方法,诱骗对方当事人继续签订和履行合同的;"通俗地说,这是一种钓鱼式的诈骗行为。然则,本案中虽然庞某与周某甲等三人之间存在购销合同,庞某在客观上也确实在收了该三人货款之后未足额发货,但一个重要的事实是,这些欠付的货款是双方在数年的购销过程中逐渐累积而成的。与先履行小额合同诱骗对方继续履行合同的行为存在明显区别。同时,庞某对于所欠货款并不否认,同意对账并出具了欠条,还自愿支付利息。这说明庞某没有赖账、拒不归还的欺骗故意。

关于集资诈骗罪,从审判及辩护角度,均应着重审查以下三个方面:第一,有无非法集资行为;第二,有无使用诈骗方法;第三,有无非法占有目的。就本案而言,庞某借款的对象主体虽然较多,但都是事前认识的熟人,而非不特定的社会公众。这与非法集资需面向不特定社会公众的特点不相符合。庞某借款的理由是代理小角楼酒和经营抱国醇酒业资金短缺,而这期间其确实在从事该经营活动。因此借款事由并非虚构,难以认定其使用了诈骗方法。庞某所借款项的去向,公安机关未详细查明,而这期间庞某确实在经营酒业公司,这从法院查封了库存白酒200吨可以佐证。因此,没有证据证明庞某只将极少量资金投入生产经营。恰恰相反的是,其间庞某还以酒抵偿了部分借款。这些均难以证明庞某存在非法占有的目的。因此,从以上三个方面分析,庞某的行为都不符合集资诈骗罪的犯罪构成。

另需说明的是,躲债与携款逃匿并不等同,躲债或者一定时间的失联不能推定行为人具有非法占有目的。一方面,《最高人民法院关于审理非法集资刑事案件具体应用法律若干问题的解释》第4条(新司法解释为第7条)所列举的行为方式中并未将躲债列入;另一方面,行为人在被追讨债务时,往往有较大的心理压力，一定时间的躲避、拒绝联系只能说明行为人未能正确面对还债压力，而不能直接推定其具有拒不归还的主观目的。

二、杨某集资诈骗案①

检察院认为：分为两个部分。

第一部分：南顺检公诉刑诉[2016]302号起诉书指控：

2013年3月，杨某与万某甲（已判刑）、徐某（已判刑）、何某、陈某、万某乙（三人均在逃）等人共谋成立一家公司寻找一个基地并以扩大基地建设为名，以高额利息为诱饵向不特定群众进行集资活动，同年5月10日在重庆成立紫陶农业公司。2013年8月1日杨某被徐某任命为公司行政总监与财务总监。杨某、何某按比例参与重庆公司非法吸存资金的分赃。

2013年10月28日在杨某、何某等人的提议下，徐某、万某甲在本市设立紫陶农业公司南充分公司从事非法活动，南充分公司由万某甲担任公司法人代表，徐某担任总经理。徐某、万某甲等人以非法占有为目的，以高额利息做诱饵，通过冒充成功企业家、伪造企业法人营业执照、虚假宣传租用山庄等手段，虚构扩大公司经营规模需用资金的事实，骗取被害人信任，于2013年11月至2014年1月期间，在本市向社会公众非法集资人民币440万余元。杨某、何某按比例参与南充分公司非法吸存资金的分赃。经会计师事务所鉴定，南充分公司骗取120余名被害人共计4，020，800元。

第二部分：南顺检公诉刑变诉[2016]9号变更起诉决定书指控：

2013年3月，杨某与万某甲（已判刑）、徐某（已判刑）、何某、陈某、万某乙（三人均在逃）等人共谋成立一家公司寻找一个基地并以扩大基地建设为名，以高额利息为诱饵向不特定群众进行集资活动，同年5月10日在重庆成立紫陶农业公司。2013年8月1日杨某被徐某任命为公司行政总监与财务总监。杨某、何某按比例参与重庆公司非法吸存资金的分赃。经重庆渝证会计师事务所鉴定，重庆公司在2013年4月19日至2014年1月13日向380人共计收取投资款11，124，380元，吸收公众存款未退还本金金额为817万元。南顺检公诉刑诉[2016]302号起诉书未被变更部分仍然具有法律效力。

---

① 参见四川省南充市顺庆区人民法院刑事判决书，(2016)川1302刑初296号。

公诉机关认为杨某以非法占有为目的,使用诈骗方法非法集资,数额特别巨大,其行为应当以集资诈骗罪追究其刑事责任。

法院认为:1. 根据杨某、徐某、万某甲供述中相印证的部份,能够认定杨某和何某、陈某一起去过江西安义紫园山庄。根据杨某、徐某的供述,能够认定2013年6月4日杨某、何某分别借给徐某10万元共计20万元,徐某出具了借款依据。根据杨某、王某丙、刘某乙的供述以及入住记录,能够认定杨某、王某丙于2013年11月14日入住江西安义紫园山庄,次日退房。根据杨某、徐某的供述以及任命书,可以认定任命书真实存在。

2. 而关于起诉指控“2013年3月,杨某与万某甲(已判刑)、徐某(已判刑)、何某、陈某、万某乙(三人均在逃)等人共谋成立一家公司寻找一个基地并以扩大基地建设为名以高额利息为诱饵向不特定群众进行集资活动”的证据不充分,真实性存疑。理由如下:对于该节指控,杨某予以否认,何某、陈某、万某乙未到案,仅有徐某、万某甲、王某丙供述在案证实,但三人既有多次未涉及杨某的口供,也有少量涉及杨某到江西安义参与集资诈骗共谋的口供,口供的真实性存疑,同时无其他证据相印证。故对该节指控,不予采纳。

3. 关于起诉书指控“2013年8月1日杨某被徐某任命为公司行政总监与财务总监,负责公司行政管理与公司财务部建立,具体落实幕后策划、对外宣传及包装方案制作等”证据不充分。理由如下:(1)该任命书由杨某提供,徐某签字,紫陶公司广州分公司盖章,时间为2013年8月1日。内容为“紫陶公司广州分公司任命何某为紫陶公司全国运营市场总监,负责市场运作与统筹管理;任命陈某为紫陶广州分公司市场总监,负责广州市场运作与统筹管理;杨某为紫陶公司行政总监与财务总监,负责行政管理与财务部管理,备注:公司出现任何经济问题与以上三位人员无关。”对此任命书,徐某并未否认,但该任命书并不必然能够证明杨某就是紫陶公司行政总监与财务总监,并负责行政管理与财务部管理。由紫陶总公司的子公司广州分公司任命杨某为总公司的行政总监与财务总监,负责行政管理与财务部管理,实属违背常理。徐某于2017年6月20日供述“他于2013年8月在紫陶广州分公司手写了一份任命书给杨某、何某、陈某。因他当时是路过广州,并没有带重庆总公司的章,而且任命这个事何某也未提前给他说,所以当时只有广州的章在杨某那里,这个章应该是他们自己盖的”,系孤证。(2)关于杨某是否实际履行过紫陶总公司行政总监的问题,经查,徐某、万某甲、王某丙对此曾作过杨某在紫园山庄用相机拍照准备作宣传资料的供述，但本案并未搜集到相应的客观性证据加以证明，也无杨某对紫陶公司进行行政管理以及向集资群众进行宣传的证据。(3)关于杨某是否实际履行过紫陶总公司财务总监的问题，经查，也只有徐某、王某丙的供述予以证明，王某丙还供述到唐某甲对杨某负责。证人唐某甲于2014年既有证实"公司没有会计人员，她的工作直接对徐某负责，听徐某说过剩下部份客户利息是公司财务总监在负责，但她从未见过这个财务总监"的证言，又有2017年证实"她认识杨某，杨某是财务总监，但更多的是向徐某汇报，因为杨某很少到公司来"的证言，其证言有矛盾之处。而唐某甲的证言、刘某乙的供述均证实是将每天集资的钱打入万某甲而非杨某的账户。故对该节指控，不予采纳。

4. 关于起诉指控"杨某、何某按比例参与重庆公司非法吸存资金的分赃"不能成立，其理由如下：对该节指控，杨某予以否认。唐某甲证实吸收资金打入了杨某提供的万某甲的账户，侦查机关也未搜集到杨某账户上有与本案吸收资金有关的资金流向，目前仅有徐某供述杨某参与分赃，无其他证据证明。故对该节指控，不予采纳。

5. 本案无确实充分的证据证明杨某参与过紫陶公司南充分公司的集资诈骗活动以及参与分赃。理由如下：(1)对于该节指控，作为主持南充分公司全面工作的刘某乙证实有王某丙和一个女的在场，杨某并无参与该次活动；徐某证实杨某应该不会和群众见面；在场群众也无人证实杨某参与了该次见面会。只有王某丙证实杨某参与了客户见面会，和侦查机关收集到的杨某曾在南充印象大酒店住过一晚的证据，对此杨某辩解是顺道回南充看父母。故以上证据并不足以证明杨某参与了南充分公司的宣传活动。(2)除了徐某的供述外，无其他证据证明杨某参与了南充分公司的分赃。故对该节指控，不予采纳。

6. 经查，杨某提供了紫陶广州分公司分别向他与何某各自借款20万的借款协议，徐某供述他向杨某、何某各借款10万元，能够印证徐某与杨某、何某存在债权债务关系。

万某尾号为7617的账户于2013年9月23日、28日向杨某之母李某账户支付两笔款项共计115,200元。合议庭认为，结合上述事实，无法认定这115,200元系涉集资诈骗款项。

户名为何某甲（杨某岳父）的中国邮政储蓄的开户记录证实：其2014年5月

17日在邻水县定期(2年)款项共计64万元(20万元、20万元、24万元);2014年10月31日在邻水县定期(1年)款项10万元。另何某甲的工资账户交易明细显示,收入为月均2000余元。但重庆、南充紫陶公司于2014年1月已被查获。故上列钱款与涉集资诈骗款项之间缺乏关联性。

综上,合议庭认为,杨某是参与集资诈骗还是参与投资存疑,公诉机关指控杨某犯集资诈骗罪的证据不足不能认定杨某有罪。

裁判结果:杨某无罪。

判例解析:本案是典型的存疑无罪判决,核心是杨某有无参与紫陶公司的集资诈骗行为,有无担任紫陶公司的行政总监、财务总监,有无参与紫陶公司集资款的分赃。

首先,可以查证的一项事实是,杨某向紫陶公司发起人之一的徐某出借10万元。这表明杨某在案涉非法集资活动中,具有了投资者身份。其次,关于杨某是否参与成立紫陶公司的共谋,仅有徐某等人的口供,而另外其他一些重要证人如万某乙等并未到案,杨某对此予以否认,因此该事实是否存在存疑。再次,关于杨某是否担任紫陶公司行政总监、财务总监,作为重要证据的任命书,却是由广州分公司出具。由分公司任命总公司的行政总监、财务总监,确实有违常理。而对于杨某是否实际履行过行政总监、财务总监职责,证人证言自相矛盾,不足采信。最后,关于杨某是否参与吸存资金的分赃,缺乏银行流水等客观证据证明,难以认定。相反,杨某还向徐某出借了10万元。基于上述,杨某是参与集资诈骗还是参与投资存疑,无法排除合理怀疑得出唯一结论。

三、红中公司、胡某某、王某某、宋某某集资诈骗案[①]

检察院认为:红中公司于1999年1月5日在四川省乐山市注册成立,主营汽车销售、维修等业务。2003年6月25日至今,胡某某、王某某系公司股东,胡某某系法定代表人。

2010年1月至2015年5月期间,胡某某、王某某虚构红中公司经营状况良好、资金实力雄厚的事实,并由胡某某指使宋某某通过做假账的形式隐瞒红中公司常年亏损、负债累累的真相,在未经国家有关部门批准的情况下,采用口口相

---

① 四川省乐山市中级人民法院刑事判决书,(2016)川11刑初22号。

传的方式承诺每月支付高额利息为诱饵骗取集资参与人信任，并由公司员工王某甲等5人具体经办，先后以红中公司的名义向林某等社会公众477人非法集资人民币共计401,627,257元，主要用于偿还公司借款及支付利息等非经营活动事项。经会计鉴定，截至2015年5月，红中公司已还集资款共计353,531,032元，已支付利息共计36,436,837元，尚有11,659,388元至今未还。

检察院认为，红中公司以非法占有为目的，使用诈骗方法非法集资，数额特别巨大，胡某某、王某某和宋某某作为对其直接负责的主管人员和其他直接责任人员，其行为已触犯《刑法》，应当以集资诈骗罪追究其刑事责任。

法院查明：红中公司于1999年1月5日在四川省乐山市注册成立，主营汽车销售、维修等业务。2003年6月25日至今，红中公司股东为某某、王某某，截至案发胡某某占股80.03%，王某某占股19.97%，胡某某系红中公司法定代表人，宋某某为红中公司会计。

2010年1月至2015年5月期间，被告单位红中公司在未经国家有关部门批准的情况下，其法定代表人胡某某、股东王某某通过开会动员员工集资、口头及电话等形式向集资参与人宣传集资等方式，以红中公司为借款主体，承诺每月支付高额利息，并由公司员工王某甲等5人具体经办，向林某等社会公众477人非法吸收公众存款人民币共计401,627,257元，吸收资金进入红中公司的公司账户，主要用于支付货款、偿还公司借款及支付利息等事项。四川亿永正勤会计师事务所出具的《关于红中公司2010年1月至2015年5月非法吸收公众存款事项的鉴证报告》及《关于红中公司2010年1月至2015年5月非法吸收公众存款事项的鉴证报告补充及更正说明》证实，截至2015年5月，红中公司已归还集资款共计353,531,032元，已支付利息共计36,436,837元。在477名集资参与人中，收到红中公司偿还集资本金及支付利息已超过本金的有杨某等234人，合计金额16,203,906元；有243名集资参与人的本金27,863,314元未归还。其中，王某某为红中公司向韩某等67人非法吸收公众存款17,394,500元，偿还本金409万元，支付利息3,122,779元，尚欠集资参与人10,181,721元。

法院认为：1. 公诉机关指控被告单位红中公司犯集资诈骗罪的罪名不成立，红中公司的行为构成非法吸收公众存款罪。

集资诈骗罪是指以非法占有为目的，使用诈骗方法非法集资，数额较大的行为，非法吸收公众存款罪是指非法吸收公众存款或者变相吸收公众存款，扰乱金融秩序的行为。主观上是否具有非法占有目的是区分集资诈骗罪和非法吸收公众存款罪的关键。《最高人民法院关于审理非法集资刑事案件具体应用法律若干问题的解释》第 4 条(新司法解释为第 7 条)第 2 款对可以视为“以非法占有为目的”的使用诈骗方法非法集资的情形作出列举式的规定,包括不用于生产经营或者用于生产经营活动与筹集资金规模明显不成比例致使集资款不能返还;肆意挥霍集资款致使集资款不能返还;携带集资款逃匿以及抽逃、转移资金、隐匿财产,逃避返还资金等。

公诉机关指控红中公司将借款主要用于偿还公司借款和支付利息等非经营活动事项,具有非法占有的目的,其行为构成集资诈骗罪。经查,本案的民间借款均进入公司账户,统一用于支付出借人的本金、利息、购车款、工程款、员工工资等公司支出。关于借款目的,胡某某的供述证实,公司从 1999 年成立以来在经营过程中都是采用不断从民间借款,举债经营的方式,2009 年以前盈亏基本持平,2010 年开始大量负债;王某某的供述证实,在公司经营过程中,公司资金短缺,她才开始向身边亲友借款并由此扩大到社会公众;证人王某乙的证言证实,因公司扩大经营规模、购买土地,才开始从民间大量高息借款;《鉴证报告》载明,在红中公司收入中,除借款外,从 2010 年 1 月 1 日至 2015 年 5 月,红中公司整车销售收款 616,178,769.4 元,销售配件收款 53,719,950.14 元。上述证据证实,红中公司集资目的主要是为了缓解资金的短缺,用于生产经营,与集资诈骗中吸收资金的目的是为了非法占有明显不同。现有证据不能证明被告单位具有“非法占有的目的”,被告单位和三被告的行为不构成集资诈骗罪。对胡某某及其辩护人、王某某及其辩护人、宋某某及其辩护人辩称不构成集资诈骗罪的意见予以采纳。

红中公司明知吸收资金的信息向社会公众扩散而予以放任,致多达 477 名集资参与人参与集资。红中公司在未经国家有关部门批准的情况下,通过开会动员、口头及电话等形式向集资参与人宣传集资,以红中公司为借款主体,向社会不特定对象吸收资金,扰乱了金融秩序,数额特别巨大,其行为构成非法吸收公众存款罪。

2. 胡某某、王某某的行为构成非法吸收公众存款罪。

胡某某是被告单位红中公司的法定代表人,是单位犯罪的主管人员;王某某是红中公司的股东,参与吸收资金,是单位犯罪的直接责任人员,二人的行为构成非法吸收公众存款罪。胡某某及其辩护人、王某某及其辩护人辩称胡某某、王某某无罪的意见与查明事实不符，不成立。王某某及其辩护人辩称，王某某没有向不特定人员集资。经查，红中公司除向公司内部员工、亲友等特定对象借款外，还通过公司内部员工、亲友的介绍，向社会不特定人群公开其高息借贷的信息，胡某某、王某某明知该信息向社会公众扩散而采取放任的态度，非法或变相吸收公众存款，胡某某、王某某的行为应当认定为向“社会不特定对象”吸收资金，具有“社会性”，王某某及其辩护人的该辩护理由不成立。三被告供述及证人李某、车某、黄某、田某等证言证实，王某某未在红中公司任职上班，认定王某某参与公司管理的证据不足，王某某仅对其集资金额负责，对王某某的辩护人辩称公司的其他借款与王某某无关的意见予以采纳。

3. 宋某某的行为不构成犯罪。

宋某某受被告单位红中公司聘用从事会计工作，获取工资报酬。宋某某虽然按公司要求做了假账，但其做假账行为与红中公司非法吸收资金行为无直接关联，不属于单位犯罪的主管人员、直接责任人员，宋某某的行为不构成犯罪。

裁判结果：(1)被告单位红中公司犯非法吸收公众存款罪，判处罚金人民币200万元；(2)被告人胡某某犯非法吸收公众存款罪，判处有期徒刑3年6个月，并处罚金人民币15万元；(3)被告人王某某犯非法吸收公众存款罪，判处有期徒刑2年6个月，并处罚金人民币5万元；(4)被告人宋某某无罪；(5)责令被告单位乐山市红中车业有限公司退赔未归还集资参与人的本金11,659,388元；(6)追缴杨某等234名集资参与人违法所得16,203,926元，返还其他集资参与人。

判例解析：非法吸收公众存款罪与集资诈骗罪的核心区别是行为犯是否存在非法占有目的。两者相比，非法吸收公众存款罪是轻罪，最高刑期10年；集资诈骗罪为重罪，最高刑期可达无期徒刑。从辩护的角度，如果无罪确难成立，在案件定性方面做出努力，将定性从集资诈骗罪变更为非法吸收公众存款罪，是一种重要的辩护策略和辩护路径。

就本案来说，检察院指控红中公司、胡某某等存在非法占有目的，构成集资诈骗罪。在集资款的获取方面，证据比较充分，因此案件定性的关键在于集资款的使用。在案证据显示，红中公司一直举债经营，对集资款在内的资金用途包括扩大经营规模、购买土地、支付购车款、工程款、员工工资，以及向集资人偿付本息。可以认定将集资款基本用于了公司生产经营当中。此外,“借新还旧”是非法集资中常见的现象,不能以此认为没有用于经营活动。公诉机关也未举证证明被告人存在携款逃匿、肆意挥霍、逃避返还等情节,因此认定红中公司、胡某某等存在非法占有目的的证据不足,不能构成非法集资罪。

本案中,被告人之一的宋某某被宣告无罪。检察院指控宋某某有罪的主要理由是其参与做假账(内外账)。一方面,宋某某作为公司会计,是根据安排进行做账;另一方面,也更重要的是,非法吸收公众存款罪是法定犯,其违法性和可责难性主要在于集资活动未经有权机关批准,而做假账与非法集资行为没有直接关联,也非本罪不法性的评价范围。故此,法院对宋某某宣告无罪。

另需说明的是,根据《最高人民法院、最高人民检察院、公安部关于办理非法集资刑事案件适用法律若干问题的意见》第5条,向社会公众非法吸收的资金属于违法所得。以吸收的资金向集资参与人支付的利息、分红等回报,以及向帮助吸收资金人员支付的代理费、好处费、返点费、佣金、提成等费用,应当依法追缴。集资参与人本金尚未归还的,所支付的回报可予折抵本金。被告单位红中公司向社会公众非法吸收的资金、向集资参与人支付的利息应予追缴,集资参与人本金尚未归还的,所支付的回报可予折抵本金。对其他未获得任何回报的集资参与者,则应当以追缴回的资金归还本金。

四、杜某某集资诈骗案①

公安机关认定:2014年9月14日至12月11日期间,同案人武某某(在逃)伙同犯罪嫌疑人杜某某等4人非法集资,在常德市武陵区设立湖南某担保公司,尔后虚拟河南某材料公司,河南某投资公司等借款单位,以高额利息为诱饵,采取签订借款合同,担保合同等手段,向被害人周某某等19人集资诈骗现金共计人民币277万元,并将集资诈骗款全部转走,案发后犯罪嫌疑人积极退赃209万元。

检察院认为:经审查并退回补充侦查,仍然认为常德市公安局武陵分局认定的犯罪事实不清、证据不足。湖南某担保公司所融资金的去向没有查实,无法证实犯罪嫌疑人杜某某有非法占有的目的,同时犯罪嫌疑人杜某某只是配合武某

① 常德市武陵区人民检察院常武检公诉刑不诉[2018]24号。

某到工商部门办理营业执照，对公司的运营情况并不清楚，也没有其他证据能够证实杜某某明知公司未经过中国人民银行批准而非法吸收公众存款，不符合起诉条件。

裁判结果：对杜某某不起诉。

判例解析：在非法集资类案件中，查明资金去向必不可少，因为这是认定行为人是否具有非法占有目的的重要依据。除非行为人拒不交代，逃避返还。

五、张某某集资诈骗案[①]

基本案情：北京某投资公司于2008年9月12日成立，刘某某为该公司实际负责人，张某某系该公司职员及刘某某儿媳。2011年至2015年9月，张某某及其丈夫杨某某、刘某某（另行处理）等人以公司经营借款为名，承诺高额返息，向李某某等20人借款共计人民币5000万余元。2015年9月，张某某与刘某某、杨某某等人分别逃匿出境，不再返还本息，造成上述出借人大部分本金未被归还，2017年5月6日张某某被群众扭送归案。

检察院认为：根据现有证据能够证明张某某参与了部分涉案借款，但关于北京某投资公司的具体经营方式、张某某在公司所处的地位及作用，仅有张某某本人的供述，缺乏其他证据予以佐证，所借钱款的用途、去向等亦无法查清。因此，根据在案证据认定张某某构成集资诈骗罪、非法吸收公众存款罪的证据不足，不符合提起公诉的证据标准。

裁判结果：维持北京市丰台区人民检察院京丰检刑不诉[2018]59号不起诉决定，对张某某不起诉。

① 参见北京市人民检察院第二分院京二分检刑申复决[2018]33号。

第十五章　贷款诈骗罪无罪判例解析

法律条文

《刑法》

第一百九十三条　【贷款诈骗罪】有下列情形之一，以非法占有为目的，诈骗银行或者其他金融机构的贷款，数额较大的，处五年以下有期徒刑或者拘役，并处二万元以上二十万元以下罚金；数额巨大或者有其他严重情节的，处五年以上十年以下有期徒刑，并处五万元以上五十万元以下罚金；数额特别巨大或者有其他特别严重情节的，处十年以上有期徒刑或者无期徒刑，并处五万元以上五十万元以下罚金或者没收财产：

（一）编造引进资金、项目等虚假理由的；

（二）使用虚假的经济合同的；

（三）使用虚假的证明文件的；

（四）使用虚假的产权证明作担保或者超出抵押物价值重复担保的；

（五）以其他方法诈骗贷款的。

《最高人民检察院、公安部关于公安机关管辖的刑事案件立案追诉标准的规定（二）》

第四十五条　〔贷款诈骗案（刑法第一百九十三条）〕以非法占有为目的，诈骗银行或者其他金融机构的贷款，数额在五万元以上的，应予立案追诉。

罪名详解

贷款诈骗罪，是指以非法占有为目的，使用虚构事实、隐瞒真相的方法，骗取银行或者其他金融机构贷款，数额较大的行为。

贷款诈骗罪所保护的法益是银行或者其他金融机构对贷款的所有权，以及国家的金融管理制度。

本罪的构成要件内容为采用虚构事实、隐瞒真相的方法骗取银行或者其他金融机构的贷款，数额较大的行为。所谓虚构事实，是指编造客观上不存在的事实，以骗取银行或者其他金融机构的信任；所谓隐瞒真相，是指有意掩盖客观存在的某些事实，使银行或者其他金融机构产生错觉。根据《刑法》的规定，行为人诈骗贷款所使用的方法主要有以下几种形式：

1. 编造引进资金、项目等虚假理由。例如编造效益好的投资项目，以骗取银行等金融机构的贷款。

2. 使用虚假的经济合同。例如，伪造或使用虚假的出口合同或者其他短期内投产比效益很好的经济合同，诈骗银行或其他金融机构的贷款；

3. 使用虚假的证明文件。所谓证明文件是指担保函、存款证明等向银行或其他金融机构申请贷款时所需要的文件。如使用虚假的存款证明，并以此向另一银行贷款。

4. 使用虚假的产权证明作担保或超出抵押物价值重复担保。这里的产权证明，是指能够证明行为人对房屋等不动产或者汽车、货币、可随时兑付的票据等动产具有所有权的一切文件。例如以伪造的房产证明为抵押骗取银行贷款。

5. 以其他方法诈骗银行或其他金融机构贷款。这里的“其他方法”，例如伪造单位公章、印鉴骗贷，以假货币为抵押骗贷等，该部分为本罪的兜底条款。

本罪的责任形式为故意，且必须以非法占有为目的，至于行为人非法占有贷款的动机是为了挥霍享受，还是为了转移隐匿，都不影响本罪的构成。反之，如果行为人不具有非法占有的目的，虽然其在申请贷款时使用了欺骗手段，也不能按本罪处理。

理论难点

一、如何认定本罪中的“以非法占有为目的”

“以非法占有为目的”是贷款诈骗罪的构成要件之一，也是所有其他金融诈骗罪的构成要件之一，同时，这还是贷款诈骗罪与骗取贷款、票据承兑、金融票证罪的区别所在。非法占有作为行为人的主观心理活动，除了行为人自己交代之外,如何加以证明?这是极为重要的刑法理论与实务问题。

根据“主观见之于客观”的理论,任何主观的心理活动均不能脱离客观行为而单独存在,金融诈骗中的非法占有目的亦是如此。根据最高人民法院于2000年9月20日至22日在湖南省长沙市召开的全国法院审理金融犯罪案件工作座谈会形成的《全国法院审理金融犯罪案件工作座谈会纪要》,在司法实践中,对于行为人通过诈骗的方法非法获取资金,造成数额较大资金不能归还,并具有下列情形之一的,可以认定为具有非法占有的目的:(1)明知没有归还能力而大量骗取资金的;(2)非法获取资金后逃跑的;(3)肆意挥霍骗取资金的;(4)使用骗取的资金进行违法犯罪活动的;(5)抽逃、转移资金、隐匿财产,以逃避返还资金的;(6)隐匿、销毁账目,或者搞假破产、假倒闭,以逃避返还资金的;(7)其他非法占有资金、拒不返还的行为。根据该会议纪要精神,行为人实施金融诈骗后资金无法返还,是一种客观结果。而获取资金后逃跑、肆意挥霍、用于违法犯罪活动、抽逃或转移资金、隐匿或销毁账目、假破产、假倒闭,等等,均是获取资金后的客观行为。存在资金无法返还的结果加上逃跑、挥霍等客观行为,便可推定行为人在获取资金时具有非法占有的目的。这种司法推定模式可以概括为“资金无法返还的结果+逃跑、挥霍等客观行为=非法占有目的”。

不过,是否但凡存在资金无法返还的结果加逃跑、挥霍等客观行为便可推定存在非法占有目的呢?这一推定模式是否应受到一定限制?实际上,上述会议纪要本身便提出了限制性要求,即:“在处理具体案件的时候,对于有证据证明行为人不具有非法占有目的的,不能单纯以财产不能归还就按金融诈骗罪处罚。”就贷款诈骗罪,会议纪要强调:“要严格区分贷款诈骗与贷款纠纷的界限。对于合法取得贷款后,没有按规定的用途使用贷款,到期没有归还贷款的,不能以贷款诈骗罪定罪处罚;对于确有证据证明行为人不具有非法占有的目的,因不具备贷款的条件而采取了欺骗手段获取贷款,案发时有能力履行还贷义务,或者案发时不能归还贷款是因为意志以外的原因,如因经营不善、被骗、市场风险等,不应以贷款诈骗罪定罪处罚。”

刘宪权教授认为,只有在根据客观行为推出的主观心理状态是唯一的情况下,运用司法推定才是可行的,也即根据司法推定得出的结论必须是唯一的。在司法实践中,认定是否具有非法占有目的,应当坚持主客观相一致的原则,既要避免单纯根据结果客观归罪,也不能仅凭被告人的供述进行判断,而应当根据案件具体情况作出分析。尤其要注意行为人提出的反证，应当充分允许涉嫌金融诈骗的行为人就其不具有非法占有目的进行反驳，对于有证据证明行为人不具有非法占有目的的，不能单纯以资金不能归还为由按金融诈骗罪处罚。①

二、单位进行贷款诈骗应如何处理

根据《刑法》第 193 条，本罪只有自然人能够构成，单位不能够成为本罪的犯罪主体。然而，银行等金融机构贷款的主要对象是单位，自然人个人借贷的情况并不多。显然，实施贷款诈骗的主体主要是单位。但在现行刑法框架下，单位却不能成为贷款诈骗的犯罪主体。

不过，在罪刑法定原则要求下，对于单位实施的贷款诈骗行为应如何处理？理论上有三种观点：第一种观点认为，对于单位不能以贷款诈骗罪定罪处罚，但对于单位直接负责的主管人员或者其他直接责任人员可以按照贷款诈骗罪追究刑事责任。这种观点简言之即单位不构成贷款诈骗罪，但直接责任人构成贷款诈骗罪。第二种观点认为，对单位不能以贷款诈骗罪论处，对其直接负责的主管人员和其他直接责任人员也不能追究刑事责任。第三种观点认为，对于单位和直接负责的主管人员以及其他直接责任人员都不能以贷款诈骗罪追究刑事责任，但如果构成其他犯罪的，可以按其他犯罪论处。

《全国法院审理金融犯罪案件工作座谈会纪要》采纳了第三种观点，其中规定："根据《刑法》第三十条和第一百九十三条的规定，单位不构成贷款诈骗罪。对于单位实施的贷款诈骗行为，不能以贷款诈骗罪定罪处罚，也不能以贷款诈骗罪追究直接负责的主管人员和其他直接责任人员的刑事责任。但是，在司法实践中，对于单位十分明显地以非法占有为目的，利用签订、履行借款合同诈骗银行或其他金融机构贷款，符合《刑法》第二百二十四条规定的合同诈骗罪构成要件的，应当以合同诈骗罪定罪处罚。"

三、取得贷款后产生非法占有目的是否构成本罪

实践中，行为人对于贷款的主观态度较为复杂，如果行为人在获取贷款时并无非法占有目的，但在取得贷款之后，因各种各样的原因产生了非法占有目的并

① 参见刘宪权：《金融犯罪刑法学原理》，上海人民出版社 2017 年版，第 449 ~ 451 页。

实施了非法占有行为，对此应如何认定？理论上存在较大争议。

一种观点认为，取得贷款后才产生非法占有的目的，属于刑法理论所称的“事后故意”，对此不能以贷款诈骗罪论述，理由是构成贷款诈骗罪必须既采用了《刑法》规定的诈骗方法，又具有非法占有的目的，二者必须同时具备，缺一不可。如果非法占有目的产生在取得贷款之后，则不符合本罪的犯罪构成。另一种观点认为，事后故意虽然产生在取得贷款之后，但行为人仍然具备非法占有金融机构贷款的主观目的，行为人的客观行为方式符合《刑法》第193条第5项规定的“以其他方法诈骗贷款”的情形。因此事后故意符合贷款诈骗罪的主客观要件。

刘宪权教授认为，无论行为人的非法占有目的产生在取得贷款之前还是贷款之后，只要行为具有非法占有的目的，均可构成贷款诈骗罪。[①]

无罪判例

一、朱某某贷款诈骗案[②]

基本案情：2012年11月，刘某、陈某某与朱某某及朱某甲（朱某某的儿子，已亡）签订合同，约定：刘某、陈某某将肇庆天鼎公司100%股权转让给朱某某、朱某甲，转让费3900万元。2012年12月，肇庆天鼎公司更名为肇庆长业公司，股东为朱某某和温某。后因转让费一直未付清，2013年3月，肇庆长业公司的股东改为朱某某和刘某，各占50%股份。

2013年3月14日，朱某某隐瞒刘某，以肇庆长业公司的名义与建设银行鹤山支行签订最高额抵押合同（最高抵押限额为4670.4万元），约定以肇庆长业公司的土地使用权作抵押，为鹤山长业公司（法定代表人朱某健是朱某某的儿子）、会城华盈向鹤山建行贷款2500万元。其间，朱某某使用私刻的公司公章在文件中盖章，仿冒刘某的签名和手印，提交了伪造的公司章程、公司股东会决议等相关资料向肇庆市国土局进行了抵押登记。2013年3月25日，鹤山建行向鹤山长业发放贷款1500万元，约定贷款期限为2年；2013年4月3日，鹤山建行向会城华盈发放贷款1000万元，约定贷款期限为1年。

---

① 参见刘宪权：《金融犯罪刑法学原理》，上海人民出版社2017年版，第464页。

② 参见广东省肇庆市中级人民法院刑事判决书，(2016)粤12刑终186号。

2014年3月，鹤山建行向鹤山市人民法院起诉，要求法院判令鹤山长业公司、会城华盈全额返还贷款并支付利息，并要求对肇庆长业公司的土地使用权享有优先受偿权。鹤山市人民法院于2014年3月5日查封了上述涉案土地。

另查明，至案发前，鹤山长业公司每月向银行支付利息7万元左右，并偿还本金170万余元；会城华盈每月向银行支付利息5万元左右，并偿还本金500万元。

朱某某因涉嫌犯贷款诈骗罪，于2014年7月9日被刑事拘留，同年8月14日被逮捕。2015年5月4日，肇庆市端州区人民法院作出(2015)肇端法刑初字第193号刑事判决，认定被告人朱某某犯贷款诈骗罪，判处有期徒刑12年，并处罚金40万元。朱某某不服，提起上诉，肇庆市中级人民法院作出(2015)肇中法刑一终字第72号刑事裁定，裁定撤销原判，发回重审。肇庆市端州区人民法院重新审理后，作出(2015)肇端法刑重字第1号刑事判决，判决朱某某犯骗取贷款罪，判处有期徒刑5年6个月，并处罚金4万元。朱某某不服，再次提起上诉。

肇庆市中级人民法院认为：经查，第一，朱某某在设置土地使用权抵押时，向肇庆市国土资源局提交了伪造的股东会协议书及公司章程上刘某的签名，并向银行提供了没有真实交易的供货合同等材料，在向银行贷款的过程中，使用了欺骗手段，使银行相信其抵押登记材料的真实性，取得了银行发放的贷款。因此，足以认定朱某某在向银行贷款的过程中提供了虚假的贷款资料骗取银行贷款2500万元的事实。第二，虽然朱某某向鹤山建行贷款的过程中提供了虚假的贷款资料，但最高额抵押合同等证据证实，朱某某以肇庆长业公司的土地使用权设置了抵押，且上述土地的评估价高于其向银行的贷款数额。因此，朱某某提供了真实、足额的抵押，未利用贷款进行任何非法活动，认定其行为给银行造成实际损失或给金融管理秩序造成实际危害的证据不足，不属于刑法第175条之一规定的“有其他严重情节”①，朱某某的行为不符合骗取贷款罪的构成要件。综上，朱某某及辩护人认为朱某某在贷款过程中未欺骗银行的意见理据不足，不予采

---

① 《刑法修正案(十一)》删去了这一表述。《刑法》第一百七十五条之一〔骗取贷款、票据承兑、金融票证罪〕以欺骗手段取得银行或者其他金融机构贷款、票据承兑、信用证、保函等，给银行或者其他金融机构造成重大损失的，处三年以下有期徒刑或者拘役，并处或者单处罚金；给银行或者其他金融机构造成特别重大损失或者有其他特别严重情节的，处三年以上七年以下有期徒刑，并处罚金。

单位犯前款罪的，对单位判处罚金，并对其直接负责的主管人员和其他直接责任人员，依照前款的规定处罚。

纳,但认为朱某某不构成骗取贷款罪的意见理据充分,予以采纳。

本院认为,朱某某虽然以欺骗手段获取银行贷款,但其向银行提供了真实、足额的抵押,认定其行为给银行造成重大损失及具有其他严重情节的证据不足。原判认定朱某某犯骗取贷款罪的定性不当。朱某某及其辩护人所提不应以骗取贷款罪追究朱某某刑事责任的理由及辩护意见经查理据充分,予以采纳。肇庆市人民检察院建议维持原判的意见不予以支持。

裁判结果:(1)撤销肇庆市端州区人民法院(2015)肇端法刑重字第1号刑事判决。(2)朱某某无罪。

判例解析:本案的经历一波三折,法院一开始最初以贷款诈骗罪判处有期徒刑12年,发回重审后改变定性,以骗取贷款罪判处有期徒刑5年6个月,朱某某再度上诉之后,终获无罪宣告。当事人朱某某自2014年7月9日被羁押,至2016年11月21日无罪释放,共被限制人身自由866天,代价不可谓不惨重。

就案件本身来看,由于未能检索到最初的一审判决,无法全面明了当时以贷款诈骗罪判处有期徒刑12年的理由。在发回重审后作出的判决中,法院的判决理由是"朱某某为取得贷款,使用私刻公章、仿冒股东签名和捺印等手段办理土地抵押借款手续,骗取银行贷款2500万元,其行为已构成骗取贷款罪"。因此,本案的焦点之一是:以私刻公章、仿冒股东签名办理抵押贷款手续,是否属于骗取贷款罪或贷款诈骗罪下的诈骗行为?

骗取贷款罪与贷款诈骗罪均属于诈骗罪范畴,需要符合一方实施了虚构事实、隐瞒真相的行为,另一方因欺骗行为产生错误认识并作出错误处置的行为逻辑。"以私刻公章、仿冒股东签名和捺印等手段办理土地抵押借款手续"是否属于诈骗行为,可从两方面予以分析:第一,《刑法》第193条第4项规定的行为方式是"使用虚假的产权证明作担保或者超出抵押物价值重复担保的",无论是虚假担保还是重复担保,其共同实质均是:无效担保,无法对贷款起到担保功能。而仿冒股东签名办理担保手续并不属于《刑法》规定的诈骗行为范畴。第二,对于银行而言,真正应关注的是以私刻公章、仿冒股东签名办理土地抵押手续是否有效?这需要结合民商法进行分析。根据《公司法》,公司股东拥有知情权、表决权,以私刻印章、仿冒股东签名的方式用公司财产为他人贷款作抵押,无疑损害了该股东的权利。但这属于股东内部之间的法律关系,而银行属于外部的第三人。根据原《物权法》第106条,银行在不知道印章系私刻、签名系伪造的情况下，属于善意第三人，在已经完成抵押登记的情况下，抵押权已经有效成立。

此外，被仿冒签名的股东不得以并非其本人签名对抗作为善意第三人的银行。对于被仿冒签名的股东会决议等文件的效力，还可参照《全国法院民商事审判工作会议纪要》第 18 条进行认定："公司为公司股东或者实际控制人以外的人提供非关联担保，根据《公司法》第 16 条的规定，此时由公司章程规定是由董事会决议还是股东（大）会决议。无论章程是否对决议机关作出规定，也无论章程规定决议机关为董事会还是股东（大）会，根据《民法总则》第 61 条（《民法典》第 61 条）第 3 款关于'法人章程或者法人权力机构对法定代表人代表权的限制，不得对抗善意相对人'的规定，只要债权人能够证明其在订立担保合同时对董事会决议或者股东（大）会决议进行了审查，同意决议的人数及签字人员符合公司章程的规定，就应当认定其构成善意，但公司能够证明债权人明知公司章程对决议机关有明确规定的除外。债权人对公司机关决议内容的审查一般限于形式审查，只要求尽到必要的注意义务即可，标准不宜太过严苛。公司以机关决议系法定代表人伪造或者变造、决议程序违法、签章（名）不实、担保金额超过法定限额等事由抗辩债权人非善意的，人民法院一般不予支持。但是，公司有证据证明债权人明知决议系伪造或者变造的除外。"据此，对于银行而言，只要对股东会决议等进行了基本的形式审查，尽到了必要的注意义务即可。至于公章是否伪造、签名是否仿冒，并非形式审查的范围。可见，就本案而言，其中的土地抵押担保合法有效，银行在"有效担保"这一层面并未被骗，更未因此遭受损失，真正受到欺骗的是另一股东刘某。肇庆市中级人民法院的二审判决也认可了这一点，并以提供了真实、足额的抵押作为判决无罪的重要理由。但我认为，根据前述分析，这一"私刻公章、仿冒签名办理土地抵押担保"的行为并不属于骗取贷款罪、贷款诈骗罪项下的诈骗行为，肇庆市中级人民法院对这一点的认定仍然有值得商榷之处。

骗取贷款罪与贷款诈骗罪的区别是是否存在"以非法占有为目的"。本案中，法院最初以朱某某构成贷款诈骗罪判处其有期徒刑 12 年，显然是认定其存在非法占有目的。发回重审后则以改判构成骗取贷款罪，则是认定朱某某不存在非法占有目的。就事实上看，案发前，鹤山长业公司每月向银行支付利息 7 万元左右，并偿还本金 170 万余元；会城华盈供应部每月向银行支付利息 5 万元左右，并偿还本金 500 万元。两笔贷款均正常按月付息，并偿还了部分本金（会城华盈偿还了一半本金），这些客观表现均反映出行为人没有非法占有的目的。

二、段某某贷款诈骗案[①]

基本案情：1998年4月，太原市妇儿商厦经上级主管单位批准，进行公司制改造工作，办理了产权置换转让、国有资产注销手续，股东出资，股东大会选举董事会成员、董事长，聘请段某某为总经理，办理移交手续，同年9月段某某购买尹某某90%的股份，自然成为该公司董事长，并接收移交的公司公章。之后，段某某提供验资报告、经营场所房屋租赁协议及采用欺骗手段取得的段某甲身份证复印件等手续，在工商局登记注册，领取了太原市妇儿商厦有限公司营业执照。同年9月28日、11月4日段某某以太原市妇儿商厦有限公司的名义申请，以改制企业的名义将商厦1、2层房产做抵押，从山西省农业银行营业部贷款共500万元。在贷款之后，段某某于1998年9月30日三次提取现金138万元、130万元和30万元，其中138万元用于归还段某某担任负责人的恒隆珠宝行欠省农行营业部的贷款，130万元用于改制企业与家家公司合作创立妇儿商厦电视直销商场。段某某于1998年11月4日办理金额分别为60万元、60万元和80万元的三张银行汇票，其中两张60万元的银行汇票转入河北省香河县河北爱宝首饰股份有限公司用于购买693,368.70元的黄金饰品进入改制企业财务账，余款被提出现金。

1999年12月28日，太原市工商局以注册登记时提交虚假证明为由，撤销太原市妇儿商厦有限公司的登记，吊销营业执照。改制企业自创立后，内部矛盾不断产生并激化，最终于2000年4月30日完全停止其经营活动。

自1998年9月28日开始贷款之后，至2000年4月30日停业止，段某某另投入改制企业资金89.47万元，出资未入账94.2万元。另两次出资支付500万元贷款银行利息共计167,282.50元，两次出资从西安金属工艺厂购买黄金饰品共计620,850.9元，进入改制企业财务账。

太原市中级人民法院认为：段某某利用企业改制之机，采用欺骗手段虚假注册公司，并利用改制企业的房产作抵押，以其虚假注册公司的名义向银行贷款，客观上具有采用虚构事实或者隐瞒真相的方法，骗取金融机构贷款的情节，另被

---

① 参见山西省高级人民法院刑事判决书，(2001)晋刑二终字第116号。

告人段某某假借他人的名义，虚假注册了只有二名股东的妇儿商厦有限公司，该公司实际为段某某个人所有，故其以该公司的名义向银行所贷款项实际为其个人所有，主观上具备了以非法占有为目的的构成要件，故被告人段某某的行为构成贷款诈骗罪。判决认定被告人段某某犯贷款诈骗罪，判处无期徒刑，剥夺政治权利终身，并处罚金10万元，贷款诈骗所得赃款予以追缴。

山西省高级人民法院认为：经查，段某某在1998年9月28日、11月4日分别贷款300万元和200万元提现后，又直接投入改制企业894,723.80元，出资1,314,219.60元为改制企业购买黄金饰品，出资130万元用于改制企业与山西家家电视购物有限公司合作创办电视直销商场，出资167,282.50元归还500万元贷款利息，出资942,007.90元（未入账）为改制企业购买低值易耗品等，以上共计4,618,233.80元。此外，段某某还为改制企业垫资进行经营场所的装修改造。故其上诉所提理由的基本事实属实。

本院认为，段某某在太原市妇儿商厦经过企业改制程序，由国营性质进行股份制改制时，通过90%的股权购买受让成为该企业的负责人后，申办企业营业执照时虽提供的相关手续中有证件复印件系采用不正当手段取得等情况，但所提供的企业名称、验资报告中股东股金数额（注册资本）、经营场所住址、企业类型均确实无误。在向银行贷款时虽存在提供手续不规范之处，但难以认定其有隐瞒真相和虚构事实之行为。且在贷款之后，其虽将其中的部分款项暂用于偿还其他企业的贷款，但其确将自己的部分款项连同贷款之大部分款项用于了与改制企业相关的业务当中，贷款数额与之后投入改制企业的资金总数额基本相当。之所以未能归还贷款，系因经营不善及改制企业内部矛盾激化所致，难以认定段某某本人主观上具有非法占有贷款的目的，亦无证据证实其有非法占有贷款的行为。原判回避贷款的去向和实际用途，无视上诉人将自己其他款项投入改制企业之事实，而认定段某某在工商机关注册的妇儿商厦有限公司为个人公司、以该公司的名义向银行所贷款项为个人所有、其行为构成贷款诈骗罪缺乏事实证据与法律根据，适用法律不当，判处错误，应予纠正。

裁判结果：(1)撤销山西省太原市中级人民法院(2001)并刑初字第17号刑事判决；(2)段某某无罪。

判例解析：本案中，太原市中级人民法院的判决逻辑是：段某某假冒他人名义注册成立公司，以该公司名义申请贷款，属于虚构事实、隐瞒真相骗取金融机构贷款;公司名义上有两名股东,但实际上为段某某个人所有,故以公司名义的贷款实际上为段某某个人所有,段某某主观上具备非法占有目的。因此,段某某构成贷款诈骗罪。应当指出,太原市中级人民法院两方面的裁判无法成立理由如下:

其一,段某某骗取段某甲的身份证复印件,在公司章程上伪造段某甲签字,无论是将段某甲假冒登记为法定代表人还是公司股东,均属于公司组织架构或者股权结构层面的事项,不影响公司本身作为独立的法人实体的民事主体资格。换言之,公司的工商登记资料中有假冒他人名义的情况,只是贷款资料中的瑕疵,对于银行而言,关键在于公司名下资产是否属实,担保是否充足、有效,而在这些方面均不存在虚假,因此不能仅以假冒他人注册登记便认定系对银行的诈骗。

其二,在对于是否具有非法占有目的的认定上,太原市中级人民法院的认定逻辑完全是割裂的、跳跃式的。公司是独立的法人实体,区别于股东及股东财产,即便是一人公司,也不能当然推出公司的贷款实际上为股东个人所有,更不能以此便认定股东具有非法占有目的。太原市中级人民法院忽视了对贷款用途的审查,忽视了大部分贷款均用于公司支出的事实,尤其未注意到段某某还额外将自己个人的资金投入公司这一事实,得出了错误的结论。本案中的贷款虽未能归还,但系因经营不善及改制企业内部矛盾激化所致,并非段某某个人主观原因。太原市中级人民法院对此同样忽视,判决具有很浓的客观归罪色彩。

三、苏某某贷款诈骗再审案[①]

基本案情:苏某某原系彩瓷公司、陶瓷公司及房地产公司的法定代表人。三家公司至1995年实际已停产,后主要与城市信用社发生借贷关系,所取得巨额资金主要用于苏某某开办的其他公司开发房地产等项目。

自1993年5月至1998年12月止,苏某某分别以上述三家公司名义与信用社发生借贷关系,贷款发生额6354笔,累计人民币45.3392亿元,其中空转数5092笔,累计人民币34.199亿元。至1999年10月30日,经对账确认,实际贷款732笔、尚欠贷款余额3.661亿元(包含贷款应付的账内利息、账外利息、中介

① 参见广东省潮州市中级人民法院刑事判决书,(2008)潮中法刑再字第1号。

费及贷款本金)。在实际借款中,苏某某三家公司的贷款总额分别是:彩瓷公司3.041亿元、陶瓷公司5850万元、房地产公司350万元,合计3.661亿元。上述借款从1996年之后的贷款情况是:苏某某三家公司在1996年度借款103笔1.288亿元,还款57笔8050万元,净增额4830万元;1997年度借款423笔2.773亿元,还款229笔1.67亿元,净增额1.103亿元;1998年度借款525笔2.625亿元,还款173笔1.735亿元,净增额8900万元。至案发苏某某共欠借款人民币2.476亿元,除付还信用社账外利息4453万余元及综合费(中介费)1亿余元,付还借款本金50万元及账内利息3667万余元,尚欠借款6195万余元。上述尚欠借款额未抵减苏某某将弘森公司及弘森大厦折价用于抵偿信用社贷款的数额。

上述借款均按常规要求签订借款合同,并在合同约定抵押担保、保证担保条款等,审批手续齐全,苏某某向信用社借取巨额款项实际是用于搞房地产建设,对此信用社是清楚的。由于放贷数额大,信用社无权办理大额中长期贷款,所以,在签订借款合同上采用大额借款化为多笔小额借款的方式,甚至出现同一天签订十多笔共上千万元借款合同情况,并相应约定以购原材料或流动资金作为借款用途,没有按实际用于房地产建设的用途填写。借款期限也都是以短期形式,一般以2至3个月为期限,担保形式是以苏某某三家公司在信用社采用此贷彼保及提供部分抵押物担保(没有办理抵押登记手续)的形式办理贷款手续。由于三家公司工商登记均是以苏某某为法定代表人,三家公司在借款合同上出现借款人和担保单位法定代表人同样是苏某某一人的情况,信用社就要求苏某某三家公司在办理贷款手续时,将作为担保单位的法定代表人更换为他人。所以,自1994年7月起一直用会计陈某僚的私章印鉴盖在合同担保单位的法定代表人栏上去办理贷款手续。

苏某某在借款中提供的抵押物有:(1)位于潮安县的土地使用权。(2)位于潮州市西荣路的房屋。(3)位于潮安县古巷镇枫的房产3套。(4)潮安县城市信用合作社认股书。上述抵押物均于1996年以前提供信用社确认并作价566万元作抵押,但均没有办理抵押登记。

苏某某三家公司所取得的借款,有部分汇往广州、南京、上海、北京、深圳等地的公司及个人,共计5055万余元,余下资金由信用社提供现金方式给付苏某某。苏某某将上述资金用于在上海市投资开发弘森大厦,在深圳市等地购买土地,在广州市购置白云堡豪苑、春暖花园等住宅,也有少部分用于付还私人债务、借给他人及购买高档物品等。

1998年10月24日以后，因潮州市出现金融风波，信用社停止贷款给苏某某三家公司，并加大催讨力度，苏某某变卖土地、房产、汽车等财产归还部分款项，主要是偿还利息和中介费。信用社由于一时难以收回苏某某三家公司的巨额借款，加上出现挤兑现象，便在1999年2月28日向潮州市公安局报案，指证苏某某贷款诈骗。报案之后，双方又就偿还贷款进行协商，由于苏某某无法及时归还贷款，信用社便要求苏某某以其在上海建造的弘森大厦来抵押归还该社贷款。同年7月15日，苏某某以国科公司（弘森公司的股东）名义与信用社指定的威龙公司、巨腾公司签订股权转让协议书，约定国科公司同意将弘森公司600万元股权以账面原价金额转让给巨腾公司45%即270万元，转给威龙公司55%即330万元。约定弘森公司发生的一切债权债务由两受让方承担，并办理有关工商变更手续和有关弘森大厦的经营交接手续。以此来偿还苏某某三家公司对信用社的贷款债务，这有信用社的委托授权声明中明确确认的双方达成的有关债务清偿的协议为证，但信用社未在有关贷款债务清偿协议书上签名，主要原因是苏某某与信用社在具体抵债协议条款还未最后达成一致意见。

上述用于抵偿贷款债务的弘森大厦位于上海，双幢各为22层、23层，均已封顶，建筑面积约3.5万平方米。弘森大厦的房产经苏某某委托评估，价值为人民币3.23亿元；信用社接手后，委托上海万隆审计事务所对弘森公司截至1999年8月4日的注册资本、投入资本变更情况的真实性和合法性进行审计，确认弘森大厦资产总值为2.36亿元。由于双方在弘森大厦项目原有债务问题上发生争议，双方未就具体抵偿贷款数额达成协议，但弘森大厦实际被信用社接管抵债。抵债后，由于弘森公司原欠上海当地银行贷款等原因被提起诉讼并被当地法院查封在建的弘森大厦房产，至2000年下半年，因弘森公司没有偿还到期生效判决债务，当地法院将弘森大厦评估拍卖，评估价为6181万元，实际拍卖得款为6500万元，主要用于偿还到期生效判决债务。

1999年12月30日，苏某某因涉嫌贷款诈骗罪被潮州市公安局刑事拘留，2000年2月2日被逮捕。2001年6月22日，潮安县人民法院判决苏某某犯贷款诈骗罪，判处有期徒刑15年，剥夺政治权利5年；苏某某不服，提起上诉，潮州市中级人民法院2001年6月22日裁定驳回上诉，维持原判；苏某某不服，继续申诉，潮州市中级人民法院于2003年9月30日作出（2003）潮法审监刑字第1

号驳回申诉通知书。苏某某经5次减刑，于2007年11月30日刑满释放。获释后，苏某某继续申诉。广东省高级人民法院于2008年7月30日作出再审决定书，指令潮州市中级人民法院对该案进行再审。

潮州市中级人民法院再审认为：苏某某经营的三家公司与信用社之间发生借贷行为，虽然存在借款手续违规的事实，如大额中长期借款采取化大为小，化长期为短期，即以多笔小额短期贷出，并相应地不如实填写借款用途，借款担保采用此借彼保，小额抵押物反复抵押等情况，但双方的上述行为仍应视为借贷关系成立。苏某某三家公司是经工商部门核准登记开业的企业，其中彩瓷公司登记为中外合作企业，合作外方的法定代表人郭某顺在公安部门调查时否认实际合作和否认工商登记中的签名不是其所签，但其承认双方就合作公司进行过协商、口头达成合作协议，并向苏某某提供过用于工商登记的有关材料，最后由于某种原因双方没有合作，其也没有要求撤回其所提供的用于工商登记的有关材料。三家公司后期虽没有正常经营，但均有年审，均没有被工商部门吊销或撤销登记，在法律意义上还是合法存在的企业。三家公司是依法登记的私营企业，不能随意否认其企业法人资格，其作为借款主体是合法的，故苏某某在本案中的贷款活动，应视为公司实施的借款行为，而不是苏某某个人发生的借贷行为。

对于三家公司在贷款过程以此贷彼保、超抵押物价值、改变贷款用途、更换担保单位的法定代表人的方式，长期向信用社办理借款用于关联企业开发房地产的情况，信用社是清楚的，并在1998年还专门成立了贷款审查小组研究讨论是否同意放贷，由于房地产开发的较长期限及信用社放贷权限的限制，双方办理大量借贷手续主要是为了借新还旧，弥补借款期限短的缺陷；三家公司取得贷款后，苏某某将资金大部分用于开发房地产，也有用于付还私人债务、借给他人及购买高档物品，其基本交代了贷款资金的流向，且在贷款过程中，信用社也从中获得了巨额中介费和账外利息；金融风暴后，苏某某也有变卖土地、房产、汽车等财物归还部分贷款，主要是偿还利息和中介费。故综合本案的事实和证据，三家公司并没有隐瞒借款用途的事实，苏某某三家公司从信用社借出巨额资金，也不是信用社因受蒙骗而信以为真作出贷款的错误意思表示，且三家公司采用此借彼保、更换担保单位的法定代表人及以部分抵押物反复作担保的形式办理借贷手续，是在信用社的要求和审查下进行的，并没有采用虚假欺骗行为，且从三家公司的还款笔数看，其没有借款后占为已有不予归还，而是一直陆续归还。本案没有充分的证据证明三家公司或者苏某某主观方面存在以非法占有为目的,并采取诈骗手段骗取信用社贷款的事实。

20 世纪 90 年代末期,由于受金融风波的影响,信用社停止继续办理借新还旧业务,苏某某开办的相关企业及开发的弘森大厦房地产又处在半成品状态,无法及时回笼资金归还借款,从而导致双方纠纷的发生。在双方发生纠纷后,苏某某也在积极筹款归还借款,并以尚在建设的弘森大厦房地产评估抵债,信用社也根据双方订立的转让协议,接管弘森公司,承接了弘森大厦建设项目,并在《股权转让协议书》中,约定弘森公司发生的一切债权债务由信用社的相关单位巨腾公司和威龙公司承担。这是信用社与苏某某三家公司之间的债务正常抵偿行为。原审认定“弘森公司作为弘森大厦的项目公司,其主要资产为弘森大厦,在对其股权进行处置时,已直接处分了弘森大厦的所有权,由于在此之前,弘森大厦已因涉讼他案被司法机关查封,被告人无权对其权益作出擅自处置,其转让行为无效”,这是混淆了企业股权转让行为与企业自身对其经营财产所有权进行处分的关系,即弘森公司股权转让行为不能等同于该公司对弘森大厦的财产变卖等处分行为,弘森公司股权转让行为并不影响司法机关对弘森公司所有的弘森大厦房产进行查封的效力,弘森公司股权不管转让给谁,新的股权人接手后,该公司原被查封的财产即弘森大厦不因此而被解除查封,司法机关仍可以继续对该公司被查封的弘森大厦依法处理,从而保证诉讼债权的实现。正因为如此,信用社的相关公司尽管经过工商变更接管了弘森公司和承接弘森大厦项目的经营,由于弘森公司不履行到期生效判决债务的偿还义务,才导致弘森大厦被当地法院拍卖处理。所以,原审上述认定在法理方面是行不通的,而且由于该错误认定,直接影响转让双方权利义务的界定。

综上所述,本案发生的借贷行为,是三家公司与信用社之间的借款合同关系,不是苏某某个人发生的借贷行为。贷款诈骗罪的主体应为个人,单位依法不能作为贷款诈骗罪的主体。原审将三家公司的借款行为认定为苏某某个人行为,没有充足的事实证据和理由。三家公司有关工商登记方面是否存在着提供不实材料的问题,属于工商行政管理范围,应由工商行政管理部门依法处理。对于本案所发生的借贷关系中,信用社出现的违规放贷行为,依法应由金融管理部门依照我国金融管理法律法规的有关规定处理。至于三家公司借款后是否还清本息以及弘森公司及弘森大厦转让抵债的效力等问题,也应由民事法律规范调整。公诉机关指控苏某某未如实说明弘森公司的财产情况和被查封的事实，而仍然用于转让，说明苏某某有非法占有的故意，其对弘森大厦的转让无效。是否如实说明弘森公司的财务情况及弘森大厦被查封的事实，是否将弘森公司股份进行转让，不是非法占有的认定要件，其公司股权转让是否有效，也不是刑事审判认定的范围，所以，该理由并不成立。至于指控虚构事实，自保自贷，拒不还贷，虚构与顺昌公司合作，三家公司无生产、无经营、无收入、冒用担保单位法人代表及超出抵押物价值贷款等问题，上述已作了分析，均不能作为认定犯贷款诈骗罪的事实依据，公诉机关指控罪名不能成立，不予支持。苏某某申诉其无罪的理由及其辩护人所提无罪辩护意见，证据充分，理由成立，应予采纳。原一、二审认定苏某某犯贷款诈骗罪，存在认定事实不清、证据不足，原审裁判错误，应予纠正。

裁判结果：(1)撤销潮安县人民法院作出的(2001)安刑初字第86号刑事判决。(2)撤销本院作出的(2001)潮中法刑经终字第11号刑事裁定。(3)苏某某无罪。

判例解析：本案是一起曲折艰辛的案件。在取得再审无罪宣告之前，当事人被判处有期徒刑15年，经过数次减刑后实际服刑近8年。出狱后依然坚持无罪，继续申诉，终于在近2年之后拿到了无罪判决。

贷款诈骗罪属于诈骗罪范畴，需要符合诈骗罪的基本逻辑链条，即行为人实施了虚构事实、隐瞒真相的诈骗行为——银行因行为人的诈骗行为陷入认识错误——银行因认识错误而放贷——行为人取得贷款——银行损失资金。其中的核心，除了客观上实施诈骗行为之外，还需要银行因此陷入认识错误并因此发放贷款。相反，如果银行并未陷入认识错误，则其发放贷款也不是基于"被骗"，那么行为人也不构成贷款诈骗罪。

本案案情较为复杂，就贷款笔数而言，苏某某三家公司与信用社在5年时间内的贷款笔数高达6354笔，平均每年超过1200笔，减去空转的部分，每年也高达1262笔。根据生活常理，上一次当两次当有可能，但上千次的上当无论如何不可能。毫无疑问，如此多笔的贷款是一种极为反常的现象。任何反常现象背后必有其反常的缘由。本案中，之所以存在如此多笔的贷款，是因为贷款资金主要用于房地产开发，由于房地产开发的较长周期及信用社放贷权限的限制，双方办理大量借贷手续，以便不断的"借新还旧"，同时弥补借款期限短的缺陷。

根据《刑法》第193条,贷款诈骗罪的客观方面有编造虚假理由、使用虚假合同、虚假担保、重复担保等方式。就本案而言,案涉贷款存在三家公司之间此贷彼保、超抵押物价值、改变贷款用途、更换担保单位的法定代表人的方式。然则,三家公司采用此贷彼保、更换担保单位的法定代表人及以部分抵押物反复作担保的形式办理借贷手续,均是在信用社的要求和审查下进行的,并没有采用虚假欺骗行为,三家公司从信用社借出巨额资金,也不是信用社因受蒙骗而信以为真作出放贷的错误意思表示。因此,在客观方面,苏某某三家公司的贷款行为不符合贷款诈骗罪的犯罪构成。同时,信用社之所以同意并且积极配合三家公司的此贷彼保、反复担保,主观动机是为了获得账外利息和高额的中介费。

在主观方面,贷款诈骗罪的构成需行为人存在非法占有目的。尽管实践中非法占有目的的认定一般采取司法推定模式,但推定的作出必须在坚持主客观相一致的原则之下,结合客观证据综合分析得出唯一结论方可。就本案而言,通过三方面的事由可得出苏某某不存在非法占有目的:第一,苏某某三家公司不断地"贷新还旧",本身便是一种暂时性的归还贷款的方式;第二,1998年10月潮州市出现金融风波后,苏某某变卖土地、房产、汽车等财产归还了部分款项,主要是偿还利息和中介费;第三,苏某某通过转让在建的弘森大厦项目公司股权的方式,用以抵偿对信用社的部分贷款。这些均表明苏某某在积极的筹措资金归还贷款,不存在"非法占有目的"。

另值得指出的是,关于转让弘森大厦项目公司股权抵债,原判认定转让股权实质是转让房产,而弘森大厦当时已经因涉诉被法院查封,苏某某无权再行处置,转让行为无效。这一认定既缺乏法理依据,也与事实不符。从法理上说,转让股权与转让房产尽管存在关联,但仍是两个性质不同的法律行为。并且,即便是转让被查封的房产,根据原《合同法》的规定,转让协议也并不当然无效,只不过由于被查封而无法进行物权变更而已。转让未被查封的项目公司股权,更不存在无效事由。从事实上说,信用社指定的公司受让了弘森大厦项目公司股权,进行了工商变更,并且实际接管了弘森大厦,表明信用社与苏某某三家公司之间的以物(股权)抵债行为已经完成。再者,信用社接手后,还委托专业的审计事务所进行了审计,确认弘森大厦资产总值2.35亿余元。尽管这与苏某某委托的评估价存在差异,但也只是双方对于抵债数额的争议,属于民事争议范畴,而不能以此否认抵债行为本身。

四、米某某贷款诈骗案[①]

基本案情：2013 年 7 月至 8 月期间，米某甲在资不抵债、无力偿还的情况下，采取伪造印章、法人签名、虚假担保等手段，多次累计骗取湘潭县某小额贷款公司贷款 800 万元。其中，米某某通过以个人名义签署合同或确认签名等方式帮助米某甲骗取贷款累计 300 万元。

检察院认为：经审查并经两次退回补充侦查，仍然认为湘潭县公安局认定米某某的犯罪事实不清、证据不足，证实米某某主观明知他人骗取贷款并非法占有而提供帮助的证据不足，不符合起诉条件。

裁判结果：对米某某不起诉。

五、刘某某贷款诈骗案[②]

基本案情：2014 年 12 月，刘某某为帮助刘某甲解决资金困难和偿还刘某甲所欠他人（刘某某好友）债务，受刘某甲指使和教唆，以刘某某本人名义向某银行申请贷款，在刘某某提供了本人的身份证明、户口本、房产证明、结婚证等证明后，刘某甲安排公司经理任某某等制作贷款申请和贷款基础资料，虚构以刘某某名义和刘某甲为实际控制人的山西某公司的购销合同，编造引进项目，使用虚假的房产、收入等证明骗取银行贷款 450 万元。在银行贷前调查中，刘某某积极配合和参与，伙同刘某甲虚构个人资产和工程项目，银行工作人员在工作中玩忽职守，不认真履行职责进行闭门放贷。在经刘某某签字确认，银行将贷款下放后，刘某甲安排公司出纳杨某某将此笔贷款转至其妹妹刘某乙名下用于偿还所欠史某某债务。

检察院认为：经审查并退回补充侦查，本院仍然认为晋中市公安局城区分局认定的犯罪事实不清、证据不足。刘某某非法占有、骗取银行贷款的主观故意不明，不符合起诉条件。

裁判结果：对刘某某不起诉。

---

① 湘潭市人民检察院潭检公一刑不诉［2015］4 号。

② 晋中市人民检察院晋中检刑二刑不诉［2017］2 号。

第十六章　票据诈骗罪无罪判例解析

法律条文

《刑法》

第一百九十四条第一款　【票据诈骗罪】有下列情形之一,进行金融票据诈骗活动,数额较大的,处五年以下有期徒刑或者拘役,并处二万元以上二十万元以下罚金;数额巨大或者有其他严重情节的,处五年以上十年以下有期徒刑,并处五万元以上五十万元以下罚金;数额特别巨大或者有其他特别严重情节的,处十年以上有期徒刑或者无期徒刑,并处五万元以上五十万元以下罚金或者没收财产:

(一)明知是伪造、变造的汇票、本票、支票而使用的;

(二)明知是作废的汇票、本票、支票而使用的;

(三)冒用他人的汇票、本票、支票的;

(四)签发空头支票或者与其预留印鉴不符的支票,骗取财物的;

(五)汇票、本票的出票人签发无资金保证的汇票、本票或者在出票时作虚假记载,骗取财物的。

《最高人民检察院、公安部关于公安机关管辖的刑事案件立案追诉标准的规定(二)》

第四十六条　〔票据诈骗案(刑法第一百九十四条第一款)〕进行金融票据诈骗活动,数额在五万元以上的,应予立案追诉。

罪名详解

票据诈骗罪,是指行为人明知是瑕疵票据而使用、签发价值基础不真实的票据或者冒用他人票据,进行诈骗活动,数额较大的行为。这里的瑕疵票据具体是指伪造、变造的票据以及作废的票据。而签发空头支票、与预留印鉴不符的支票以及无资金保证的汇票、本票，均属于签发价值基础不真实的票据。

本罪所保护的法益比较复杂，既包括他人的财产权利，更包括金融票据的信用。票据诈骗行为妨害了金融票据的正常流通和使用，破坏了国家对金融票据的管理制度。

本罪的构成要件内容为利用金融票据进行诈骗活动，骗取财物数额较大的行为，一般表现为以下六种方式：

(1)明知是伪造、变造的汇票、本票、支票而使用。

这种情形是指行为人以伪造、变造的金融票据冒充真票据进而骗取他人财物的行为，要求行为人在使用票据时必须“明知”是伪造、变造的票据。如果行为人在使用票据时，确实不知道该票据是伪造、变造的，则不构成本罪。

(2)明知是作废的汇票、本票、支票而使用。

这种情形是指利用已经作废的汇票、本票、支票进行诈骗行为。这里所说的“作废”的票据，是指根据法律和有关规定不能使用的票据，它包括《票据法》中所说的过期的票据，也包括无效的以及被依法宣布作废的票据，还包括银行根据国家有关规定予以作废的票据。

(3)冒用他人的汇票、本票、支票。

这种情形是指行为人擅自以合法持票人的名义，支配、使用、转让自己不具备支配权利的他人的汇票、本票、支票，进行诈骗的行为。“冒用”通常表现为以下几种情况：一是指行为人使用以非法手段获取的票据，如使用以欺诈、偷盗或者胁迫等手段取得的票据，或者使用明知是以上述手段取得的票据的行为；二是指没有代理权而以代理人名义或者超越代理权限的行为；三是指使用他人委托代为保管的或者捡拾他人遗失的票据，骗取财物的行为。

(4)签发空头支票或者与其预留印鉴不符的支票，骗取财物的。

所谓“空头支票”，是指出票人所签发的支票金额超过其付款时在付款人处实有存款金额的支票。“签发与其预留印鉴不符的支票”是指票据签发人在其签发的支票上加盖与其预留于银行或者其他金融机构处的印鉴不一致的印章或者支票签发人的名章。“与其预留印鉴不符”，可以是与其预留的某一个印鉴不符，也可以是与所有的预留印鉴不符。

(5)汇票、本票的出票人签发无资金保证的汇票、本票或者在出票时作虚假记载,骗取财物的。

出票人签发汇票、本票时,必须具有可靠的资金保证。这里的“资金保证”,是指票据的出票人在票据付款时,具有按票据支付的能力,它既包括有可靠的资金来源,又包括出票人具有实际的支付能力。

本罪的责任形式只能是故意,且必须以非法占有为目的。如果行为人出于过失而使用金融票据,如不知是伪造、变造或作废的金融票据,误签空头支票,对票据事项因过失而导致记载错误等,不构成犯罪。

另需注意的是,如果银行或其他金融机构的工作人员与票据诈骗的犯罪分子串通,在实施票据诈骗的前后过程中,相互暗中勾结、共同策划、商量对策、充当内应,为诈骗犯罪分子提供诈骗帮助的,应以票据诈骗共犯论处。

理论难点

一、如何理解本罪中的“使用”

本罪的第一、二种行为类型是明知是伪造、变造、作废的票据而使用,在主观方面强调了“明知”要素,客观方面则突出了“使用”票据。对这里的“使用”应如何理解?刑法理论上存在争议。

第一种观点认为,使用是指票据使用人明知持有的票据是伪造的或者变造的,仍将其继续转让,或者持未承兑的汇票提示承兑,或者持无须承兑的商业汇票提示承兑。第二种观点认为,使用非法票据行为是指将非法票据进行出票、交付、兑现或者转让以非法获得他人财产利益的诈骗行为。第三种观点认为,使用是指行为人故意把伪造、变造的票据冒充真实票据交付他人,换取他人对价的行为。使用首先要求行为人有实际交付票据的行为,其次应是指《票据法》上的使用,且应当是以骗取他人的交易对价为目的。

在金融活动中,票据具有汇兑、信用、支付、结算、融资等功能。使用伪造、变造、作废的票据,目的自然是使用这些票据进行汇兑、信用、支付、结算、融资等金融活动,以实现票据的商业价值。具体而言,“使用”是指以获取经济性利益为目的,采用转让、设立质押、贴现、兑现等企图实现非法票据“价值”的行为。“以获取经济性利益为目的”可将单纯赠与、为炫耀而出示、为应付财务检查将伪造的汇票作为经营收入凭证等未获得经济性利益的行为排除在使用之外。同时,

“企图实现非法票据‘价值’”涵括更广，如行为人居间倒卖伪造、变造的票据，这虽然不是《票据法》意义上的使用，但行为人以获得经济性利益为目的，采用居间倒卖的方式变相企图实现非法票据的“价值”，因而也构成使用伪造、变造的票据的犯罪。①

二、如何理解“冒用”他人票据

票据具有物权性、无因性的特点。所谓物权性即占有票据就享有物权，持票人可以依法向票据债务人行使请求权；无因性即持票人出示票据就可以行使票据权利，对取得票据的原因不负证明责任。票据的这些特点是为了提高票据的可流通性，加速资金周转。但也正因如此，使得冒用票据的行为时有发生。

对冒用的理解有几种代表性观点：第一种观点认为，冒用是指无权利人在缺乏法律依据或者没有得到他人授权的情况下，利用真正票据权利人的票据，骗取票据资金和商品等财物。第二种观点认为，冒用是行为人擅自以合法持票人的名义，支配、使用、转让自己不具备支配权利的他人票据，进行诈骗的行为。总而言之，冒用的本质特征在于身份的假冒和名义的擅用，且以实现票据“价值”为目的，从而牟取经济性利益。

刘宪权教授认为，“冒用”他人票据行为有如下特征：第一，冒用的前提是有他人合法票据存在；第二，冒用他人票据行为的突出表现是行为人在他人不知道的情况下，以他人的名义行使票据权利；第三，冒用他人票据中的“用”应解释为“行使票据权利”②。

三、如何认定“空头支票”

所谓空头支票，是指不能兑现、取不到钱的支票。在金融术语中将因为支票账户内没有钱，银行无法兑现支票，遂把此空头支票寄还给支票持有人的行为称为“跳票”。

票据业务中，空头支票主要包括以下情形：一是没有银行存款的空头支票，即出票人账户内没有存款而银行又不予垫付的支票；二是超过存款余额的空头

① 参见高艳东、庄优芳：《认定票据诈骗罪的疑难问题探析》，载正义网 http://www.jcrb.com/procuratorate/finance/theory/201110/t20111025_741116_2.html

② 参见刘宪权：《金融犯罪刑法学原理》，上海人民出版社 2017 年版，第 473～474 页。

支票;三是提回存款的空头支票,即出票人签发支票后提走其支票存款账户内款项使得银行无法支付票面金额的支票。简言之,判断是否是空头支票,不应当根据出票人签发支票时其支票账户上是否有足额存款来判定,而应当按出票人在法定的付款期限内是否向持票人实际支付票款来判定。如果签发支票时出票人银行账户存款不足,但在法定的付款期限内进行了补足,或者银行允许出票人透支,在这种情况下,均不能将相关支票认定为空头支票。

四、如何认定“签发无资金保证的汇票、本票”

汇票、本票一般是出票之后相隔一段时间再行付款,这是票据融资功能的重要体现。这其中必须重视的问题是,相隔一段时间之后,出票人、付款人是否能够按时足额付款?对持票人而言,出票人、付款人是否有充足的资金保证,是持票人最为关心的问题。为了确保票据能如期兑付,《票据法》第 21 条规定:“汇票的出票人必须与付款人具有真实的委托付款关系,并且具有支付汇票金额的可靠资金来源。不得签发无对价的汇票用以骗取银行或者其他票据当事人的资金。”该法第 74 条规定:“本票的出票人必须具有支付本票金额的可靠资金来源,并保证支付。”

在“资金保证”的理解上,学界有两种观点:第一种观点认为,资金保证是指票据出票人在承兑汇票、本票时具有按票据支付的能力,所谓无资金保证,即在承兑汇票、本票时不具有按票据支付的能力;第二种观点认为,资金保证是指票据的出票人在汇票、本票付款时有按票据支付的能力,无资金保证,即在汇票、本票付款时不具有按票据支付的能力。二者争议的焦点在于是在承兑时还是在付款时有无资金保证。

通说为第二种观点。第一,即期汇票和本票本身均无需承兑,以承兑环节为节点判断出票人有无资金保证,不符合《票据法》原理。第二,票据的流通过程有多个环节,包括出票、背书转让、承兑、付款,但最终的指向都是付款而不是承兑。尤其对于远期汇票而言,即便在承兑时不具有支付能力,但付款人也完全有可能在付款时获得资金从而正常兑付,此时显然无法认定出票人具有刑事诈骗的故意。相反,如果承兑时具有付款能力,但在汇票到期后却又无法付款,则会对持票人造成实质损失。因此,以付款时为节点判断有无资金保证,更有利于保障持票人的利益。

无罪判例

一、李某某、天泽公司票据诈骗案[①]

检察院认为：天泽公司实际所有人为李某某，2008 年 8 月 5 日，李某某与金傲金属制品厂（荣学加工厂）崔某签订光亮铜米购销协议，从崔某处购入铜米，以转账支票支付货款。2008 年 9 月下旬，李某某陆续从崔某处拉走价值 474 万余元的铜米，开具转账支票 12 张，经银行核对该 12 张支票为空头支票。所拉铜米大部分经加工生产后出售，剩余铜米被低价出售，所得全部款项用于偿还债务。后天泽公司人去楼空，李某某下落不明。公诉机关认为，对被告单位及被告人李某某应以票据诈骗罪追究刑事责任。

李某某辩称：没有非法占有崔某工厂货物、不还货款的想法，是因遇上金融危机，没有资金偿还；空头支票是崔某让开的，崔某当时知道是空头支票，且这些支票是天泽公司提走货物后开具的，崔某要这些支票目的之一是为了证明天泽公司欠相应货款。

法院查明：2008 年 8 月 5 日，大城县荣学加工厂与天泽公司签订购销协议，协议约定：天泽公司自荣学加工厂购进光亮铜米，货到天泽公司场内 5 日后，天泽公司以转账支票支付给荣学加工厂货款。此后，天泽公司多次自荣学加工厂购进铜米，部分货款未支付，天泽公司给荣学加工厂开具了空头支票。李某某在上述购销过程中，系天泽公司直接负责的主管人员。2008 年 10 月，荣学加工厂名称变更为金傲金属制品厂，崔某系荣学加工厂和金傲金属制品厂的法定代表人。2009 年 4 月 13 日，崔某向公安机关报案，2009 年 9 月 10 日，公安机关决定对李某某涉嫌票据诈骗罪立案侦查。

关于天泽公司给荣学加工厂开具空头支票情节，经查：李某某辩解，天泽公司在提走荣学加工厂货物后，应崔某要求给荣学加工厂开具了空头支票，崔某要空头支票的目的之一是证明天泽公司欠荣学加工厂相应货款。其与崔某讲好天泽公司账户上当时没钱，等天泽公司自银行贷出款，再通知崔某去银行存上述支票；崔某向公安机关报案时的陈述与上述李某某辩解的主要情节一致，但此后及

① 参见河北省大城县人民法院刑事判决书，（2013）大刑初字第 80 号。

庭审时的陈述改变，称当时不知是空头支票；证人王某甲（天泽公司业务员）的相应证言能印证李某某供述的情节。购销协议约定，货到天泽公司场内5日后，天泽公司以转账支票支付给荣学加工厂货款。

关于公诉机关指控天泽公司将自荣学加工厂购进的部分铜米低价出售的情节，经查：李某某辩解，因部分铜米有质量问题，而按当时的市场价格出售了；证人王某甲证言，质量有问题的铜米只能做铜排，天泽公司没有铜排的订单，又急用钱，就把这部分铜米处理了，每吨便宜四五百元，赔了一万多元，卖给了鑫明铜业有限公司；证人王某乙证言，其是鑫明铜业有限公司总经理，因为价格挺合适，鑫明铜业有限公司买过天泽公司几十吨铜米，具体成交价格记不得了，当时铜米的价格几乎每天都在变，每吨上下浮动几百元都属于正常。

关于天泽公司未支付给金傲金属制品厂货款的原因，经查：被告人李某某辩解，因遇到金融危机，天泽公司无力支付货款，后其失去了对天泽公司的控制，于2009年3月离开天泽公司。证人杨某证言：其于2006年年初至2009年3月在天泽公司工作，主要负责财务工作。天泽公司因未能自银行贷到预期的款额，资金流转受到很大影响，2008年10月，铜价由每吨6万元左右跌到每吨不到3万元，公司赔了很多钱。铜价跌后，公司产品卖不出，之前进料的欠款一直被催讨，形成了恶性循环，不只欠金傲金属制品厂的款，还有很多的欠款无法偿还。天泽公司自铜价下跌后一直勉强维持，2009年3月彻底停产，公司也没人了。证人王某甲证言，因银行贷款迟迟不到位，加上经济危机，铜价跌的厉害，天泽公司损失严重，所以一直没有钱支付给金傲金属制品厂。

法院认为：现有证据不足以证实：（1）天泽公司具有非法占有金傲金属制品厂（荣学加工厂）货物的目的；（2）天泽公司采用虚构事实或隐瞒事实真相的手段骗得金傲金属制品厂（荣学加工厂）财物。故公诉机关指控天泽公司及李某某的行为构成票据诈骗罪，证据不足，指控的犯罪不能成立，据现有证据，不能认定上述被告单位及被告人有罪。

裁判结果：（1）被告天泽公司无罪；（2）被告人李某某无罪。

判例解析：票据诈骗罪属于诈骗罪范畴，必须存在行为人实施了虚构事实、隐瞒真相的票据诈骗行为——相对人因行为人的行为产生认识错误——相对人因认识错误处分财产这一基本的逻辑链条。同时，《刑法》第194条列举了五种票据诈骗在客观方面的行为方式，尽管条文中没有“以非法占有为目的”的表述，但理论上与实务中均一致认可所有的金融诈骗犯罪均需存在"以非法占有为目的"的主观要件。因此，对于票据诈骗罪的认定，需关注的要点包括：行为人是否实施了《刑法》所规定的票据诈骗行为？被害人是否因行为人的票据诈骗行为而错误处分财产？行为人是否具有非法占有的目的？在票据诈骗罪的辩护上，同样需紧紧把握这几个方面。

本案中，被告人签发了空头支票系客观事实，无可否认。问题在于，签发空头支票是否必然构成票据诈骗罪？从法律本身的角度，《刑法》第194条第1款第4项规定的是：签发空头支票或者与其预留印鉴不符的支票，骗取财物的。其中的"骗取财物"四字绝非随意写上，而是在动机、目的方面对入罪的限定。张明楷教授精确地指出，签发空头支票不是为了骗取财物，而是为了延缓债务履行的，不成立本罪。①

本案中，就签发空头支票的原因，李某某陈述是因崔某要求，目的是作为欠款的证明，在签发之时便告知了账上没钱。尽管崔某之后对此予以否认，称其并不知道系空头支票。但是，一方面，崔某在报案之时的陈述与李某某一致，天泽公司业务员的证言可与李某某陈述相印证，因此，无论从优势证据标准还是存疑事实有利于被告人的原则，本案均应认定为崔某在接收支票时明知系空头支票，接收支票是作为欠款证明。

李某某自崔某公司取得货物后，是否低价转卖，以及未支付货款的原因，是认定李某某是否有非法占有目的的重要依据。李某某陈述是因为质量问题而部分转让，其他证人的证言也印证了这一点。而最终未能支付货款的原因，是因为受金融危机及市场价格波动的影响，系行为人意志以外的原因而非行为人的主观因素。因此，从这两方面分析，李某某及天泽公司不具有非法占有崔某公司货物的主观目的。

由于主观上李某某及天泽公司不具有非法占有崔某公司货物的目的，客观上崔某明知是空头支票，并未受到欺骗，因此法院作出了无罪宣判。

二、崔某某票据诈骗案②

检察院认为：2013年4月17日14时许，崔某某以承兑汇票未到期急需现金

---

① 参见张明楷：《刑法学》（第5版）（下），法律出版社2016年版，第801页。

② 参见天津市滨海新区人民法院刑事判决书，(2014)滨塘刑初字第613号。

为由,使用假承兑汇票在泰盛混凝土公司骗取458,185.70元。

法院查明:崔某某是泰盛混凝土公司砂石料供应商。2013年4月17日14时许,崔某某持一张出票金额为人民币50万元、汇票到期日为2013年8月21日的假承兑汇票来到泰盛公司找到公司总经理姚某,以急需资金而该承兑汇票未到期为由,将该承兑汇票交给姚某要求兑换现金。当日,泰盛公司向崔某某账户汇款30万元。次日,崔某某打电话告知姚某该承兑汇票有问题,但未明确告知是假票。2013年5月17日,泰盛公司将另20万元在扣除个人借款1万元及违约金31,814.30元后,给付崔某某58,185.70元。后泰盛公司又将该承兑汇票背书转让给华城水泥公司,2013年6月10日,华城水泥公司告知泰盛公司该承兑汇票是假票。为此,泰盛公司多次要求崔某某归还上述款项,2013年9月3日,崔某某向泰盛公司出具了欠条,承诺于2014年4月1日前还清50万元,利息5000元,到期一并还清。2013年11月份,崔某某以急于偿还姚某款项为由向其妹崔某甲借款,崔某甲于2013年11月20日和2013年11月26日通过信用社分别向其母的银行账户电汇20万元和10万元。崔某某于2013年11月20日持其母的存折在信用社取款20万元,于2013年12月3日取款10万元。2013年11月19日,泰盛公司向公安机关报案,2013年12月6日,公安机关对本案立案侦查,2013年12月9日,崔某某在与姚某见面时,被公安机关抓获。2013年12月12日,崔某某的亲属归还泰盛公司50万元,崔某某获得谅解。

法院认为:公诉机关指控被告人犯罪,应保证指控的事实清楚,证据确实、充分。根据《刑法》第194条的规定,票据诈骗罪,犯罪构成的客观要件表现的行为方式之一为明知是伪造、变造的汇票、本票、支票而使用,即行为人以明知是伪造、变造的金融票据冒充真票据进而骗取他人财物的行为;主观要件要求行为人主观上必须具有以非法占有为目的的诈骗故意。本案中,虽然崔某某以明知是伪造的承兑汇票冒充真票,骗取泰盛公司458,185.70元的事实客观存在,但崔某某辩解将该款项用于了经营活动,而公诉机关又未提供证据证明涉案款项的用途和去向,在本院书面建议公诉机关对此进行补充调查后,公诉机关也未提交相关书面材料,现有证据不能证明崔某某非法获取资金后,具有携款外逃、肆意挥霍、进行违法犯罪活动以及其他逃避返还资金的行为。崔某某承诺还款后,在对泰盛公司已向公安机关报案的情况不明知的情况下,又向亲属筹措资金,对此,证人崔某甲、苗某证言能够证明,虽然上述证人是崔某某的亲属,与其有一定的利害关系，但崔某某母亲银行账户交易明细能够佐证上述证人证言的相关内容，从而证明在案发前崔某某从其母银行账户中支取证人崔某甲转入的借给崔某某的现金30万元的事实客观存在，为此，不能排除崔某某在承诺的期限内归还泰盛公司涉案款项的可能性。综上，认定崔某某主观上具有非法占有的目的，现有证据尚未达到确实、充分的条件。公诉机关指控崔某某犯票据诈骗罪，证据不足，指控的罪名不能成立。

裁判结果：崔某某无罪。

判例解析：本案中，崔某某因急需资金而持汇票到泰盛公司要求兑换现金，是一种票据民间贴现行为。从民商法角度看，票据贴现是特许经营行业，民间贴现行为无效。当然，在刑事案件中这一点可不予考虑。真正让崔某某遭遇刑事指控的，是因为其使用的是伪造的票据。但是，本案有三方面的缘由可认定崔某某无罪：第一，崔某某在次日即告知泰盛公司票据有问题，虽然未明确告知票据系伪造，但因为崔某某仅仅取得了部分票据贴现款，此时将票据有问题这一事实告知泰盛公司，足以引起泰盛公司的注意，也说明崔某某主观上没有诈骗的故意；第二，崔某某取得资金后，公诉机关未举证证明崔某某存在携款潜逃、肆意挥霍等行为，难以认定崔某某存在非法占有的目的；第三，泰盛公司发现是假票后多次要求崔某某还款，崔某某同意还款并且出具了借条，并且还向亲友借钱筹措资金归还，由此进一步证明崔某某没有非法占有的目的。

三、俞某某票据诈骗案[①]

检察院认为：2013年1月，被害单位中油公司、振海公司和建设银行某支行三方签订《合作协议书》，约定由建设银行为振海公司提供授信，授信方式为银行承兑汇票（出票人：振海公司，付款行：建设银行某支行，收款人：中油公司），定向向中油公司购货，中油公司为该授信承担连带保证责任。2013年5月10日，被告人俞某某以振海公司的名义联系陈某甲向俞某乙提供人民币7000万元的借款，并将建设银行开出的承兑汇票8000万元作为抵押担保，借款期限15天。

2013年5月19日，俞某某伙同俞某乙在振海公司的董事长办公室内使用伪

---

① 参见广东省广州市中级人民法院刑事判决书，（2014）穗中法刑二初字第153号。

造的“上海中油国电油品有限公司财务专用章”和“庞某丁印”私章，冒用中油公司的名义将面额共计8000万元的8张银行承兑汇票背书交给陈某甲，陈某甲又将上述银行承兑汇票转让，于2013年5月21日在广发银行北京望京支行进行票据贴现，造成中油公司向建行承担8000万元连带保证责任的损失。2013年12月9日，俞某某在广东省珠海市被抓获归案。

检察院认为，俞某某以非法占有为目的，冒用中油公司的汇票进行金融票据诈骗活动，数额特别巨大，应当以票据诈骗罪追究其刑事责任。俞某某伪造中油公司的印章，应当以伪造公司印章罪追究其刑事责任。

法院查明：1. 振海公司法定代表人、投资人俞某丙，注册资本6600万元。俞某丙还是广西宇海隆公司、正海集团公司、正海物业公司的负责人或股东。俞某某是俞某丙的弟弟，未在振海公司任职。

2. 2013年1月16日，振海公司、中油公司、建设银行签订了《合作协议书》，约定：(1)建设银行向振海公司提供授信定向用于向中油公司购买货物，中油公司根据建行指示向振海公司发送相应价值的货物，如授信到期尚未发完货物，中油公司将承担未发货部分的退款或商品回购责任。(2)振海公司每次提取货物时，需向建设银行申请，同时在保证金账户存入相当于该次提货金额的保证金(或归还相当于该次提货金额的融资款项)。(3)中油公司收到建设银行出具的《发货通知书》后发出《发货通知书收到确认函》，同时按通知金额向振海公司发货。(4)建设银行出具的《发货通知书》是中油公司向振海公司发货的唯一凭证。

2013年3月、5月，俞某丙以越秀区某房作为抵押，为振海公司对建设银行的一系列债务提供了最高额为6813.05万元的抵押担保及最高限额为42,000万元的保证，正海集团公司亦提供了42,000万元的保证。

其间，振海公司在不完全有真实贸易的情况下，陆续向建设银行申请开具银行承兑汇票。中油公司亦未遵守协议关于放行货物的约定，而是自行决定是否向振海公司发货。

3. 2013年5月，俞某丙要求俞某某为振海公司筹借资金。经俞某某与陈某甲多次商谈，当月10日，陈某甲与俞某丙、振海公司及居间人黄某乙签订《融资居间合同》《借款合同》，约定：俞某丙向陈某甲借款7000万元，用于建设银行存保证金开立银行承兑汇票，借期15天，利息每天0.2%。振海公司为保证人，俞某丙、振海公司在借款后由银行当天开出承兑汇票 8000 万元，作为抵押担保交给陈某甲保管。

2013 年 5 月 15 日，陈某甲按约定将 7000 万元转入上海宏盛石油化工有限公司在平安银行广州天河支行的账户，当天俞某丙从该账户转账给振海公司 4926.6 万元、俞某丙 400 万元、广州漳南贸易有限公司 500 万元、广东锦崇投资有限公司 1000 万元。

4. 2013 年 5 月 15 日，建设银行与振海公司签订《银行承兑协议》，约定建设银行承兑的前提条件是振海公司已按协议支付承兑手续费、承兑承诺费，符合建设银行的担保（包括但不限于保证、抵押、质押、保证金）已生效且持续有效。建设银行据此开出了 10 张银行承兑汇票（每张面额 1000 万元，每张保证金 300 万元，出票人：振海公司，付款行：建设银行，收款人：中油公司）。俞某丙为此提供了最高额为 6813.05 万元的抵押担保并办理了抵押登记手续，正海集团公司提供连带责任保证担保。次日，振海公司安排雷某自行领取了其中 8 张银行承兑汇票，并由雷某将该 8 张没有任何背书内容的汇票交给陈某甲、安排陈某甲到上海，陈某甲在上海背书未果后返回广州。

2013 年 5 月 21 日，涉案 8 张汇票在广发银行北京望京支行贴现。同月 29 日，民生银行太原分行与贵州银行办理回购加到期买断业务，由此成为涉案 8 张汇票的正当持票人。

2013 年 8 月，建设银行发函要求中油公司、中国燃气控股有限公司分别承担退款责任、连带担保责任。

2013 年 11 月 13 日，涉案 8 张汇票到期后，民生银行太原分行直接向付款行建设银行提示付款。

2013 年 10 月 9 日、10 日、16 日及 11 月 14 日，建设银行与信达资产深圳分公司先后签订了四份《买断型债权转让合同》，转让了该行因开具汇票对振海公司所享有的全部债权（扣除保证金），转让总价款为 12,006 万元，其中，前述 2015 年 5 月 15 日开出的 10 张汇票的转让总价款为 7003.5 万元（本金 7000 万元、利息 3.5 万元）。

2013 年 10 月 8 日至 11 月 19 日，中油公司分 7 次共付给信达深圳分公司 1.2206 亿元，用途为委托收购款、受托代理费、委托代理费。

5. 2013 年 9 月 16 日，中油公司向广州市公安局经侦支队报案，并提供了该公司自2008年10月1日起使用的印文内容为“上海中油国电油品有限公司”“庞某丁印”样本。

经查，涉案8张汇票在广发银行北京望京支行贴现时的背书情况均一致，其中，第1手：“上海中油国电油品有限公司财务专用章”“庞某丁印”背书给广西宇海隆产权交易中心有限公司；第2手：“广西宇海隆产权交易中心有限公司财务专用章”“俞某丁清”背书给南京裕应利贸易有限公司；第3手：“南京裕应利贸易有限公司财务专用章”“孔某”背书给上海金某实业发展有限公司；第4手：“上海金某实业发展有限公司财务专用章”“阮某须某”背书给广发银行股份有限公司北京分行。

经鉴定，涉案8张汇票背书中的“背书人签章”栏盖有印文内容为“中油公司财务专用章”及“庞某丁印”的印章印迹，与中油公司报案时提供的样本中相应印文、印章印迹不是同一印章所盖。

法院认为：根据法律规定，票据诈骗罪是指用虚构事实或隐瞒真相的方法，利用金融票据骗取财物，数额较大的行为，其中“冒用他人的汇票、本票、支票”是指行为人擅自以合法持票人的名义，支配、使用、转让自己不具备支配权利的票据。伪造公司印章罪是指无制作权的人，冒用名义，非法制作公司印章的行为。本案中：

1. 签订《合作协议书》的各方均未完全遵守协议约定：(1)振海公司、中油公司之间的汇票并非全部有真实油品贸易背景，中油公司知道振海公司以开具银行承兑汇票的方式套取银行资金周转；(2)中油公司自行决定放货，并非根据建设银行的通知放货；(3)建设银行在未核实是否有真实贸易背景的情况下，即只是根据振海公司申请、提供的合同及中油公司提供的发票开出银行承兑汇票。

2. 现有的证据未能证实俞某某从公诉机关指控的7000万元借款中获取利益：2013年5月，俞某丙要求被告人俞某某为振海公司筹借资金。经俞某某与陈某甲多次商谈，当月10日，陈某甲与俞某丙签订了7000万元的借款合同，并约定俞某丙、振海公司向银行申请8000万元承兑汇票，作为抵押担保交给陈某甲保管。当月15日，陈某甲按约定将7000万元转入上海宏盛石油化工有限公司账户后，俞某丙随即转账给振海公司、俞某丙、广州漳南贸易有限公司、广东锦崇投资有限公司。振海公司在建设银行提供的对公活期存款账户流水显示，2013年7月1日，该账户收到俞某某转账297万元。

3. 2013 年 5 月 15 日，建设银行向振海公司开出了包括涉案 8 张汇票在内的共 10 张汇票，振海公司缴纳了 3000 万元保证金，俞某丙提供最高额为 6813.05 万元的抵押担保并办理了抵押登记，振海集团公司提供连带责任保证担保。俞某丙安排员工雷某领取了涉案 8 张汇票并将背书空白的汇票交给陈某甲。被告人俞某某没有参与商谈、签署前述《合作协议书》及申请开立银行承兑汇票，涉案 8 张汇票也不是俞某某从银行领取、交付给陈某甲的。

4. 关于涉案 8 张汇票造成的损失。经查：(1) 振海公司为涉案 8 张汇票预存了 2400 万元保证金，俞某丙提供了最高额为 6813.05 万元的抵押担保，并办理了房产抵押登记。(2) 建设银行将扣除保证金后对振海公司所享有的全部债权转让给信达资产深圳公司，其中涉案 8 张汇票的转让价款为本金 5600 万元及利息。该行确认信达资产深圳公司已在规定时间支付转让金，该行没有因向振海公司开具银行承兑汇票发生损失。(3) 中油公司确认，建设银行开具了收款人为该公司的 20 张银行承兑汇票共 2 亿元，该公司仅收到 12 张共 1.2 亿元的汇票，该公司被迫委托信达资产深圳分公司定向代为收购该 2 亿汇票所涉债权，为此共支付了 12,006 万元委托收购款，由此取得了估值为 6813.05 万元的房产抵押权，由于该抵押房产存在评估价值虚设及已被多家法院在先轮候查封，即使该公司最终收购的抵押权能足额实现，也不扣除收购、实现债权的支出，俞某丙、俞某某的行为仍造成中油公司 1186.95 万元的损失无法弥补。综上，现有证据足以证实振海公司在向建设银行申请开立涉案 8 张汇票时提供了足额保证金、抵押物作为担保。

5. 2013 年 5 月 16 日，陈某甲按振海公司的安排到上海，在未能为涉案 8 张汇票背书后返回广州。当月 21 日，涉案 8 张汇票在广发银行北京望京支行贴现，贴现时汇票的背书情况均相同，其中，第 1 手背书为中油公司转让给广西宇海隆产权交易中心有限公司；第 2 手背书为广西宇海隆产权交易中心有限公司转让给南京裕应利贸易有限公司。

关于前述第 1、2 手背书，经查：(1) 陈某甲、雷某、黄某乙均陈述，2015 年 5 月 19 日，陈某甲按雷某电话要求，带涉案 8 张汇票到雷某在振海公司的办公室，黄某乙、俞某某、俞某丙也在场，俞某丙先离开，随后陈某甲、俞某某一起离开财务部去俞某丙办公室。(2) 陈某甲还陈述，其在俞某丙办公室外将背书空白的汇票交给俞某某，俞某某单独进俞某丙办公室，再返回时还给陈某甲的汇票已完成了第1、2手背书，当时背书印鉴红色印泥还未全干，其还让俞某丙签了《银行承兑汇票转让协议》后才离开，陈某甲提供的《银行承兑汇票转让协议》显示：俞某丙将涉案8张汇票转让给陈某甲，经办人为俞某某、雷某，并承诺汇票是振海公司合法持有，落款日期为2013年5月19日。但该协议书没有抬头，亦未提及汇票是否已背书、背书情况、转让价格。(3)雷某关于"离开公司我与俞某丁一起下电梯时，俞某丁跟我说俞某丙叮嘱他今天给以上8张银承汇票背书的事不要告诉我""当天陈某甲走后，俞某丁来我办公室，明确跟我说，刚才给陈某甲背书转让以上汇票使用的是假章，但他哥俞某丙叮嘱他不要把此事告诉我，但俞某丁为了表示与我关系好，还是告诉我了"的陈述，不合常理。(4)俞某丙是7000万元借款的实际用款人，是振海公司、广西宇海隆公司的负责人，俞某丙亦供述，振海公司的公章、财务专用章、法人章在其归案前均由其控制。因而俞某丙关于"仅提供汇票给陈某甲作为抵押担保、不清楚汇票如何贴现"的供述，不合常理。(5)公诉机关出具的《鉴定书》所依据的鉴定样本是中油公司在2013年报案时所提供的样本。但如前所述，中油公司明知振海公司开具银行承兑汇票用于套取资金周转，双方此前开具的多张汇票并不完全有真实贸易，侦查机关并未调取中油公司在与振海公司的往来中(包括在建设银行、光大银行等办理的银行承兑汇票业务)所使用的全部签章样本。(6)俞某某、俞某丙均否认在涉案8张汇票上进行第1、2手背书。综上，本院认为，现有证据不足以证实涉案8张汇票的第1、2手背书情况及是否虚假背书，亦不能证实俞某某参与实施了背书或虚假背书行为。

6. 案发后，公安机关未缴获涉案8张汇票上有关中油公司的印章，现有证据不足以证实涉案汇票上的第1手背书的相关印章系俞某某冒用名义、非法制作。

综上，公诉机关指控被告人俞某某犯票据诈骗罪、伪造公司印章罪的证据尚未达到确实、充分的程度，指控被告人俞某某犯票据诈骗罪、伪造公司印章罪的事实不清、证据不足，指控不能成立。

裁判结果：俞某某无罪。

判例解析：本案为供应链金融中的保兑仓业务，票据的商业运作非常复杂，概括起来，首先是振海公司与中油公司签订购销协议，建设银行则以银行承兑汇票的方式对振海公司授信，定向用于向中油公司支付货款。其次是振海公司向陈某甲借款用以支付银行承兑汇票的保证金。由于保证金的比例是30%，这样如果顺利实施，振海公司就可以获得远高于借款金额的银行承兑汇票。最后是通过票据贴现获得资金。本案中涉嫌票据诈骗的行为便发生在第三步。根据检察院的指控，俞某某冒用中油公司名义，使用伪造的中油公司印章和法定代表人私章，将票据背书转让。因此，本案的焦点在于：俞某某有无实施冒用他人票据的行为？俞某某有无非法占有目的？银行或中油公司是否遭受损失？

法院结合本案证据，分析得出了指控当事人票据诈骗罪证据不足的结论。从论证的逻辑来看，主要有以下几方面：第一，从获益角度分析，认定俞某某并无非法所得。行为人冒用他人票据，自然是为了获得不法收益。而本案中，从陈某甲提供的7000万元借款中，俞某某并未获得任何收益。这不符合票据诈骗罪中"以非法占有为目的"的主观要件。第二，在振海公司、中油公司与建设银行的票据授信关系中，各方均未严格按照协议履行。中油公司知道振海公司通过承兑汇票套取银行资金的情况，而银行也未严格审查贸易背景。第三，振海公司总计开出了20张（总金额2亿元）由建设银行承兑的、收款人为中油公司的汇票，中油公司收取了12张（总金额1.2亿元），振海公司自行留下8张（总金额8000万元）汇票。从第二、三点来看，不排除系振海公司、中油公司按上述方式分配汇票的可能。第四，《鉴定书》所依据的比对样本是中油公司报案时所提供的，但公安机关未调取振海公司与中油公司往来时所使用的全部印章样式，以及其余12张汇票上的印章样式。由此不能排除中油公司本身拥有并使用多枚印章。第五，公安机关未能缴获8张汇票上加盖的中油公司印章印模，使得指控俞某某伪造印章及使用伪造印章冒用中海公司进行票据背书的直接证据缺乏。综合来看，虽然鉴定意见认为案涉票据上的印章与中油公司提供比对的印章不同，但是否确系伪造，证据不足，不排除中油公司本身使用多套印章的可能。再者，即便是伪造，那么是何人伪造？何人冒用？俞某某，俞某丙抑或雷某等，同样无法查清。因此，法院从证据不足的角度作出了无罪判决。

四、苏某票据诈骗、重婚案[①]

检察院认为：2011年8月，谢某某（另案处理）在从化市成立从骏公司，并担任法人代表，该公司由苏某负责实际的经营管理，在向供货商采购电动摩托车零

---

① 参见广东省广州市中级人民法院刑事判决书，（2014）穗中法刑二初字第64号。

配件组装后出售。2012 年 3 月,从骏公司兴建厂房,先后投资 1000 万余元用于租赁土地和工程修建。2012 年 8 月,该厂房因无合法报建手续而被从化市城管局清拆整治。

2012 年 8 月,苏某明知因投资失败而出现资金周转问题,仍然以从骏公司名义,继续与被害人郑某、台州市路桥华马摩托车部件厂等 35 家配件供货商签订单,大量购买电动摩托车零配件,并开具 2 至 3 个月后到期的支票作为支付手段。2011 年 11 月开始,被害人及被害单位在支票到期向银行兑现时,陆续发现从骏公司所开具的支票因余额不足或出票人签章与预留银行签章不符的原因而被退票。经统计,从骏公司签发的空头支票或者与其预留印鉴不符的支票 111 张,共计金额人民币 10,243,820.5 元,其中,归还部分被害人现金人民币 240,842 元,造成被害人及被害单位损失金额人民币 10,002,978.5 元。此外,在支票无法兑现后,从骏公司与部分供应商继续订货并进行现金交易,至案发时,现金结算部分仍有货款人民币 2,544,642.4 元未归还。

检察院认为,苏某作为从骏公司直接负责的主管人员,签发空头支票或者与其预留印鉴不符的支票骗取财物,数额特别巨大,应当以票据诈骗罪追究其刑事责任。

法院查明:2011 年 8 月,苏某与同案人谢某某以个人独资企业的方式,在从化市注册成立的从骏公司,谢浩然为投资人及股东,担任法人代表,苏某全面负责从骏公司的经营管理,该公司经营范围为生产、销售、研究、开发助动自行车,从事将采购的电动摩托车零配件进行组装并予出售的经营活动。

2012 年 3 月,苏某、谢某某为扩大生产经营,向谢某甲租赁果园用于兴建从骏公司新厂房及办公楼约 1 万平方米。其间,苏某将从骏公司售卖摩托车所得货款、自有资金以及向莫某所借的 100 万余元等,用于支付租赁谢某甲上述土地 20 年的租金及青苗费 399.6 万元,以及支付马某工程款约 600 万元。2012 年 8 月,因从骏公司所建新厂房无合法报建手续而被从化市城管局清拆整治。

从 2012 年 8 月开始,苏某在从骏公司与摩托车配件供货商结算摩托车零配件货款时,明知其投资新厂房失败导致没有资金支付货款时,仍然以从骏公司、谢某某名义,再在从化市农商银行、从化市工商银行、从化市中国银行没有足额资金的情况下,开具兑现日为二三月后的空头支票或与预留印鉴不符的支票,作为货款支付给供货商,骗得供货商的信任,继续向从骏公司提供摩托车零配件。2012 年 11

月开始，供货商在支票到期向银行兑现时，陆续发现从骏公司所开具的支票因余额不足或出票人签章与预留银行签章不符而被退票。经统计，至2013年3月(支票兑现日期)为止，从骏公司向郑某等35家供货商开具的空头支票或者与预留印鉴不符的支票111张，共计金额1024万余元，以及拖欠货款200万余元。

2013年年初，苏某在供货商多次追讨货款的情况下，承诺分期归还欠款并以现金交易方式购买摩托车零配件而继续经营生产，而供货商则继续向从骏公司提供摩托车零配件。随后，从骏公司继续向供货商购买摩托车零配件，并以现金方式支付相应货款，同时，亦归还供货商少部分前述支票的货款。2013年4月22日，工商部门因从骏公司被举报超范围生产而对其进行调查、整顿，从骏公司停业关闭。

法院认为：根据从骏公司提交的生产数量总报表及人工工资表、水电费资料，以及结合多名证人证言，从骏公司从成立之初至2012年中期，经营状态正常，符合公司经营日渐成熟的趋势，从骏公司在此期间投资建设新厂房以图扩大生产规模，苏某、谢某某为此将从骏公司的货款、向亲朋的借款等资金投资其中，仍属于从骏公司调配企业资金的行为，亦非违法之举。但由于苏某等人未办理规划、报建等土地使用手续，导致其建厂行为因违反土地管理规定，导致其投资损失殆尽，这确为投资失败。尽管从骏公司因此资金匮乏，但从骏公司只是存在偿还被害人货款及亲友借款的责任，而非其在从化市开发区广从大道原厂房没有生产经营的能力。至2012年年末，虽苏某要求供货商增大配件的供给，但多名证人、苏某均证实这仅为摩托车产量提高所需，没有证据证实系从骏公司利用虚假生产、骗取供货商配件予以占有的行为。诚然，由于前述资金殆尽的事实，可支付货款的资金遽然缺乏，从骏公司、苏某利用开具空头支票拖延支付货款的行为诚然违反诚实信用的原则，但公诉机关未有证据指证其行为的目的在于侵占供货商的配件或待摩托车装配后侵占货款而不予支付；此外，因供货商敦促，从骏公司在2013年始以现金当即结算的方式与大部分被害人进行交易、购买配件继续生产的行为，苏某多次与被害人协商还款并在此期间偿还少量货款的行为，以及银行账户流水账等书证证实从骏公司在2012年中期至2013年4月期间，仍有资金支付被害人银行账户的记录，亦不能支持从骏公司、苏某具有非法占有被害人配件的主观目的。鉴此，公诉机关指控苏某构成票据诈骗罪的证据不足。

裁判结果:苏某不构成票据诈骗罪。

判例解析:票据诈骗罪的构成需要在主观方面具有非法占有的目的,客观方面实施了使用伪造、变造票据等票据诈骗行为。在以开具空头支票方式实施的诈骗中,其中的非法占有目的指的是对支票收票人的财物的非法占有。反过来,如果签发空头支票不是为了骗取对方财物,而是基于其他目的,那么不能认定构成票据诈骗罪。

就本案而言,一方面,苏某向供应商采购零配件是生产经营所需,收到之后也确实用于生产经营当中,并没有在收到零部件之后转卖携款潜逃等行为,无法证明其有非法占有供货商零配件的故意。另一方面,苏某开出空头支票是因为投资失败之后资金匮乏,但其仍然希望通过继续生产扭亏。在供货商不再接受支票后,开始以现金结算继续生产。而对于持有支票的供货商,苏某并非概不承认或放任不理,而是与他们多次协商还款问题,并且在此期间少量偿还了货款。两方面的事实均表明苏某没有骗取供货商零配件的主观故意,没有非法占有的目的,因而不构成票据诈骗罪。

五、孙某某票据诈骗案[①]

基本案情:2016年6月至10月间,北京甲公司与深圳乙公司及丙公司签订购货合同,并采用开具延期支票的方式进行付款。2016年11月,因甲公司账面亏空较大,公司管理层人员关于公司的经营模式和经营状况出现严重分歧,并发展为内讧,这导致甲公司的购货和销货中断,资金链断裂,无法兑付延期支票。经统计,未兑付乙公司的延期支票金额总计人民币4700万余元,未兑付丙公司的延期支票金额总计人民币1600万余元。

检察院认为:本案系因公司经营不善导致的经济纠纷,不存在犯罪事实。

裁判结果:对孙某某不起诉。

判例解析:从该案相关文书来看,甲公司签发了大量延期支票。在签发之时,并非完全不存在付款可能,但在之后由于公司账目亏空、管理层内讧等原因导致支票到期时无法兑付。概言之,甲公司向乙公司、丙公司采购货物是基于生产需要,并没有骗取货物的主观故意,出现延期支票不能兑付是因为经营亏损、

---

① 参见北京市人民检察院第一分院京一分检公诉刑不诉[2018]27号。

管理层内讧等难以预料的因素。因此而导致的争议，检察院认定属经济纠纷范畴，不存在犯罪事实。

六、王某某票据诈骗案[①]

基本案情：2014 年 8 月至今，王某某担任清远市某陶瓷公司经理期间，以购买煤炭为由，在北京市海淀区通过传真的方式与北京某能源公司签订《煤炭购销合同》，先后开具 36 张支票支付货款，支票入账后被银行以空头支票为由退票，涉案金额 25,312,815 元。王某某的行为，涉嫌票据诈骗罪。

检察院认为：经审查并退回补充侦查，本院仍然认为北京市公安局海淀分局认定的犯罪事实不清、证据不足。客观方面，现无证据表明王某某具有将涉案货物转卖变现、将资产转移或肆意挥霍等行为；主观方面，认定王某某具有非法占有故意的证据不足，不符合起诉条件。

裁判结果：对王某某不起诉。

---

① 参见北京市人民检察院第一分院京一分检公诉刑不诉[2018]7 号。

第十七章　信用卡诈骗罪无罪判例解析

法律条文

《刑法》

第一百九十六条　【信用卡诈骗罪、盗窃罪】有下列情形之一，进行信用卡诈骗活动，数额较大的，处五年以下有期徒刑或者拘役，并处二万元以上二十万元以下罚金；数额巨大或者有其他严重情节的，处五年以上十年以下有期徒刑，并处五万元以上五十万元以下罚金；数额特别巨大或者有其他特别严重情节的，处十年以上有期徒刑或者无期徒刑，并处五万元以上五十万元以下罚金或者没收财产：

（一）使用伪造的信用卡，或者使用以虚假的身份证明骗领的信用卡的；

（二）使用作废的信用卡的；

（三）冒用他人信用卡的；

（四）恶意透支的。

前款所称恶意透支，是指持卡人以非法占有为目的，超过规定限额或者规定期限透支，并且经发卡银行催收后仍不归还的行为。

盗窃信用卡并使用的，依照本法第二百六十四条的规定定罪处罚。

《最高人民检察院、公安部关于公安机关管辖的刑事案件立案追诉标准的规定（二）》

第四十九条　〔信用卡诈骗案（刑法第一百九十六条）〕进行信用卡诈骗活动，涉嫌下列情形之一的，应予立案追诉：

（一）使用伪造的信用卡、以虚假的身份证明骗领的信用卡、作废的信用卡或者冒用他人信用卡，进行诈骗活动，数额在五千元以上的；

（二）恶意透支，数额在五万元以上的。

本条规定的“恶意透支”，是指持卡人以非法占有为目的，超过规定限额或者规定期限透支，经发卡银行两次有效催收后超过三个月仍不归还的。

恶意透支的数额，是指公安机关刑事立案时尚未归还的实际透支的本金数额，不包括利息、复利、滞纳金、手续费等发卡银行收取的费用。归还或者支付的数额，应当认定为归还实际透支的本金。

恶意透支，数额在五万元以上不满五十万元的，在提起公诉前全部归还或者具有其他情节轻微情形的，可以不起诉。但是，因信用卡诈骗受过二次以上处罚的除外。

《最高人民法院、最高人民检察院关于修改〈关于办理妨害信用卡管理刑事案件具体应用法律若干问题的解释〉的决定》

三、增加一条，作为《解释》第八条：“恶意透支，数额在五万元以上不满五十万元的，应当认定为《刑法》第一百九十六条规定的‘数额较大’；数额在五十万元以上不满五百万元的，应当认定为《刑法》第一百九十六条规定的‘数额巨大’；数额在五百万元以上的，应当认定为《刑法》第一百九十六条规定的‘数额特别巨大’。”①

罪名详解

信用卡诈骗罪，是指以非法占有为目的，利用信用卡进行诈骗活动，数额较大的行为。

本罪保护的法益是信用卡管理制度和公私财产所有权。

本罪的构成要件内容为行为人采用虚构事实或者隐瞒真相的方法，利用信用卡骗取公私财物的行为。具体分为四种方式：

1. 使用伪造的信用卡，或者使用以虚假的身份证明骗领的信用卡。

伪造的信用卡，是指模仿信用卡的质地、模式、版块、图样以及磁条密码等制造出来的信用卡。使用是指使用伪造的信用卡购买商品、支取现金，以及用伪造的信用卡接受各种服务等。以虚假的身份证明骗领的信用卡，包括虚构一个根

① 使用伪造、骗领、作废的信用卡以及冒用他人信用卡的追诉标准是5000元。恶意透支的追诉标准原为1万元，2018年11月28日最高人民法院、最高人民检察院对之前的司法解释进行了修改，将追诉标准提高到了5万元。追诉标准的提高使得在新规施行后出现了不少恶意透支额度1万元以上5万元以下者被改判无罪的案件。

本不存在申请人的身份信息骗领信用卡，以及用他人的身份信息骗领信用卡，但他人并不知情的。

2. 使用作废的信用卡。

作废的信用卡，是指根据法律和有关规定不能继续使用的过期信用卡、无效信用卡、被依法宣布作废的信用卡和持卡人在信用卡有效期内中途停止使用，并将其交回发卡银行的信用卡，以及因挂失而失效的信用卡。此外，使用作废的信用卡还包括使用涂改卡，即使用被涂改过卡号的无效信用卡。

3. 冒用他人信用卡。

根据我国有关信用卡的规定，信用卡均限于合法的持卡人本人使用，不得转借或转让。冒用是指非持卡人以持卡人的名义使用持卡人的信用卡而骗取财物的行为。如果信用卡与身份证合放在一起而同时丢失，则可能给拾得者创造冒用的机会。这些拾得者在取得他人的信用卡后，可能会在持卡人发觉遗失之前，利用止付管理的时间差，采取冒充卡主身份，模仿卡主签名的手段，到信用卡特约商户或银行购物取款或享受服务。

4. 恶意透支。

可透支消费是信用卡的本质特征，实质上就是银行借钱给客户。所谓恶意透支，根据《刑法》及司法解释规定，指持卡人以非法占有为目的，超过规定限额或者规定期限透支，经发卡银行两次有效催收后超过3个月仍不归还的行为。

本罪的责任形式是故意，而且是直接故意，行为人主观上还必须具有非法占有公私财物的目的。

理论难点

如何认定"恶意透支"

透支是信用卡的核心功能，也是信用卡与借记卡的区别所在。实践当中，因恶意透支而被追究法律责任最为多发。但究竟何种情形属于恶意透支？是否只要超过期限未清偿透支款就属于恶意透支？对于上述问题需要进一步阐明。

根据《刑法》第196条第2款，恶意透支是指持卡人以非法占有为目的，超过规定限额或者规定期限透支，并且经发卡银行催收后仍不归还的行为。《最高人民法院、最高人民检察院关于办理妨害信用卡管理刑事案件具体应用法律若干问题的解释》(以下简称《信用卡刑事案件司法解释》)第6条则将恶意透支进一步限定为：持卡人以非法占有为目的，超过规定限额或者规定期限透支，经发卡银行两次有效催收后超过3个月仍不归还的。也即，在《刑法》规定的基础上增加了"两次有效催收"和"超过3个月仍不归还"两个限定条件。

超过规定的限额或期限透支，两次有效催收，催收后超过3个月仍不归还，均属于客观的构成要件要素。但是，仅仅具备这些要素，仍然不属于恶意透支，必须同时具备"以非法占有为目的"方可。换言之，行为人必须是在非法占有目的的支配之下，实施了超过限额或超过期限的透支行为，并且在银行两次有效催收后超过3个月仍不归还的，才属于恶意透支。如果并没有非法占有目的，则不属于恶意透支。

如何认定信用卡透支时行为人是否存在非法占有目的，《信用卡刑事案件司法解释》第6条第3款作了规定："具有以下情形之一的，应当认定为《刑法》第一百九十六条第二款规定的'以非法占有为目的'，但有证据证明持卡人确实不具有非法占有目的的除外：(一)明知没有还款能力而大量透支，无法归还的；(二)使用虚假资信证明申领信用卡后透支，无法归还的；(三)透支后通过逃匿、改变联系方式等手段，逃避银行催收的；(四)抽逃、转移资金，隐匿财产，逃避还款的；(五)使用透支的资金进行犯罪活动的；(六)其他非法占有资金，拒不归还的情形。"

张明楷教授强调，司法机关不能望文生义地理解该司法解释，根据行为与责任同时存在的原理，非法占有目的必须存在于透支时；透支时没有非法占有目的或者说具有归还意思的，因为缺乏责任要素，无论如何都不能认定为信用卡诈骗罪。[①] 具体而言，对该司法解释的理解需注意以下几点：第一，应允许行为人就不具有非法占有目的提出反证予以证明；第二，对于"明知"没有还款能力，必须通过其他证据证明行为人在透支当时确实已经资不抵债，同时又缺乏经济来源；第三，对于"隐匿、改变联系方式"，需查明联系方式的改变是否确实是为了逃避银行催收；第四，透支款项的用途，是用于正当消费，还是进行了肆意挥霍；第五，要考察行为人的偿还能力，透支时是否有稳定收入，以及是否为偿还透支款进行了努力或作出了相应安排。

---

① 参见张明楷：《刑法学》(第5版)(下)，法律出版社2016年版，第804页。

无罪判例

一、陈某某信用卡诈骗案[①]

基本案情：2015年4月，陈某某向上海浦发银行太原分行申领了信用卡，固定授信额度为37,000元，于2015年5月8日激活并使用。陈某某在使用该卡过程中，于2016年1月6日向该行申请"万用金"174,000元，于2016年3月17日向该行申请"万用金"87,000元。后因陈某某未按照规定期限还款，该卡于2016年9月10日开始逾期，截至2017年2月24日，共逾期168天，涉案信用卡欠款本金为88,748.75，其中"万用金"金额为82,550元，固定额度内消费金额为6198.75元。逾期利息、滞纳金、手续费等总计67,686.95元。上海浦东发展银行关于信用卡（个人卡）分期还款信贷功能管理办法证明，"万用金"现金分期业务的申请和使用规则。另，2017年3月14日，涉案信用卡还款158,262.82元，欠款全部还清。

太原市中级人民法院认为：2018年12月1日施行的《信用卡刑事案件司法解释》第11条规定："发卡银行违规以信用卡透支形式变相发放贷款，持卡人未按规定归还的，不适用《刑法》第一百九十六条'恶意透支'的规定。构成其他犯罪的，以其他犯罪论处"。本案中，陈某某涉案信用卡欠款本金为88,748.75，其中"万用金"金额82,550元，而该"万用金"是浦东发展银行推出的向持信用卡人提供分期还款信贷，将核准的信贷款项转入持卡人同名项下的其他账户或由持卡人通过银行柜面提取，该授信额度不占用信用卡的固定信用额度，持卡人按约定期数执行的同期同档次贷款利率通过信用卡偿还。所以该82,550元不属于信用卡中固定信用额度的可透支款项，而是属于变相发放贷款。发卡银行也证明陈某某信用卡固定授信额度中透支金额为6198.75元。而根据《信用卡刑事案件司法解释》第8条规定：恶意透支，数额在五万元以上不满五十万元的，才应当认定为《刑法》第196条规定的数额较大。因此，只有达到该数额较大的才能追究刑事责任。

关于陈某某账户中欠款组成中包含"利息、滞纳金、手续费、逾期还款违约

---

① 参见山西省太原市中级人民法院刑事判决书，（2019）晋01刑终13号。

金总计 67,686.95 元”之节，因《信用卡刑事案件司法解释》中明确规定：“恶意透支的数额，是指公安机关刑事立案时尚未归还的实际透支的本金数额，不包括利息、复利、滞纳金、手续费等发卡银行收取的费用”。所以，该部分利息等金额不属于恶意透支的数额。陈某某恶意透支金额为 6198.75 元，未达到《刑法》要求的“数额较大”的法定条件，不应当适用《刑法》对其追究刑事责任。陈某某的行为依法不构成犯罪。

裁判结果：(1)撤销太原市小店区人民法院(2018)晋0105刑初452号刑事判决；(2)陈某某无罪。

判例解析：当前，信用卡除了透支消费之外，还发展出了贷款、融资等其他功能。然则，恶意透支型信用卡诈骗罪中的“恶意透支”，针对的是信用卡的固定授信额度，而不包括以信用卡方式对持卡人所发放的贷款。本案中，当事人的信用卡授信额度为 3.7 万元，而“万用金”17.4 万元，属于透支额度范围之外的贷款，该笔贷款中未按时归还的金额，不能计入信用卡透支金额。扣除“万用金”欠款金额，当事人信用卡透支不到 1 万元，未达到追诉标准，应当宣告无罪。

此外，湛江市中级人民法院的(2017)粤08刑终61号、62号判决与此相似。该案系在信用卡中办理家居装修分期业务，取得银行资金 20 万元，对该资金逾期未还是否属于信用卡诈骗？判决书中进行了精彩的说理，摘录如下：

恶意透支是指持卡人以非法占有为目的，超过规定限额或者规定期限透支，并且经发卡银行两次催收后超过 3 个月仍不归还的行为。其中“限额”的“额”是指信用额度。《商业银行信用卡业务监督管理办法》第 50 条规定，发卡银行应当建立信用卡授信管理制度，根据持卡人资信状况、用卡情况和风险信息对信用卡授信额度进行动态管理，并及时按照约定方式通知持卡人，必要时可以要求持卡人落实第二还款来源或要求其提供担保。发卡银行应当对持卡人名下的多个信用卡账户授信额度、分期付款总体授信额度、附属卡授信额度、现金提取授信额度等合并管理，设定总授信额度上限。商务采购卡的现金提取授信额度应当设置为零。信用额度指发卡银行根据持卡人的资信情况等为其核定的、持卡人在卡片有效期内可循环使用的、因用卡而对发卡银行产生的欠款的最高限额。信用卡消费支付功能中透支的信用额度与借贷关系中借款人与银行在协议中约定借款的信贷额度的额度确定、取得方式、使用等方面的规定均不一样。信用卡持有人使用信用卡的信用贷款功能取得银行资金的行为是一种贷款行为，不能认定为信用卡持卡人因临时消费急需，经发卡银行授权批准后，在规定的最高透支限额和最长透支期限内透支的行为。行为人取得信贷资金后逾期未归还的行为应按照相关贷款的法律规定界定其性质，不能因为该信用贷款使用的介质是信用卡，就认定为恶意透支行为，认定构成信用卡诈骗罪。

二、张某信用卡诈骗案[①]

基本案情：2012 年 12 月 12 日，张某在光大银行广州分行申请了一张信用卡，至 2016 年 6 月 14 日累计透支本金 297,717.13 元；2013 年 2 月 7 日，张某在光大银行广州分行申请了另一张信用卡，至 2016 年 6 月 14 日累计透支本金 199,868 元。张某透支前述两张信用卡主要用于偿还其所欠招商银行的贷款。自 2015 年 7 月 21 日始，张某未能按期偿还涉案透支款，光大银行广州分行多次向张某催收欠款，张某多次表明其出售自己的房屋后将偿还涉案透支款。2016 年 6 月 13 日，招商银行佛山分行作为第三方，张某（卖方）与陶某周（买方）签订了房屋买卖协议，该协议约定自该协议生效之日起陶某周支付购房总价款 430 万元给张某，后因买方对房屋过户后权属人登记问题存在异议而未能交易成功。2016 年 6 月 17 日张某被公安机关抓获。

原审法院认为：张某无视国家法律，以非法占有为目的，恶意透支使用信用卡，数额巨大，破坏了我国信用卡的管理秩序和侵犯了受害单位财物的所有权，其行为已构成信用卡诈骗罪。张某当庭认罪，认罪态度较好，对其酌情予以从轻处罚。综合考虑张某的犯罪事实、情节、对社会的危害程度及认罪态度，判决如下：张某犯信用卡诈骗罪，判处有期徒刑 5 年 3 个月，并处罚金人民币 5 万元。

佛山市中级人民法院认为：1. 关于张某提出其因资金链断裂而未能及时偿还两张中国光大银行信用卡的透支款，其事前已将唯一自住房屋委托房产中介进行出售，并欲将售房款用于偿还中国光大银行信用卡透支款，其间其亦积极与中国光大银行沟通联系，请求该行给予其一定的时间将上述房屋出售后再偿还所欠款项，其主观上没有非法占有的目的，其行为不构成信用卡诈骗罪的上诉意见。

经查，张某因经营生意失败和招商银行提前收回贷款而导致资金链断裂，故

---

① 参见广东省佛山市中级人民法院刑事判决书，(2017) 粤 06 刑终 398 号。

其未能按期偿还两张中国光大银行信用卡的透支款项。自2015年7月起，中国光大银行便以电话、信函、上门等方式对张某进行多次催收，张某多次称其正在出售自己的房屋，待房屋售出后再偿还所欠透支款，期间虽然有张某未接听催收电话的情况，但亦存在张某之后主动回拨催收电话并告知催收银行其出售房屋后将偿还所欠透支款的催收记录。在中国光大银行催收前，即2015年6月24日，张某就已委托佛山市粤某福房地产代理有限公司将其所有的房屋代为出售；2016年6月13日，招商银行佛山分行作为第三方，张某(卖方)与陶某周(买方)签订了房屋买卖合同，该合同约定陶某周应支付购房总价款430万元给张某，张某应将收取的购房款用于偿还所欠招商银行佛山分行贷款本息共计3,080,155.30元，余款退还至张某指定的银行账户，后因买方对房屋过户后权属人登记问题存在异议而未交易成功。同年6月17日，公安机关接到中国光大银行报案后将张某抓获，张某归案后一直辩称其欲通过出售房屋从而偿还涉案透支款，其无恶意透支的行为，亦无诈骗的故意。上述事实有申请涉案信用卡资料、中国光大银行信用卡逾期催收记录、招商银行个人贷款借款合同、招商银行个人授信最高额抵押合同、佛山市粤某福房地产代理有限公司龙江分公司负责人李某出具的证明、房源资料截图、房屋买卖协议书、被害单位员工黄某强的相关陈述、证人黄某珍、李某的证言、张某的供述和辩解等证据相互印证，足以认定。由此可见，虽然张某透支后逾期还款，但是其并无逃匿行为，其对银行的催收电话亦未拒绝接听，且能主动与催收银行沟通并欲通过出售房屋从而偿还透支欠款，之后其与买方协定的房屋售价款亦足以偿还其在本案中所负的全部银行债务，虽然其最终未能偿还涉案透支款，但是该结果并非张某自身主观原因所致。根据本案现有证据，按照"存疑有利于被告"的原则，应当认定张某主观上没有非法占有的目的，客观上没有实施信用卡诈骗的行为，其不构成信用卡诈骗罪。原审判决认定张某构成信用卡诈骗罪证据不足，属客观归罪。张某提出的上诉意见与查明的事实相符，本院予以采纳。

2.关于广东省佛山市人民检察院提出的张某在无法偿还招商银行的贷款时先透支中国光大银行的信用卡，而不是先出售房屋，根据现有证据还不能查实张某不能偿还招商银行贷款的原因，故张某主观上是否具有非法占有的故意尚未查实；根据证人李某、黄某珍的证言可以证实张某所有的房屋当时售价为430万元，而当时司法拍卖对该房屋的估价为324万元，两种价格之间相差较大，对该原因未能查实。因此,张某主观上是否具有非法占有涉案透支款的故意和其客观上是否具有还款能力的事实不清,建议发回重新审判的出庭意见。

经查,根据招商银行个人贷款借款合同、广东省佛山市顺德区人民法院(2016)粤0606执字第1787号之一执行裁定书、个体户机读档案登记资料、张某向中国光大银行提供的收入证明、涉案信用卡交易流水清单、张某的供述和辩解等在案证据,足以证实张某曾经营过佛山市顺德区龙江镇乐某家具厂、佛山市顺德区龙江镇张某家具厂以及在佛山市顺德区展某包装材料有限公司担任销售主管、从事家具贸易等工作,其因经营生意需资金周转而向招商银行贷款300万元,后因经营生意失败和招商银行提前收回贷款而导致资金链断裂,故未能偿还招商银行所贷款项。如上所述,张某为了偿还所欠招商银行、中国光大银行等银行债务,其在中国光大银行催收前即已将其居住的房屋委托房产中介机构代售,之后其与买方协定的房屋售价款亦足以清偿其在本案中的所有债务,而上述在案书证证实对张某的房屋司法拍卖评估时间在前,张某出售房屋时间在后,且招商银行在放贷前委托评估机构对该抵押房屋所作的评估价和张某与买方协定的售房价基本相当。在司法实践中,被拍卖标的物的市场情况、变现时间等均系评估机构考虑的因素。由此可见,张某与他人在平等、自愿的基础上达成的房屋交易价格更能体现真实的市场价值,其欲通过出售房屋从而偿还涉案透支款的行为客观存在,其客观行为能够反映其主观方面无非法占有的目的。故原审判决认定事实不清、证据不足,但经补充相关证据,现已查明本案事实,依法对原判予以改判,故对广东省佛山市人民检察院提出的发回重新审判的意见不予采纳。

本院认为,原审判决认定张某构成信用卡诈骗罪的证据达不到确实、充分的证明标准,不能得出张某具有非法占有涉案透支款目的的唯一结论,原公诉机关指控张某所犯罪名不能成立。张某关于其不构成信用卡诈骗罪的上诉意见成立,予以采纳。

裁判结果:(1)撤销广东省顺德区人民法院(2017)粤0606刑初33号刑事判决;(2)上诉人张某无罪。

判例解析:本案中张某透支信用卡逾期未还系客观事实,但是否构成信用卡诈骗罪,关键是张某在透支之时有无非法占有目的。张某经营家具生意,因经营不善及银行提前收回贷款出现资金链断裂,继而出现了信用卡透支款逾期未还的行为。判断张某透支时有无非法占有目的,应结合各方面证据,深入体察张某当时的实际状况后综合判断。第一，张某透支信用卡用途是用于归还招商银行贷款，并未肆意挥霍；第二，张某跟银行一直保持了沟通，其间虽有不接银行电话的情况，但之后拨通催收电话并告知催收银行其出售房屋后将偿还所欠透支款；第三，张某对于出售房屋以偿还透支款并非口头说说，而是已经采取了实际行动，委托中介机构挂网，与买方谈好了购房事宜，签署了房屋买卖合同。虽最终房屋未能实际出售，但这并非张某主观原因所致，非张某所能控制。结合这三点可见，张某虽然因生意失败资金链断裂，但其透支信用卡系用于正当途径，与银行就还款问题保持沟通，且对于如何偿还信用卡作出了切实安排，无法认定其具有非法占有目的，不构成信用卡诈骗罪。一审判决仅仅以信用卡透支款逾期未还便对张某判处有期徒刑 5 年 3 个月，确如二审判决所指出，属于客观归罪。

三、郑某军信用卡诈骗案①

检察院认为：郑某军于 2009 年 3 月在中信银行办理了信用卡，一直由其消费透支至 2015 年 3 月 29 日，共欠款 74，234.95 元。经中信银行电话催收、寄挂号信、发律师函等多次催收，超过 3 个月仍不归还。郑某军透支后逃匿、改变联系方式，逃避银行催收。

公诉机关据此认为，郑某军无视国家法律，持信用卡恶意透支，数额较大，构成信用卡诈骗罪。建议判处有期徒刑 2 年至 3 年，并处罚金。

法院查明：2009 年 3 月 26 日，郑某军在武汉中信银行申请办理了信用卡。后郑某军来到四会市从事玉器行业（任四会市玉器商会监事长），中信银行广州信用卡中心将其信用卡最高额度调至 67，500 元，该信用卡一直由郑某军使用并消费透支至 2015 年 3 月 29 日。2015 年 4 月 28 日该信用卡开始发生逾期，共欠款本金 74，234.95 元。郑某军最后一次还款是在 2015 年 5 月 13 日通过网上银行偿还了 750 元。从 2015 年 6 月至 2016 年 3 月，中信银行一直向郑某军催收欠款，经电话、寄挂号信、发律师函等方式多次催收，超过 3 个月仍不归还。2016 年 4 月 19 日，郑某军到中信银行与其职员协商还款事宜，因双方协商不成，郑某军于 2016 年 4 月 20 日被中信银行的职员扭送至四会市公安局经侦大队报案。归案后至今，郑某军仍未归还欠款。

① 参见广东省四会市人民法院刑事判决书，（2017）粤 1284 刑初 143 号。

法院认为:本案控辩双方争议的焦点是:郑某军是否具有非法占有目的的犯罪故意。结合本案的事实和证据,综合评析如下:

信用卡透支是指持卡人根据与银行达成的协议,在信用额度内消费时无需支付现金,由银行先行垫付,待到期后再行还款的一种行为。理论上透支可分为善意透支和恶意透支。善意透支是指持卡人按照约定在规定限额、规定期限内的透支行为;恶意透支是指持卡人以非法占有为目的,超过规定限额或者规定期限透支,并且经发卡银行两次催收后超过3个月仍不归还的行为。恶意透支信用卡构成犯罪的以信用卡诈骗罪定罪处罚。可见,信用卡透支罪与非罪的区别关键在于对恶意透支行为的认定;而恶意透支行为的认定其前提条件必须是持卡人在主观上有非法占有目的的犯罪故意。

非法占有目的是区分信用卡诈骗罪罪与非罪的要件,是信用卡诈骗罪与民事案件信用卡(借款合同)纠纷相区分的界限。由于非法占有目的形成和存在于行为人的内心,这种主观心态难以像客观行为一样容易证明,但是通过客观事实和外在行为可推定行为人的精神世界,可以根据行为人实施的客观行为及相关事实来评价。现从如下几点分析郑某军在主观上是否具有非法占有目的的犯罪故意:

(1)中信银行的报案材料中郑某军信用卡的银行流水显示:郑某军欠中信银行信用卡涉案金额为74,234.95元,包括从2015年1月21日至2015年3月29日期间的六笔消费透支;而郑某军的中信银行信用卡是在2009年3月申办的,之后一直正常消费并正常还款。可见,郑某军从申办中信银行信用卡之后直至2015年1月之前(接近6年时间)均不存在恶意透支行为。

(2)郑某军辩称于2015年4月21日在北京乘坐公交车时丢失了翡翠珠宝,北京市公安局朝阳分局建外派出所出具的证明显示:郑某军在当日的确有报警的事实。虽然现有的证据不能证实郑某军所称的翡翠珠宝的价值,但根据本案证据材料:郑某军在四会市从事玉器行业,领取了工商营业执照,有固定的经营场所,且是四会市玉器商会(第四届)的监事长。故可推断郑某军在丢失翡翠珠宝之前对于本案的透支金额74,234.95元是有偿还能力的。

(3)北京市安博律师事务所作出的《调查协助回复函》及附件显示:郑某军在北京丢失翡翠珠宝之后,曾要求北京市安博律师事务所的曹某和曹某甲律师为其代理报案事宜,该两名律师提供了郑某军邮箱中的郑某军在北京到各级部门上访的材料；再结合公安机关查询公安部的全国云搜索查询系统显示的：郑某军从2015年3月后至案发时没有（航空、车船、高某）来往北京和广州的交通工具使用信息。这些佐证了郑某军称在其丢失翡翠珠宝后，一直在北京找工作并通过各种渠道寻找珠宝的讲法。故可推断郑某军在消费透支后，没有逃匿，而是在北京寻求行政救济及司法救济。

（4）虽然，郑某军承认在银行向其催收期间（2015年下半年）曾更换过一次电话号码，但其辩解称是为了节省开支，以免产生漫游费用，并将新的电话号码告知了中信银行。对此，中信银行的职员李某认为新的电话号码是其通过郑某军户籍地的村支书取得的。但这仅仅只有相关证人的证言，没有其他证据相印证，属孤证，不能由此推定郑某军改变了联系方式，故本院不予采信。相反，根据中信银行提供的电话催收记录显示：从2015年7月2日至2016年3月11日期间，中信银行一直与郑某军保持电话联系，中信银行一直向郑某军催收欠款，郑某军只称“珠宝丢失已经报案，人在北京经济困难”等，但从未表示过不还欠款。可见，郑某军虽然更换过一次电话号码，但没有影响到中信银行与其保持联系。

（5）中信银行的报案材料中的对账单显示：2015年5月13日郑某军通过网银支付的方式向中信银行偿还了750元。可见，郑某军在丢失翡翠珠宝之后，还具有一定的偿还意愿。

（6）根据郑某军的供述并结合证人李某的证言：郑某军于2016年4月19日到中信银行与其职员协商还款事宜，因双方协商不成，才被中信银行的职员扭送至公安机关的。可见，郑某军自始至终没有逃避银行的催收，还主动到中信银行与其协商，但因为客观原因不能达到中信银行的最低还款额才引发本案。

综上综述，郑某军的行为没有《信用卡刑事案件司法解释》第6条第2款规定的任何一种情形，现有的证据不能证实郑某军在主观上具有非法占有目的的犯罪故意，不符合信用卡诈骗罪主观方面的构成要件。

综上，郑某军虽然有透支行为，且经发卡银行催收后仍不归还，但不属于以非法占有为目的的恶意透支，其行为不符合信用卡诈骗罪的犯罪构成要件。公诉机关对郑某军涉嫌信用卡诈骗罪的指控事实不清，证据不足，本院不予认定。郑某军的辩解意见，理据充分，本院予以采纳。郑某军未能按照约定偿还欠款属于民事违约行为，中信银行可循民事法律途径救济以挽回其经济损失。

裁判结果：郑某军无罪。

判例解析:恶意透支型信用卡诈骗案中,逾期未归还透支款系客观事实,往往无可辩驳。是否构成信用卡诈骗罪,关键在于非法占有目的的认定。本案中,法院明确指出:恶意透支认定的前提条件必须是持卡人在主观上有非法占有的目的,非法占有目的是区分信用卡诈骗罪罪与非罪的要件,是信用卡诈骗罪与民事案件信用卡(借款合同)纠纷相区分的界限。对于是否存在非法占有目的,则需根据《信用卡刑事案件司法解释》第6条第2款综合分析。《信用卡刑事案件司法解释》共规定了可以推定存在"非法占有目的"的六种情形(第六种为兜底),就本案而言,可直接排除使用虚假资信证明申领信用卡后透支、抽逃资金、隐匿财产以及使用透支资金进行犯罪活动三种情形,因此关键在于其余两种情形的分析。

第一,是否属于"明知没有偿还能力而透支"?本案中,郑某军辩称未能归还信用卡透支款的原因是2015年4月份在北京丢失了价值190万余元的珠宝,对此提供了公安派出所的报警记录、接收委托代理报案事宜的律师事务所出具的《协助调查回复函》以及郑某军邮箱中到北京各部门上访的材料,这些证据之间可相互认定,丢失珠宝一事足以认定。郑某军因丢失价值巨大的珠宝而陷入经济困境,而其信用卡透支行为均发生在丢失珠宝之前。这表明,郑某军透支之时,是有能力偿还透支款的,并非"明知没有偿还能力而透支",之后未能偿还透支款是丢失珠宝这一客观原因所致,非其主观上所能预料。

第二,是否属于"透支后通过逃匿、改变联系方式等手段,逃避银行催收"?郑某军确实离开原住所地到了北京,停止使用了原来的手机号码,但这是否属于逃匿、改变联系方式逃避银行催收仍需详加分析。郑某军丢失价值巨大的珠宝后,一直在北京找工作并通过各种渠道寻找珠宝,寻求行政救济和司法救济,行为客观存在,与逃匿显然不同。更换电话号码,其辩解称是为了节省开支,以免产生漫游费用,这也合情合理。尤其是,郑某军将变更后的电话号码告知了中信银行,一直与银行保持电话联系,还于2016年4月19日到中信银行与其职员协商还款事宜。这些均表明郑某军没有以逃匿、改变联系方式等手段逃避银行催收,无法认定其主观上具有非法占有目的。

四、潘某某信用卡诈骗案[①]

基本案情:2013年11月,潘某某与于某某向中国银行长春建设街支行信用卡中心,以潘某某的身份信息申请办理了信用卡一张,后二人使用该卡进行透支,2014年10月20日最后一次还款后,经中国银行多次有效催缴,超过3个月后仍拒不归还,至案发时,该卡欠款本金累计人民币425,698.13元。案发后,潘某某已偿还所欠本金。

原审法院认为:潘某某作为持卡人,放任实际使用人恶意透支信用卡,数额巨大,其行为已构成信用卡诈骗罪,应予惩处。公诉机关指控的罪名成立,予以确认;指控的犯罪数额有误,予以变更。据此以信用卡诈骗罪判处潘某某有期徒刑5年,并处罚金人民币20万元。

潘某某供述:其于2013年11月在长春市朝阳区建设街的中国银行办理信用卡,其办理这张信用卡是于某某提出来的,是其和于某某一起去的。其把信用卡给于某某使用,于某某说他还钱,其没有使用过,于某某跟其说都按期还钱了。办理信用卡时留的联系方式是其手机号码,后来其把手机卡给于某某了,现在于某某还在使用。其以前在于某某的水厂打过工,与于某某认识十多年了,关系很好,于某某说盖办公楼缺钱让其办张信用卡,因为当时其是水厂的法人,所以用其身份证办理的。卡一直是于某某使用,于某某对其说信用卡的钱由他自己还。其没有接到过银行的催缴通知,因为刚办下来信用卡的时候其看到过一次短信,之后其就把电话卡给于某某了,后来有没有催缴其不知道。2015年9月份其奶奶跟其说银行来要钱,其就跟于某某联系了,于某某告诉其银行要钱了,但没说很急,也没告诉其数额。

长春市中级人民法院查明:2013年10月30日,潘某某向中国银行长春建设街支行信用卡中心申请办理了信用卡一张,潘某某供称将该卡交予于某某使用。该卡被使用期间发生透支未还情况,在2014年10月20日最后一次还款后,经中国银行多次催缴,超过3个月后仍未能归还。至案发时,该卡欠款本金累计人民币425,698.13元。案发后,所欠本金已足额偿还。

长春市中级人民法院认为:信用卡申请人虽为潘某某,但其供称将卡借予于

---

① 参见吉林省长春市中级人民法院刑事判决书,(2016)吉01刑终350号。

某某使用,并相信其有偿还能力,因于某某未到案,潘某某是否与于某某合谋或放任其透支钱款不清;银行工作人员证实该卡的实际使用人为于某某,催收对象亦为于某某,现无证据证实于某某将透支未还情况、银行催收告知潘某某,潘某某并无透支行为及被催收,认定潘某某构成信用卡诈骗罪的证据不足。

裁判结果:(1)撤销长春市朝阳区人民法院(2016)吉 0104 刑初 74 号刑事判决;(2)上诉人潘某某无罪。

判例解析:本案是将信用卡提供给他人使用,因他人透支后逾期未还引发的刑事案件。就案件事实看,一审法院认定是潘某某与于某某共同使用信用卡透支,但是在判决理由部分,又认定于某某系实际使用人,潘某某则是"放任实际使用人恶意透支"。一方面,共同使用与放任他人使用存在矛盾之处;另一方面,根据刑法理论,放任是一种间接故意的主观罪过形态,即明知某行为会产生危害后果,但未采取防范措施,而是放任该后果发生。然则,信用卡诈骗罪的犯罪构成要求主观上需是直接故意。在名义持卡人与实际用卡人存在分离的情况下,除非双方存在共谋,否则根据罪责自负的刑法原理,只能够追究实际用卡人的刑事责任。在缺乏事前共谋的情况下,如果实际用卡人恶意透支,尽管名义持卡人存在监督不力的过失,但从民法角度,名义持卡人需对银行承担还款责任,其本身已经成为受害人,不能再就此追究刑责。

就本案而言,在证据方面存在严重缺失,由于于某某没有到案,潘某某是否与于某某合谋透支?或者是否潘某某在与于某某事前通谋的情况下明知其恶意透支而予以放任?皆事实不清、证据不足。此外,本案一审法院认定系恶意透支,但是除了透支款逾期未还的结果外,对于主观方面是否存在非法占有目的完全未予分析,直接得出构成信用卡诈骗罪的结论,实有客观归罪之嫌。

五、侯某某信用卡诈骗案[①]

检察院认为:侯某某于 2012 年 10 月 14 日晚 8 时许,在泉州大桥旁新华都超市门口以"可以帮忙提升信用卡信用额度"为由,骗取被害人黄某某一张光大银行信用卡,并于同月 18 日骗取被害人黄某某该卡的办卡信息、密码等。后以还钱为由,将该信用卡交由陈某甲刷卡套现。2012 年 10 月 23 日下午 17 时许,

---

① 参见福建省泉州市鲤城区人民法院刑事判决书,(2013)鲤刑初字第 702 号。

陈某甲持该卡在泉州经济技术开发区快购便利店内分两次共套现人民币22,800元,在扣除侯某某之前欠其的人民币5000元及支付套现手续费人民币228元后,将剩下的人民币17,572元及信用卡交还给侯某某。2012年12月22日晚,侯某某在泉州市丰泽区宽大网吧被公安人员抓获。公诉机关认为侯某某的行为已构成信用卡诈骗罪。

侯某某辩称:其不构成犯罪,其没有实施起诉书所指控的犯罪事实。其与本案没有任何关系,其不认识本案的黄某某、陈某乙、陈某甲、伍某某等人,没有使用昵称为"一棵树"的QQ号码,没有到过泉州大桥头的新华都和泉州经济技术开发区等地。

辩护人的辩护意见:公诉机关所提供的证据无法证实侯某某构成犯罪。本案没有证据证明黄某某将信用卡交给了侯某某,也没有证据证明侯某某将信用卡交给了陈某甲;本案黄某某的信用卡被陈某甲直接套现,陈某甲前后证言不一致,有作假证的嫌疑,陈某甲所使用的2个QQ号码与昵称为"一棵树"的QQ号码曾在同一上网卡上登录,无法排除陈某甲的嫌疑;故本案应认定侯某某无罪。

法院查明:2012年10月14日20时许,侯某某在位于泉州大桥旁的新华都超市门口,以帮被害人黄某某提升信用卡额度为由,骗取被害人黄某某所有的1张光大银行信用卡。后该卡由陈某甲于2012年10月23日17时许在泉州经济技术开发区快购便利店内分2次共套现人民币22,800元。2012年12月22日晚,侯某某在泉州市丰泽区宽大网吧被公安人员抓获。

法院认为:根据被害人黄某某的陈述,可证实侯某某以提升信用卡额度为由,于2012年10月14日晚在泉州大桥头的新华都门口骗取其所有的光大银行信用卡,该陈述与证人陈某乙的证言能相互印证,并有被害人黄某某、证人陈某乙在公安机关辨认出侯某某的辨认笔录予以佐证,上述证据可以认定公诉机关指控的侯某某骗取被害人黄某某的信用卡的事实;但是,公诉机关指控侯某某将骗取的黄某某的信用卡交由陈某甲套现的该部分事实,仅有证人陈某甲的证言,无其他证据可印证,系孤证;并且证人陈某甲证言提及的信用卡套现后将大部分钱款交给侯某某等细节,未能得到电话通话清单等其他证据的印证;公安机关从侯某某所使用的计算机、手机中均未能提取昵称为"一棵树"的QQ号码的使用记录;公安机关所出具的工作说明证实,"一棵树"所使用的号码已于2013年4月26日重新入网,之前的用户、通话记录无法查询;陈某甲所使用的2个QQ号码与“一棵树”所使用的QQ号码曾在同一上网卡上进行登录。因此,现有证据尚未能形成一个完整、严密的证据锁链,无法得出骗取黄某某信用卡并交由陈某甲套现即为侯某某所为的唯一结论,公诉机关指控侯某某骗取黄某某的信用卡后,以还钱为由,将信用卡交由陈某甲刷卡套现的该部分事实的证据不够充分,不予认定。侯某某的辩解及其辩护人的辩护意见成立,予以采纳。

综上,公诉机关指控侯某某骗取黄某某的信用卡后,以还钱为由,将信用卡交由陈某甲刷卡套现的证据不足,指控的犯罪不能成立。

裁判结果:被告人侯某某无罪。

判例解析:本案检察院指控的信用卡诈骗方式是骗取他人信用卡并使用,属于《刑法》第196条中规定的“冒用他人信用卡”类型。认定本案当事人是否构成犯罪的关键是证据问题。侯某某以帮助提升信用卡额度为由骗取黄某某的信用卡的事实,有被害人黄某某的陈述、证人陈某乙(当天陪同黄某某前往)的证言及辨认笔录相互印证。但是,侯某某骗得信用卡后,是否将其交由陈某甲取款套现,则在证据方面存在缺失。侯某某本人否认将信用卡交给陈某甲套现,仅陈某甲陈述系侯某某将信用卡交给其套现,然则,陈某甲证言中陈述将大部分套现款交给侯某某,缺乏证据印证;陈述没有侯某某的电话号码和QQ号,也有违常理,同时双方间的联系缺乏通话清单相印证。故陈某甲的证言因属于孤证且缺乏其他客观证据相印证,不足采信。本案中更为重要的是,在侯某某的计算机上和手机中,均没有提取到用于沟通联系的昵称为“一棵树”的QQ号码,相反,陈某甲所使用的2个QQ号码则与昵称为“一棵树”的QQ号码有曾在同一上网卡上进行登录的记录。据此,本案证据之间无法形成稳固的证据链条,无法得出侯某某骗取黄某某信用卡后将其交给陈某甲套现的唯一结论,不能排除套现系陈某甲个人自主所为的合理怀疑。

六、刘某某信用卡诈骗案①

基本案情:刘某某于2011年8月29日在工商银行攸县支行办理了一张额度为100万元的信用卡,2011年刘某某开始使用该张信用卡。2015年1月10日,刘某某拖欠该张信用卡到期应还款594,362元。2015年1月19日,刘某某

① 参见攸县人民检察院攸检公诉刑不诉[2018]91号。

又在“攸县某食品贸易有限公司”POS机上刷卡套现404,900元，用于还债110,000元，其他资金用于进货伊利牛奶。刘某某使用该张银行卡合计透支金额999,262元，经工商银行多次催收，刘某某仍未归还透支款，并失去联系。工商银行攸县支行报案至攸县公安局，经攸县公安局经侦大队催收，刘某某委托彭某某从2015年5月至2016年1月陆续多次一共偿还工商银行信用卡透支款本金280,000元，尚欠信用卡透支款本金719,262元，透支信用卡的利息和滞纳金也没有支付。2017年5月5日，刘某某被抓获后，刘某某及其家属主动偿还信用卡透支款200,000元。至此，刘某某已偿还信用卡透支款480,000元，尚欠519,262元。刘某某承诺其余透支款会陆续偿还。

检察院认为：经审查并二次退回补充侦查，本院仍然认为攸县公安局认定的犯罪事实不清、证据不足。本院认为，刘某某涉嫌信用卡诈骗罪是否具有非法占有的目的不能确定，同时刘某某部分使用资金的用途、去向不明，另刘某某偿还信用卡的主观还款情况和客观还款情况不一致，导致认定还款数额存有异议，存在多处疑点。具体理由如下：

1. 刘某某申领信用卡提供的资料真实，不具有欺诈性。

攸县某食品贸易有限责任公司（以下简称某公司）于2008年5月14日成立，法定代表人系犯罪嫌疑人刘某某，公司经营范围内从事预包装食品、散装食品、乳制品等批发。同年，某公司成为内蒙古某公司在攸县的总代理商。2011年8月份，刘某某向中国工商银行攸县支行申请办理一张额度为100万元的信用卡，该行根据刘某某的财产状况、贷款还款记录、经营收入等情况，于2011年8月29日核发了该张信用卡给刘某某。在使用信用卡期间，刘某某主要将资金用于向伊利公司牛奶进货、资金周转等。

2. 在资金使用方面，刘某某未还的四笔刷卡资金，确有部分资金用于伊利牛奶进货即用于生产、经营，另有11万元用于偿还欠款，但还有部分资金的用途、去向不明。

2014年9月11日，刘某某通过其某食品公司POS机刷卡透支490,300元，2014年10月10日做了分期还款；2014年10月11日，刘某某通过其某食品公司POS机刷卡透支295,000元，2014年11月10日做了分期还款；2014年11月10日，刘某某通过其某食品公司POS机刷卡透支286,000元，2014年12月9日做了18万元的分期还款。以上490,300元资金用于伊利牛奶进货，295,000元、

286,000元这两笔资金有部分资金用于牛奶进货,但有部分资金去向不明。

截至2015年3月10日,刘某某偿还了部分分期款,另到期应还分期款30,000元4期(120,000)、40,858元8期(326,864)、49,166元3期(147,498),共计594,362元。2015年1月19日,刘某某在某公司POS机上刷卡套现404,900元,其中11万元用于偿还刘某甲借款,其余资金用于伊利牛奶进货。

综上,刘某某使用该张信用卡透支后未还金额合计999,262元。

3.在信用卡透支后还款方面,刘某某有部分还款行为,不能还款部分既有客观原因,也有主观原因,同时,刘某某主观还款意愿下支付的还款,和其委托还款的人彭某某实际支付的还款不一致,导致还卡数额方面出现疑点。

2013年以后,由于刘某某经营不善、投资不当等原因,导致公司亏损,资金链断裂,因此后期不能及时偿还信用卡透支款。

2015年3月18日、4月13日,中国工商银行攸县支行先后两次书面催收,后又采取电话、短信、上门等多种催收方式进行催收,但刘某某仍未归还透支款,并失去联系。2017年5月3日,在武汉武昌火车站,刘某某被武汉铁路公安处武昌车站派出所抓获归案。

2015年5月至2016年1月,刘某某委托彭某某偿还信用卡透支款,并相继给彭某某转账51万元,抵押奥迪汽车支付的6万元借款,另向彭某某借款22万元(彭某某未实际支付借款,但收取了部分借款的利息),共计79万元用于信用卡还款,但彭某某只偿还了28万元,欠719,262元(如果彭某某如实还卡79万元,则只欠209,262元)。2017年5月5日,刘某某及其家属主动偿还信用卡透支款20万元。

截至目前,刘某某已偿还信用卡透支款48万元,尚欠519,262元。

综上,非法占有目的是"恶意透支"类型信用卡诈骗罪的成文的构成要件要素,而本案中刘某某是否具有非法占有的目的不能确定,部分资金的用途、去向不明,刘某某偿还信用卡的主观还款情况和客观还款情况不一致,即如何认定还款数额存有疑点,本案事实不清、证据不足,不符合起诉条件。

裁判结果:对刘某某不起诉。

判例解析:在检察院的不起诉决定书中,如此详细地阐述案件疑点及不起诉理由的文书较为少见。从辩护的角度,该案的启示是:恶意透支型信用卡诈骗罪中,是否存在非法占有目的是案件的关键点,信用卡透支款的用途、去向,行为人的还款能力、主观还款意愿以及客观还款行为是否查清是起诉的前提，是需要公诉机关严格审查的内容，也是辩护人需重点关注的内容。

七、皮某某信用卡诈骗案[①]

基本案情：2017 年 12 月至 2018 年 4 月间，皮某某伙同陈某（已不起诉）在澧县金芙蓉小区旁租赁门面，经营一家名为“鹏程金融”的信贷公司，二人以提升信用卡额度、“养卡”为由，将被害人徐某某、王某某、陆某某等人的多张信用卡进行套现，共计骗取被害人徐某某、王某某、陆某某的信用卡资金为 238,150.84 元。后皮某某、陈某将套现的部分资金用于挥霍，在不及时偿还的情况下，皮某某前往云南。

检察院认为：经本院审查并两次退回补充侦查，本院认为：现有证据能够证明皮某某使用了三被害人的信用卡，但皮某某主观是否以非法占有为目的，客观上是否骗取被害人信用卡及涉案金额并未查清。综上，澧县公安局认定的犯罪事实不清、证据不足，不符合起诉条件。

裁判结果：对皮某某不起诉。

① 参见澧县人民检察院湘澧检刑不诉[2019]83 号。

第十八章　保险诈骗罪无罪判例解析

法律条文

《刑法》

第一百九十八条 【保险诈骗罪】有下列情形之一,进行保险诈骗活动,数额较大的,处五年以下有期徒刑或者拘役,并处一万元以上十万元以下罚金;数额巨大或者有其他严重情节的,处五年以上十年以下有期徒刑,并处二万元以上二十万元以下罚金;数额特别巨大或者有其他特别严重情节的,处十年以上有期徒刑,并处二万元以上二十万元以下罚金或者没收财产:

(一)投保人故意虚构保险标的,骗取保险金的;

(二)投保人、被保险人或者受益人对发生的保险事故编造虚假的原因或者夸大损失的程度,骗取保险金的;

(三)投保人、被保险人或者受益人编造未曾发生的保险事故,骗取保险金的;

(四)投保人、被保险人故意造成财产损失的保险事故,骗取保险金的;

(五)投保人、受益人故意造成被保险人死亡、伤残或者疾病,骗取保险金的。

有前款第四项、第五项所列行为,同时构成其他犯罪的,依照数罪并罚的规定处罚。

单位犯第一款罪的,对单位判处罚金,并对其直接负责的主管人员和其他直接责任人员,处五年以下有期徒刑或者拘役;数额巨大或者有其他严重情节的,处五年以上十年以下有期徒刑;数额特别巨大或者有其他特别严重情节的,处十年以上有期徒刑。

保险事故的鉴定人、证明人、财产评估人故意提供虚假的证明文件,为他人诈骗提供条件的,以保险诈骗的共犯论处。

《最高人民检察院、公安部关于公安机关管辖的刑事案件立案追诉标准的规定(二)》

第五十一条 〔保险诈骗案(刑法第一百九十八条)〕进行保险诈骗活动，数额在五万元以上的，应予立案追诉。

罪名详解

保险诈骗罪，是指以非法获取保险金为目的，违反保险法规，采用虚构保险标的、保险事故或者制造保险事故等方法，向保险公司骗取保险金，数额较大的行为。

本罪保护的法益是国家的保险制度和保险人的财产所有权。

本罪的构成要件内容为违反保险法规，采取虚构保险标的、保险事故或者制造保险事故等方法，骗取较大数额保险金的行为。保险诈骗的行为方式有以下五种：

(1)投保人故意虚构保险标的，骗取保险金的。保险标的是指作为保险对象的物质财富及其有关利益、人的生命、健康或有关利益。故意虚构保险标的是指在与保险人订立保险合同时，故意捏造根本不存在的保险对象。以为日后编造保险事故，骗取保险金。

(2)投保人、被保险人或者受益人对发生的保险事故编造虚假的原因或者夸大损失的程度，骗取保险金的。保险合同约定保险人只对因保险责任范围内的原因引起的保险赔偿责任，而投保人、被保险人或受益人隐瞒发生保险事故的真实原因或者将非保险责任范围内的原因谎称为保险责任范围内的原因以便骗取保险金或者对确已发生保险事故造成损失的，则故意夸大损失的程度以便骗取额外的保险金。

(3)投保人、被保险人或者受益人编造未曾发生的保险事故，骗取保险金的。

(4)投保人、被保险人故意造成财产损失的保险事故，骗取保险金的。这是指在保险合同期内，人为地制造保险事故，造成财产损失，以便骗取保险金。

(5)投保人、受益人故意造成被保险人死亡、伤残或者疾病，骗取保险金的。

本罪的主体是特殊主体，即只能由投保人、被保险人和受益人三种人构成，单位也可构成本罪。投保人是指与保险人订立保险合同，并按照保险合同负有支付保险费义务的人。被保险人是指其财产或者人身受保险合同保障，享有保险金请求权的人，投保人本人或者投保人指定的享有保险金请求权的人，可以是被保险人。受益人是指人身保险合同中由被保险人或者投保人指定的享有保险金请求权的人，投保人、被保险人可以是受益人。保险事故的鉴定人、证明人、财产评估人故意提供虚假证明文件，为他人诈骗提供条件的，以保险诈骗的共犯论处。

本罪的责任形式为故意，且具有非法占有保险金之目的。过失不构成本罪。

理论难点

一、如何理解“虚构保险标的”

保险诈骗罪的第一种行为类型是“虚构保险标的”，从字义上理解，虚构保险标的是指虚构根本不存在的保险对象。换言之，保险的对象——保险标的根本不存在。这无疑是一种最典型的虚构保险标的的方式。问题在于，如果并非完全虚构，而是部分虚构，例如虚构了保险标的的某些内容，是否属于虚构保险标的？

《刑法》关于诈骗的行为方式的经典表述是：虚构事实、隐瞒真相。在保险领域，例如，行为人使用伪造或作废的发票，为根本就不存在的汽车、船只投保，之后谎称发生保险事故骗取保险金等，无疑构成保险诈骗罪。在人身保险方面，如果行为人隐瞒被保险人本身已经存在的疾病，投保之后向保险公司通知病情，骗取保险金，这种行为也可能构成保险诈骗罪。从诈骗的手段看，前者是虚构事实，后者是隐瞒真相。但是《刑法》对于保险诈骗罪仅规定了“虚构保险标的”，并未规定隐瞒事实的行为。因此，理论上对“虚构保险标的”进行了广义解释，即虚构既包括编造完全不存在的内容，也包括编造与实际不完全相同的内容，既包括“虚构事实”的行为，也包括“隐瞒真相”的行为。

二、故意扩大保险事故应如何定性

保险理赔是对损害的填补，投保人不能够基于保险事故的发生而额外获益，以避免道德风险的发生。一般而言，在保险事故发生后，投保人或被保险人会采取措施避免损失进一步扩大。但是，实践中也有一些人基于各种各样的原因，在保险事故发生后，为了多获得保险理赔而对损失的发生与发展采取听之任之的放任态度，甚至是顺势增加一些加害行为以扩大损失。对此种行为应如何评判？

《保险法》第57条规定："保险事故发生时，被保险人应当尽力采取必要的措施，防止或者减少损失。保险事故发生后，被保险人为防止或者减少保险标的的损失所支付的必要的、合理的费用，由保险人承担；保险人所承担的费用数额在保险标的损失赔偿金额以外另行计算，最高不超过保险金额的数额。"据此，保险事故发生后，被保险人负有尽力采取防止或者减少损失的法定义务。如果行为人违反了这一法定义务，使得事故损失被不当扩大，便构成了行为人的可责难基础。

《刑法》第198条第1款第2项规定的保险诈骗行为类型中有"夸大损失的程度"，第4项规定的是"故意造成财产损失的保险事故"，那么故意扩大保险事故属于第2项中的"夸大损失的程度"还是第4项的"故意造成财产损失的保险事故"？对此理论上存在不同观点，但通说认为故意扩大保险事故的行为属于"故意造成财产损失的保险事故"。理由是：一方面，故意造成保险事故产生的损失是客观存在的，而"夸大损失的程度"中，尽管存在客观损失，但行为人夸大的那部分实际上是虚构的、不存在的；另一方面，如果保险事故发生后，被保险人顺势增加加害行为，对于增加的部分毫无疑问是"故意造成财产损失的保险事故"，倘若被保险人是消极的不作为致使损失扩大，那么，基于《保险法》所规定的被保险人采取措施以防止或减少损失的法定义务，这一消极不作为构成间接故意。

三、保险诈骗罪的着手应如何认定

犯罪的着手具有重要的理论与实践意义，是区分犯罪预备、犯罪未遂以及犯罪既遂的标准。就保险诈骗罪而言，虚构保险标的、编造虚假原因、编造保险事故，可以说都是保险诈骗行为的前期准备，为骗取保险金创造了前提。对此能否认定为保险诈骗罪的着手？

张明楷教授认为，实行行为是具有侵害法益的紧迫危险的行为。就保险诈骗而言，只有当行为人向保险公司索赔时，才能认定为保险公司的财产受侵害的危险达到了紧迫程度。因此，对于保险诈骗罪而言，到保险公司理赔的行为或者提出支付保险金的请求的行为才是本罪的着手，而不应以虚构保险标的、开始编造保险事故等为着手。[①] 例如,就编造保险事故来看,编造保险事故只是犯罪的预备,向保险公司提出理赔时是本罪的着手,如果因行为人意志以外的原因未能获得保险金,那么属于犯罪未遂,反之则为犯罪既遂。不过,司法实践中由于保险诈骗未遂很难有确定的数额。而犯罪数额又是认定保险诈骗罪的构成要件,因此理论上的未遂也就很难构成犯罪。[②]

无罪判例

一、刘某某保险诈骗案[③]

基本案情:2009 年 4 月,刘某某购买了一辆比亚迪 F3 轿车,从安邦保险公司购买了机动车交通事故责任强制保险。2010 年 1 月 15 日 12 时,刘某某在无驾驶证的情况下,驾车发生交通事故致吴某平死亡。事故发生后刘某某为逃避法律的制裁,安排持有驾驶证的堂兄刘某宁顶替自己并报案,交警接警后迅速进行了事故现场勘查。在勘查事故现场过程中,刘某某获知保险公司可以理赔,便给安邦保险打电话,安邦保险接报后派人赶赴现场进行了勘查。在交警队勘查事故现场和处理事故过程中,刘某宁按照刘某某的安排向交警办案人员称是自己驾驶车辆发生了交通肇事,刘某宁的驾驶证被交警队扣押。2010 年 1 月 16 日,在交警部门的主持下,刘某某代表刘某宁与吴某平家属马某民就吴某平死亡赔偿之事进行调解,经调解,刘某宁一次性赔偿吴某平丧葬费、死亡补偿费等费用 24.3 万元。

2010 年 3 月,刘某某从交警队领取了道路交通事故认定书,在刘某宁不知情的情况下,到交警队复印了刘某宁的驾驶证,后携带道路交通事故认定书、刘某宁的驾驶证复印件、吴某平死亡证明等材料要求安邦保险进行理赔。2010 年 3 月 31 日,安邦保险将 96,084.52 元理赔款汇入刘某某银行账户内,同时电话通知了刘某某。后接到他人举报,交警队对刘某某交通肇事案重新进行调查,经调查证实刘某某涉嫌交通肇事犯罪,刘某宁涉嫌包庇犯罪,均被起诉判刑。在公安

---

① 参见张明楷:《刑法学》(第 5 版)(下),法律出版社 2016 年版,第 809 页。

② 参见刘宪权:《金融犯罪刑法学原理》,上海人民出版社 2017 年版,第 547 页。

③ 参见甘肃省徽县人民法院刑事判决书,(2012)徽刑初字第 38 号。

局侦查刘某某涉嫌保险诈骗案过程中，刘某某家属积极退还了涉案资金96,084.52元。该笔资金已由陇南市安邦保险领走。

法院认为：刘某某无证驾驶车辆发生交通事故后，让刘某宁顶替肇事驾驶员，其初衷是躲避交通肇事罪的刑责，无证据证实刘某某让刘某宁顶替是为了诈骗交强险保险金，无法证实其有诈骗的故意和目的。最高人民法院《关于审理道路交通事故损害赔偿案件适用法律若干问题的解释》第18条规定：有下列情形之一导致人身损害的，应当按照道路交通安全法第76条的规定，由保险公司在机动车第三者责任强制保险责任限额范围内予以赔偿；（一）驾驶人未取得驾驶资格、醉酒、吸毒、滥用麻醉药品或者精神药品后驾驶机动车发生交通事故的；保险公司自向赔偿权利人赔偿之日起，有权向被保险人追偿。[①] 根据上述规定，保险公司对无证驾驶发生交强险的，应在交强险责任限额内予以赔偿，保险公司在赔偿之日起有追偿权。法庭认为公诉机关起诉刘某某犯保险诈骗罪，缺乏主观方面犯罪构成要件，证据不足，不能认定有罪，应当按照疑罪从无的原则宣告无罪。

裁判结果：刘某某无罪。

判例解析：本案驾驶人在无证驾驶发生事故致人死亡后，为避免刑事追诉（交通肇事罪）而请人顶替，在获知可以向保险公司理赔后以顶替后的交通事故认定书等资料申请保险理赔。案情较为简单，法院判决无罪主要基于两点理由：第一，安排他人顶替，目的是为了逃避交通肇事罪的刑事处罚，而非为了骗保。这显示在安排他人顶替自己之时，行为人主观上并没有保险诈骗的犯罪故意。第二，无证驾驶情况下，交强险保险公司是否要承担赔付责任？国务院发布的《机动车交通事故责任强制保险条例》第22条第1款规定："有下列情形之一的，保险公司在机动车交通事故责任强制保险责任限额范围内垫付抢救费用，并

---

① 《最高人民法院关于审理道路交通事故损害赔偿案件适用法律若干问题的解释》（2020年修正）第十五条　有下列情形之一导致第三人人身损害，当事人请求保险公司在交强险责任限额范围内予以赔偿，人民法院应予支持：

（一）驾驶人未取得驾驶资格或者未取得相应驾驶资格的；

（二）醉酒、服用国家管制的精神药品或者麻醉药品后驾驶机动车发生交通事故的；

（三）驾驶人故意制造交通事故的。

保险公司在赔偿范围内向侵权人主张追偿权的，人民法院应予支持。追偿权的诉讼时效期间自保险公司实际赔偿之日起计算。

有权向致害人追偿:(一)驾驶人未取得驾驶资格或者醉酒的;(二)被保险机动车被盗抢期间肇事的;(三)被保险人故意制造道路交通事故的。"据此,在无证驾驶情况下,交强险保险人仍然负有垫付抢救费用的义务。最高人民法院《关于审理道路交通事故损害赔偿案件适用法律若干问题的解释》则对此作了进一步的解释,规定:"有下列情形之一导致第三人人身损害,当事人请求保险公司在交强险责任限额范围内予以赔偿,人民法院应予支持:(一)驾驶人未取得驾驶资格或者未取得相应驾驶资格的;(二)醉酒、服用国家管制的精神药品或者麻醉药品后驾驶机动车发生交通事故的;(三)驾驶人故意制造交通事故的。"由此,司法解释将"垫付抢救费用"进一步明确解释为保险人的赔付义务。基于此,即便未安排他人顶替,本案中保险公司也是负有赔付义务的,安排顶替只是影响了保险公司的追偿权。《刑法》第198条中的"对发生的保险事故编造虚假的原因"指的是事发原因原本为保险公司可拒赔的情形,但行为人为获取保险金,编造保险公司应当理赔的虚假原因。可见,本案中这种影响保险公司追偿权的行为与"编造虚假原因骗取保险金"存在本质区别。

二、东莞石碣鸿友电子厂、龚某某保险诈骗案[①]

检察院认为:2008年9月19日,鸿友厂使用两辆货柜车将两车厂内编号为90号开头的电子电路板物料从东莞海关运至香港作退港处理。2008年9月26日,鸿友厂又将一批厂内编号为90号开头的电子电路板物料从东莞海关运至香港作退港处理。物料退港处理后,鸿友厂没有及时在仓库管理系统内将该批物料完全清除,系统内显示该批部分物料依然存在于仓库内。2008年10月7日22时许,鸿友厂因电线短路导致厂房、仓库发生火灾,烧毁电子原材料、纸皮、胶纸废品等财物一批。

龚某某系鸿友厂的财务经理,负责处理本案火灾的报损和索赔工作。火灾发生后,该厂工作人员将仓库管理系统内显示存在的货物作为损失上报给负责该厂火灾报损工作的龚某某,再由龚某某报送给负责公估的泛华公估公司。仓管员孙某某在统计报损数据过程中发现火灾报损资料包含该厂上述已退港处理的部分电子电路板物料,孙某某于是将该情况告知龚某某,龚某某得知该情况后

① 参见东莞市第一人民法院刑事判决书,(2012)东一法刑重字第2号。

再上报该厂总经理刘某某，后刘某某没有要求龚某某对保险索赔资料进行修正，龚某某仍然将包含该厂上述已退港处理的部分电子电路板物料的数据作为火灾损失向平安保险索赔。

2009 年 6 月 12 日，平安保险预付给鸿友厂 295 万元保险金。2009 年 7 月 10 日，平安保险与鸿友厂签订了《保险理赔协议书》。经泛华公司统计，鸿友厂在 2008 年 10 月 7 日火灾中报损货物定损金额中包含 9 月 19 日已退港的部分货物理算金额 4,419,683.25 元；9 月 26 日退港的货物、理算金额 1,516,100.03 元，诈骗平安保险保险金的金额共为 5,935,783.28 元。2009 年 12 月 24 日，鸿友厂将 295 万元预付保险金退还给平安保险。

鸿友厂辩称：其没有骗保。理由：(1)火灾事故后其厂按平安保险及泛华公估的要求提供了财务资料，没有隐瞒，退港资料没有来得及除账是因材料太多，赔偿范围由平安保险及泛华公估来确定，其厂不知赔偿范围；(2)鸿友厂配合泛华公估的清点工作，并明确告知工厂每一仓库的情况，仓库用途，其中 M8 为呆滞料仓，泛华公估作为专业的公估公司应该知道赔偿的范围，不是鸿友厂来决定；(3)鸿友厂从未看过公估报告，1804 万元的保险金是最后双方协商出来的数字，鸿友厂不知泛华公估在报告中如何凑出来，是泛华公估将不用赔写进去的，不是该厂故意骗保；(4)鸿友厂没有夸大损失，火灾发生后其厂本应获得 2000 万元至 3000 万元的理赔，平安保险只协商理赔 1804 万，其厂处于亏损状态。

龚某某辩称：(1)其在该厂无职务，是总公司的会计经理，到鸿友厂是协助财务工作。(2)起诉书认定其负责报损及索赔工作不是事实。其负责配合泛华公估的工作，就是提供资料及联系工作。而泛华公估有核实及估价的责任。(3)起诉书认定其将有错的资料报给公估公司报损不是事实，其不认为其所提供的资料是用来索赔的，其曾将资料有误的情况告诉黄厂长和刘某某总经理，并告知有误的资料是报废仓的货物，均已提到损失，故黄厂长及刘总认为不用向泛华公估更正，且泛华公估曾拿走其笔记本电脑，存货情况他们是清楚的。(4)起诉指控其将退港的货物作为损失资料提交给泛华公估进行诈骗，但诈骗的金额却用泛华公估的定损情况来认定，明显不公。(5)平安保险控告鸿友厂诈骗，公诉机关使用的是泛华公估的数据，其从未看过泛华公估的公估报告，不知理赔金如何算出，不知其提供的数据泛华公估如何运算。(6)平安保险签订理赔协议之后没有支付鸿友厂款项，其厂不存在诈骗。

法院查明:鸿友厂系成立于1997年的台资三来一补企业,经营范围包括加工电子、电器产品及配件等。2008年8月5日,鸿友厂与平安保险东莞分公司签订了《企业财产险保单》,被保险人为鸿友厂(含一、二厂),投保险种为财产一切险;保险日期自2008年8月12日中午12时起至2009年8月12日中午12时止。保险项目包括房屋建筑、机器设备、存货、其他物品合计9000万元。其中存货6000万元。总保险费为46,800元。

2008年10月7日22时许,鸿友厂因电线短路导致厂房、仓库发生火灾,烧毁电子原材料、纸皮、胶纸废品等财物一批。出险后,平安保险东莞分公司委托了泛华公估公司对鸿友厂的火灾损失情况进行公估,并发函知会鸿友厂,龚某某在《知会函》上签名确认,泛华公估并向鸿友厂发出了索赔资料清单,明确告知鸿友厂索赔需提交的有关报损资料(包括保险单据、出险通知书、索赔申请、报损清单、公司简介、营业执照,投保及出险时资产负债表、损益表等材料)及必须保证提交资料的真实性,该清单由龚某某签收。龚某某系鸿友厂的财务经理,负责处理本案火灾的报损和索赔工作。

火灾发生前,2008年9月19日,鸿友厂使用两辆货柜车将两车厂内编号为90号开头的电子电路板物料从东莞海关运至香港做退港处理。2008年9月26日,鸿友厂又将一批厂内编号为90号开头的电子电路板物料从东莞海关运至香港作退港处理。物料退港处理后,鸿友厂没有及时在仓库管理系统内将该批物料完全清除,系统内显示该批部分物料依然存在于仓库内。火灾发生后,该厂工作人员将仓库管理系统内显示存在的货物作为损失上报给负责该厂火灾报损工作的龚某某,再由龚某某报送给负责公估的泛华公估公司。仓管员孙某某在统计报损数据过程中发现火灾报损资料包含该厂上述已退港处理的部分电子电路板物料,孙某某于是将该情况告知龚某某,龚某某得知该情况后再上报该厂总经理刘某某,后刘某某没有要求龚某某对保险索赔资料进行修正,龚某某仍然将包含该厂上述已退港处理的部分电子电路板物料的数据作为火灾损失向平安保险索赔。

2009年6月12日,平安保险预付给鸿友厂295万元保险金。2009年6月30日,平安保险和鸿友厂签订了确认书,确认最终理算金额。2009年7月10日,平安保险和鸿友厂签订了保险理赔协议书,明确了扣除已经预付保险赔款295万元,平安保险还应支付鸿友厂的保险赔偿款数额。

2009 年 7 月 15 日，亿和公司副总经理陈某受平安保险委托向公安机关举报，公安机关于同年 8 月 20 日受理报案。龚某某于 2009 年 8 月 31 日主动到石碣公安分局说明其在火灾索赔过程中报损的情况。2009 年 12 月 24 日，鸿友厂将 295 万元预付保险金退还给平安保险。

法院认为：第一，现有证据还不能认定鸿友厂保险事故理赔中实施了刑法意义上的欺骗行为。

虽然在案证据能证实鸿友厂在发现退港物料在报损范围后没有主动提出来，此种不作为可以理解为违反最大诚信原则的行为，但违反最大诚信原则并不意味着该行为属于保险诈骗构成要件意义上的欺骗行为，因为现有证据还不能排除鸿友厂在实施该不作为行为之前已经履行了作为被保险人的如实告知义务。如果鸿友厂已经通过提交仓库帐、财务账以及笔记本电脑履行了全面告知义务，而且在提交这些资料过程中没有故意不提供某些资料，或故意修改相关报损资料，那么，即使其事后发现存在瑕疵不主动向公估公司提出，也不能认定其实施了保险诈骗罪意义上的欺骗行为。

第二，本案现有的证据还不能证实鸿友厂的不作为与危害结果之间具有刑法上的因果关系。

1. 现有证据不能证实鸿友厂没有履行被保险人如实告知的基本义务。

在火灾发生后，鸿友厂第一时间将公司的仓库账、财务账交给了泛华公估，而且在火灾后不久，又根据泛华公估人员的要求，把龚某某的笔记本电脑交给了泛华公估的工作人员。该笔记本电脑中不仅有公司的所有财务账(包括未及时除账的)，而且有公司内部仓管、关务、财务部门之间沟通的邮件，其中就包括关务马某某发给孙某某的邮件，其抄送给龚某某，里面的正文和附件明确写了两批退港物料的时间和具体物料编号，包括每个物料的明细账。现有证据无法证实公估人员是否有查阅该笔记本电脑。不管公估有没有看，但至少可以说明鸿友厂全面披露了火灾时的相关经营资料。公估人员提出笔记本电脑打不开，但没有证据能证实当时公估有跟鸿友厂提到该情况，也没有提出补救措施，那么遵循存疑应作有利于被告的原则，应推定公估公司已经获取了笔记本电脑内相关资料，至少现有证据不能排除这种怀疑。

另根据《保险法》第 22 条第 2 款：“保险人按照合同的约定，认为有关的证明和资料不完整的，应当及时一次性通知投保人、被保险人或者受益人补充提供。”对于资料不完整的情况，保险人有义务要求投保人或受益人提供材料，而后者作为非专业人士，其并不知道如何提供、何时提供以及哪些材料有用或无用。

2. 泛华公估审查不严与危害结果之间也有关联。

泛华公估的审查程序存在以下问题：（1）拿走龚某某笔记本电脑的处置不当，这属于被保险人提供报损资料的方式，拿走笔记本电脑没有提取程序，是否能打开电脑亦没有任何书面告知程序，导致案发后互相推卸责任。（2）关于账实对应问题。公司仓库账、财务账确认的物料，有没有实物相对应，具体的摆放位置是什么。根据常理，本案退港物料共计有四个货柜车的量，价值2000多万元，如果全部堆放在C仓，现场物料堆放位置不清楚，泛华公估在评估灭失物品时没有考虑账实对应和现场位置问题，完全根据书面账目确认是不妥当的。（3）对M8性质的认识对定损金额影响很大。如果公估公司查清楚备抵部分的构成，可能对M8仓物料的性质有正确认识，计算的理赔金额会少很多，因为其实际的市场价值很低，也就是市价远远低于账面价值。

因此，从犯罪的因果关系上分析，退港物料被列入定损范围其实与两个事实均有关系，其一是鸿友厂报损后发现退港事实没有主动告知；其二是鸿友厂将笔记本电脑给了公估公司，但公估没有审查到位。鸿友厂在配合公估公司定损的过程中尽到了作为被保险人的基本如实告知义务，其报损后发现退港物料在报损范围中没有主动提出来，确实违反了被保险人的最大诚信原则，此种情形最多只能理解为被保险人主观上的一种放任，不是对危害后果积极追求的直接故意。因此，从犯罪的因果关系上看，泛华公估没有尽到审查责任与危害后果之间也有直接关联。

3. 现有证据还不能排除保险人在签订理赔协议前已经掌握投保人退港物料的事实，不能排除其处分财产并非基于鸿友厂的欺骗行为所致的可能。

2009年6月30日，平安保险与鸿友厂签订了确认书，确认了最终理算金额。同年7月10日，平安保险与鸿友厂签订了保险理赔协议书，明确了扣除平安保险已经向鸿友厂预付保险赔款295万元，平安保险还应支付鸿友厂的保险赔偿款数额。而平安保险第一次报案的时间是在2008年7月15日，受害单位在如此短的时间内整理出两卷报案材料存在疑点。首先要明确一个前提，若平安保险公司确实在签订理赔协议前知道退港物料的事情，那么其有义务主动告知被保险人，因为：(1)从《保险法》层面，最大诚信原则不仅约束投保人，作为保险人也应该遵循最大诚信原则。因为在保险理赔实践中，保险人和被保险人均有自己的优势，被保险人在公司实际损失等方面有优势，而保险人在专业上有优势，故只有双方均遵循最大诚信原则，才能实现双方力量的平衡。反推之，如果保险人没有这个义务，那么就容易出现被保险人夸大部分损失报损，但保险人发现后故意不指出来，等签订理赔协议后再报案，这样可以根据合同约定对整个理赔金额全部免赔，这显然对被保险人不公平。(2)从犯罪构成看，即使行为人实施欺骗行为，但如果保险公司实际上没有陷入认识错误，那也难以定性为保险诈骗，因为保险公司并不是基于错误认识处分财产，如果保险公司明知投保人提供了虚假资料而故意理赔，则阻却了保险诈骗的客观方面。

本案中平安保险理赔部相关人员只是提到在保险事故理赔过程中，有人打匿名电话举报，但他们无法找到这个电话号码的来源，也拒绝提供这些报案资料中 BIN 卡等的来源和提取时间。报案人也和公估的陈某陈述平安保险公司给他们提供了线索，后其员工周某找到鸿友厂员工了解了一些具体情况，至于包括 BIN 卡在内的相关退港资料的具体来源，其没有提供相关的详细情况，而关键证人没有到案。由于无法排除保险公司或公估公司在签订理赔协议前掌握退港的相关情况，故遵循存疑应作有利于被告的原则的辩解具有一定的合理性，至少现有证据不能排除这种怀疑。

4. 对被告单位犯罪行为和犯罪动机的认定没有排他的证据证明。

鸿友厂对已提交的数据未通知予以剔除可能有多种原因或动机，如：基于保单的规定，不更改不影响理赔数；或鸿友厂作为来料加工企业，进出货物均是公开透明的，也经过报关公司及报关人员的多重手续，故此公开可查不需更改。认定鸿友厂骗保构成犯罪需充分的证据证明，鸿友厂不通知剔除数据这种不作为只有隐瞒和夸大损失一种排他的目的选择。

5. 本案中资产自动增加条款应当予以适用。

资产自动增加条款的适用直接关系到本案的保险诈骗金额问题。企业已经发生火灾，保险合同在履行过程中没有满一个季度，是否需要申报存在疑问。在签订合同后第一个季度如何适用资产自动增加条款，合同没有更明确的规定。一般而言，保险人具有专业优势，没有明确的地方应作有利于被保险人的解释，且根据《保险法》第 30 条的规定，对合同条款有两种以上解释的，人民法院或者仲裁机构应当作出有利于被保险人和受益人的解释。

综上,现有证据虽然能证实鸿友厂违反了最大诚信的原则,但还不能认定其违反了保险合同当事人的诚信底线原则,不能证实鸿友厂、龚某某客观上实施了欺骗保险人的诈骗犯罪行为。因此,本案属于主要犯罪事实不清、证据不足,鸿友厂、龚某某不构成保险诈骗罪。被告单位东莞石碣鸿友电子厂、龚某某及其辩护人提出被告单位东莞石碣鸿友电子厂、龚某某不构成保险诈骗罪的辩护意见理由成立,应予采纳。公诉机关指控被告单位东莞石碣鸿友电子厂、龚某某为牟取非法利益,夸大损失的程度进行保险诈骗,缺乏确实、充分的证据证明,属于事实不清,证据不足,罪名不能成立。

裁判结果:(1)被告单位东莞石碣鸿友电子厂无罪;(2)龚某某无罪。

判例解析:本案是发回重审后宣判无罪的案例,裁判论述过程相当精彩。公诉机关指控当事人保险诈骗的核心事实是:鸿友厂将已经退港的物料未从仓库管理系统中清除,相关人员发现这一情况后未告知保险公司,仍然将已经退港处理的物料数据列入火灾损失中进行索赔。法院则从刑法意义上的诈骗行为、因果关系、犯罪动机等多个角度论述了本案中存在的疑点。

首先,保险理赔过程中被保险人未如实告知是否属于刑法意义上的欺骗行为。保险是最大诚信合同,这要求被保险人的投保时、理赔时均负有如实告知的义务。但未如实告知与刑法上的保险诈骗并不能等同,还需进一步考察告知的方式、内容等。本案中,尽管鸿友厂在发现退港物料未从仓库管理系统中清除这一事实后未主动告知保险公司,但同时鸿友厂向保险公司、公估公司提供了仓库账、财务账以及笔记本电脑等,其中包含有退港物料的信息,鸿友厂已经履行了如实告知义务,未主动告知退港物料的不作为行为属于瑕疵,不能被评价为诈骗行为。

其次,本案中鸿友厂的不作为与危害结果的因果关系。根据相当因果关系说,只有在通常情况下,某种行为产生某种结果被认为是相当的,行为与结果之间才具有因果关系。就本案而言,鸿友厂未主动告知退港物料的不作为是否足以产生保险公司错误理赔的结果?回答应当是否定的。一方面,保险公司并非单纯地依据被保险人提供的资料进行保险理赔,而是委托了专业的保险公估公司进行事故调查并评定损失金额。被保险人提供的资料只是保险理赔的部分依据而已,是否能获得最终理赔,有赖于公估公司的审查、认定。另一方面,本案中，鸿友厂尽管未主动告知，但已经将包含有退港物料信息的笔记本电脑交给了公估公司，如果公估公司打开笔记本电脑查阅文件，完全可以得出正确的损失认定。但由于公估公司的处置不当、审核不严，导致作出了错误的损失认定。即便不能认为公估公司未谨慎尽责的行为已经阻却了鸿友厂未主动告知与危害结果之间的因果关系，也不能排除公估公司行为与危害结果之间的直接关联。

再次，从犯罪动机看，保险诈骗罪要求行为人以非法占有为目的实施保险诈骗行为，就本案而言，如果要认定行为人构成保险诈骗罪，必须证明其未主动告知退港物料情况这一不作为是基于骗取多余保险金的非法占有目的。但是，根据本案证据，鸿友厂未主动告知退港物料，可能有多重原因。例如，基于保单的规定，认为不更改不影响理赔数；或者鸿友厂认为其进出货物均公开透明的，经过报关公司及报关人员的多重手续，数据公开可查，不需要更改。简言之，不能从未主动告知退港物料这一行为中得出其具有骗取保险金的主观故意。

最后，关于最大诚信原则的约束对象，这也是本判决的另一重要亮点。判决指出，最大诚信原则不仅约束被保险人，同样约束保险人。在保险理赔过程中，根据最大诚信原则的要求，如果保险人发现被保险人有夸大损失报损，应当及时指出，而不能够在发现后故意不指出来，等签订理赔协议后再报案，从而根据合同约定对整个理赔金额全部免赔。就本案而言，保险公司在与保险人签订理赔协议5天后的短短时间内便整理出了两卷的刑事报案材料，行为着实反常，同时，保险公司对获知保险诈骗的线索来源语焉不详，无法提供客观证据，关键证人亦无法到案，其行为的合理性更令人存疑，不能排除保险公司在签订理赔协议前已经明知鸿友厂提供的仓库管理数据不实的可能性。

三、王某某保险诈骗案[①]

基本案情：2007年9月21日，王某某驾驶车主张某的A轿车，与汪某甲驾驶的B轿车相撞，致两车受损。交警支队接警后到达现场进行了勘查处理，作出《交通事故认定书》，认定“王某某负主要责任，汪某甲负次要责任”。王某某未在该认定书上签名。经中国财产保险随州市分公司定损，A车损失为8387元，B车损失为9608元，该保险公司核算，汪某甲若负事故次要责任，保险公司

① 参见湖北省高级人民法院刑事裁定书，(2016)鄂刑抗2号。

应支付B车理赔金6198.5元;汪某甲若承担事故全部责任,保险公司则应支付B车理赔金17,595元。

王某某得知B车购买了商业保险,而其驾驶的A车未购买商业保险,为达到通过保险公司赔偿事故双方车辆修理费之目的,多次教唆汪某甲"自愿"承担事故全部责任,均遭拒绝。后汪某甲委托其公司员工汪某乙处理此事,王某某为促成汪某甲一方同意负此事故全部责任,给付汪某乙修理费4000元。

2007年11月8日11时许,王某某邀约朋友到汪某甲办公室,要求汪某甲承担事故的全部责任,汪某甲仍不同意,王某某遂要汪某甲退还先行支付的修理费4000元。为此,双方发生争吵继而打斗,致三人受伤。

随州市中级人民法院二审认为:王某某虽违反《保险法》的规定,教唆他人骗取保险金,但被教唆的人没有犯被教唆的罪,且王某某并未以数额巨大的财物为诈骗目标,故王某某的教唆保险诈骗行为虽属于《刑法》规定禁止的行为,但情节显著轻微,其社会危害尚未达到应当受刑罚处罚的程度,可以不认为是犯罪。

判决:(1)撤销湖北省随州市曾都区人民法院(2014)鄂曾都刑初字第00211号刑事判决;(2)王某某无罪。

湖北省检察院抗诉认为:随州市中级人民法院判决适用法律错误,导致判处王某某无罪错误。理由是:

1.王某某教唆他人实施保险诈骗的行为构成保险诈骗罪。教唆他人犯罪的,只要教唆的内容构成犯罪,被教唆的人没有犯被教唆之罪,教唆人也构成犯罪,可以从轻或减刑处罚。王某某教唆他人实施保险诈骗犯罪,达到了保险诈骗罪数额较大的标准,因被教唆人没犯被教唆的罪,对王某某可以从轻或者减轻处罚,但判处王某某无罪明显错误。

2.王某某的教唆行为造成了严重后果,情节恶劣。在交通事故发生后,王某某多次唆使汪某甲实施保险诈骗行为,被汪某甲多次拒绝。后王某某仍同张某甲前往汪某甲办公室,要求对方同意其非法要求,再次遭到拒绝后,与汪某甲发生争吵、打斗,双方打斗行为致三人受伤。这一危害后果系在王某某教唆他人实施犯罪过程中发生的,与王某某的教唆行为有直接的、必然的联系,依法应认定后果严重,情节恶劣。

综上,王某某多次教唆汪某甲在交通事故责任认定上弄虚作假,夸大保险赔偿金数额，以骗取保险金，被汪某甲多次拒绝后，与汪某甲发生打斗，造成多人受伤的严重后果，王某某的行为构成保险诈骗罪。

湖北省高级人民法院认为：本案争议的焦点是王某某的行为是否构成保险诈骗罪。现分析评判如下：

1. 教唆是指诱导唆使或者怂恿指使。按照《刑法》第29条规定："教唆他人犯罪的，应当按照他在共同犯罪中所起的作用处罚。教唆不满十八周岁的人犯罪的，应当从重处罚。如果被教唆的人没有犯被教唆的罪，对于教唆犯，可以从轻或者减轻处罚。"本案王某某在交通事故发生后，多次找到汪某甲，其主要目的是想协商解决二人之间的交通事故问题，对此涉事交警是清楚并许可的。王某某的行为不是教唆行为。

2.《刑法》第198条第1款规定的五种保险诈骗情形均是既遂行为。本案中王某某在交通事故发生后，并未向保险公司提出虚假的理赔主张，亦未从保险公司获得保险金，保险公司的利益没有受到任何损害。按照1998年11月27日《最高人民检察院法律政策研究室关于保险诈骗未遂能否按犯罪处理问题的答复》，"行为人已经着手实施保险诈骗行为，但由于其意志以外的原因未能获得保险赔偿的，是诈骗未遂，情节严重的，应依法追究刑事责任"。按照2011年4月《最高人民法院、最高人民检察院关于办理诈骗刑事案件具体应用法律若干问题的解释》第5条，"诈骗未遂，以数额巨大的财物为诈骗目标的，或者具有其他严重情节的，应当定罪处罚"。依据2012年7月《湖北省高级人民法院、湖北省人民检察院关于确定我省诈骗罪数额认定标准的通知》〔鄂高法发（2012）9号〕的规定，诈骗公私财物价值五万元以上的，应当认定为《刑法》第266条规定的"数额巨大"。本案中国人民财产保险股份有限公司随州市分公司出具情况说明："本次事故B车负次要责任即按三七开保险公司应赔款6198.5元，假设B车承担全部责任保险公司应赔款17,595元"，即本案涉案财物数额未达到数额巨大的标准，不应认定保险诈骗罪（未遂）。又根据《最高人民法院、最高人民检察院关于办理诈骗刑事案件具体应用法律若干问题的解释》第5条第2款规定，具有下列情形之一的，应当认定为《刑法》第266条规定的"其他严重情节"，以诈骗罪（未遂）定罪处罚：（1）发送诈骗信息5000条以上的；（2）拨打诈骗电话500人次以上的；（3）诈骗手段恶劣、危害严重的。本案交通事故发生后出现二人轻伤、一人轻微伤的危害后果主要是事故双方在多次协商未成，矛盾激化升级引发争吵打斗的情况下造成的。虽然王某某的行为与危害后果之间具有一定的联系,但应当以故意伤害罪厘清各自的刑事责任,不宜以保险诈骗罪(未遂)的危害后果予以评判。

综上,本院再审认为,王某某的行为不构成保险诈骗罪。原判认定事实清楚,但以王某某的行为"情节显著轻微,其社会危害尚未达到应当受刑罚处罚的程度,可以不认为是犯罪"为由,改判王某某无罪的理由不妥,本院予以纠正。抗诉机关提出王某某的行为构成保险诈骗罪的抗诉理由不能成立,本院不予采纳。

裁判结果:王某某无罪。

判例解析:本案所涉行为是车险理赔实践中比较常见的一种现象,即交通事故发生后,未购买商业险的一方由于保额不足,出于自身少赔付或不赔付的目的,提出让购买了商业险的一方自愿承担主要或者全部责任。对于购买了商业险的一方而言,由于不需要个人额外掏钱,不少情况下也会同意由其承担主要责任或全部责任。这种情形是否构成保险诈骗罪值得探讨。从本案判决可以得出的结论是,交通事故中的责任承担问题,存在事故当事人之间的协商空间,在交通警察对当事人之间的协商情况知情并认可的情况下,一方提出让另一方承担事故的主要责任或全部责任而另一方拒绝时,不属于保险诈骗罪的教唆犯。

第十九章　索债型非法拘禁罪无罪判例解析

法律条文

《刑法》

第二百三十八条　【非法拘禁罪】非法拘禁他人或者以其他方法非法剥夺他人人身自由的，处三年以下有期徒刑、拘役、管制或者剥夺政治权利。具有殴打、侮辱情节的，从重处罚。

犯前款罪，致人重伤的，处三年以上十年以下有期徒刑；致人死亡的，处十年以上有期徒刑。使用暴力致人伤残、死亡的，依照本法第二百三十四条、第二百三十二条的规定定罪处罚。

为索取债务非法扣押、拘禁他人的，依照前两款的规定处罚。

国家机关工作人员利用职权犯前三款罪的，依照前三款的规定从重处罚。

《最高人民检察院关于渎职侵权犯罪案件立案标准的规定》

二、国家机关工作人员利用职权实施的侵犯公民人身权利、民主权利犯罪案件

（一）国家机关工作人员利用职权实施的非法拘禁案（第二百三十八条）非法拘禁罪是指以拘禁或者其他方法非法剥夺他人人身自由的行为。

国家机关工作人员利用职权非法拘禁，涉嫌下列情形之一的，应予立案：

1. 非法剥夺他人人身自由24小时以上的；

2. 非法剥夺他人人身自由，并使用械具或者捆绑等恶劣手段，或者实施殴打、侮辱、虐待行为的；

3. 非法拘禁，造成被拘禁人轻伤、重伤、死亡的；

4. 非法拘禁，情节严重，导致被拘禁人自杀、自残造成重伤、死亡，或者精神失常的；

5. 非法拘禁3人次以上的；

6. 司法工作人员对明知是没有违法犯罪事实的人而非法拘禁的；

7. 其他非法拘禁应予追究刑事责任的情形。

罪名详解

非法拘禁罪，是指以拘押、禁闭或者其他强制方法，非法剥夺他人人身自由的行为。

本罪所保护的法益是人的身体活动自由。我国《宪法》第37条规定："中华人民共和国公民的人身自由不受侵犯。任何公民，非经人民检察院批准或者决定或者人民法院决定，并由公安机关执行，不受逮捕，禁止非法拘禁和以其他方法非法剥夺或者限制公民的人身自由……。"因此，非法拘禁是一种严重剥夺公民身体自由的行为。

本罪的犯罪构成内容为非法拘禁他人或者以其他方法非法剥夺他人的人身自由。作为犯罪对象的"他人"没有限制，既可以是守法公民，也可以是犯有错误或有一般违法行为的人，还可以是犯罪嫌疑人。行为内容是非法拘禁他人或者以其他方法非法剥夺他人的身体自由，凡符合这一特征的均应认定为非法剥夺人身自由，如非法逮捕、拘留、监禁、扣押、办封闭式"学习班"、"隔离审查"，等等。非法剥夺人身自由是一种持续行为，即该行为在一定时间内处于继续状态，使他人在一定时间内失去身体自由，不具有间断性。

同时，剥夺人身自由的行为必须是非法的，不具有违法阻却事由。司法机关根据法律规定，对于有犯罪事实和重大嫌疑的人采取拘留、逮捕等限制人身自由的强制措施的行为，不成立非法拘禁罪。对于正在实行犯罪或犯罪后及时被发觉的、通缉在案的、越狱逃跑的、正在被追捕的人，群众依法扭送至司法机关，是一种权利，而不是非法剥夺人身自由。依法收容精神病患者的，也不是非法剥夺人身自由的行为。

本罪的责任形式为故意，行为人明知自己的行为会发生剥夺他人人身自由的结果，并希望或放任这种结果的发生。

理论难点

非法拘禁行为是否需达到一定的时间限度方可构罪

非法拘禁罪是一种典型的持续犯,其行为应在一定时间内处于继续状态,从而使得他人在一定的时间内失去人身自由。那么,非法拘禁罪的构成是否有持续时间的要求呢？换言之,非法拘禁行为是否需达到一定的时间限度方可构罪？

对此《刑法》本身没有规定,司法解释也未予明确,理论上有不同观点。张明楷教授认为,非法拘禁是一种持续行为,该行为在一定的时间内处于继续状态,使他人在一定时间内失去身体自由。时间持续的长短原则上不影响本罪的成立,只影响量刑。但时间过短、瞬间性的剥夺他人人身自由的行为,则难以认定为本罪。①

赵秉志教授认为,上述观点存在缺陷,是将非法拘禁罪的基本构成时间与从重/加重的构成时间混为一谈。非法拘禁罪的客观行为是否有持续时间的要求,应该从基本构成时间和从重/加重构成时间两个层次来把握。一方面,需从有无持续时间要求的基本构成时间角度出发予以剖析。就此而论,作为典型的持续犯,非法拘禁罪应当具备持续犯的基本特征。而根据刑法理论与实务通说,持续犯必须继续一定的时间,这就是基本构成时间。对于持续犯来讲,其犯罪行为与不法状态的持续,必须有相应的时间做保证,没有一定的时间,犯罪行为与不法状态的持续就成了一句空话。因此,一定的时间应是持续犯成立的要件之一。具体到非法拘禁罪而言,其客观行为及其所造成的被害人行动自由被剥夺的不法状态,必须持续一定的时间,否则便不能构成犯罪。至于基本构成时间持续的长短,尽管《刑法》分则条文未能作明确的规定,但这并不意味着在任何情况下一经实施非法剥夺他人人身自由的行为就构成非法拘禁罪,而应根据具体犯罪的动机、手段、后果和危害程度等因素综合分析确定。在单纯非法拘禁而没有其他情节的情况下,其基本构成时间可界定得长一些;在非法拘禁且具有其他从严情节的情况下,其基本构成时间则可界定得短一些。另一方面,须从从重/加重构成时间的角度来分析。持续犯之所谓从重/加重构成时间,是指犯罪构成既遂

① 参见张明楷:《刑法学》(第5版)(下),法律出版社2016年版,第883页。

之后直至犯罪行为终了的一定时间，是作为量刑情节予以考虑的时间因素。具体到非法拘禁罪而言，如果其客观行为在持续一定时间构成犯罪之后依然持续的，持续时间的长短是影响量刑的重要因素。只有从这一角度来理解，上述认为持续时间长短只影响量刑的观点才具有合理性。[①]

无罪判例

一、张某凯、安某江等非法拘禁案[②]

基本案情：2015年6月3日上午，安某江、孙某水、孙某红和张某凯来到深圳市宝安区某大厦B座406房，即深圳前海某能源公司所在地，找其法定代表人杨某要债。因杨某不在，而与其助理泽某发生了争吵，安某江等四人遂报警，民警到场了解情况后，要四人依法索债。后四人住在了公司内守候杨某。6月8日，能源公司员工报警称公司被人非法占领，无法办公。民警遂到场调解处理。6月11日晚，杨某及其助理泽某从深圳市罗湖区一大厦出来，被在附近守候的安某江等人发现并拦下索债，不得已随安某江等四人一起于当晚23时许返回能源公司。经过约两个多小时的谈判，杨某、泽某被迫向安某江出具了还款协议、抵押证明等材料。随后(次日凌晨1时40分许)，双方一起离开公司去吃宵夜，安某江还打电话约派出所的警官到场见证了双方债务纠纷达成和解。宵夜毕，双方又一同返回公司，安某江等四人遂将公司门上锁，双方一同在公司内休息。6月12日早上8时左右，安某江、孙某水跟随杨某、泽某外出办事取款，未果。当晚23时许，安某江、孙某水与杨某、泽某再次回到上述地点时被能源公司的员工以及员工叫来的朋友围住，继而双方发生打斗。孙某红遂报警。民警接报后赶赴现场将安某江、孙某水、孙某红、张某凯以及杨某、泽某等人带回派出所调查。经鉴定，杨某右肘、左胸见皮下出血，所受的损伤未达轻微伤。泽某右大腿见皮下出血，所受的损伤未达轻微伤。张某凯右腕背侧压痛，未及肿胀；左腰压痛，未及肿胀淤紫，所受损伤未达轻微伤。孙某水的左眼部挫伤、左第6肋骨折，所受损伤属轻微伤。案发后，安某江、孙某水、孙某红获得杨某、泽某的谅解。

---

① 参见赵秉志、阴建峰：《非法拘禁罪行为构造研析》，载《河北法学》2005年第1期，第9~10页。

② 参见广东省深圳市中级人民法院刑事判决书，(2017)粤03刑终129号。

宝安区人民法院认为：安某江、孙某水、孙某红、张某凯非法剥夺他人人身自由，其行为已构成非法拘禁罪。

安某江、孙某水、孙某红、张某凯均辩解称没有对被害人实施殴打，经查，被害人杨某、泽某均陈述称四被告用U型锁捆绑电线，对电线进行通电对自己实施电击，但经民警现场勘验以及出具情况说明证实，案发现场并未提取到涉案的电线。四被告的供述，被害人杨某、泽某的陈述以及证人欧某、康某的证言证实，在安某江、孙某水、杨某、泽某6月12日晚上22时许再次返回大厦时，双方发生了斗殴，杨某有参与拉扯，泽某当时亦在现场，不能确认被害人的伤情是否是双方发生打斗时所致。法医鉴定显示被害人杨某右肘、左胸皮下出血，泽某右大腿皮下出血，公诉机关未能调取被害人的伤情照片，仅凭鉴定意见的描述不能认定被害人的伤情是否是电击所致。监控录像以及截图也未能拍摄到被害人有受伤的情况。综上，本院认为公诉机关指控四被告对被害人实施电击殴打的证据不足，不予认定。对四被告关于没有殴打被害人的辩解以及辩护人的相关辩护意见，予以采纳。

四被告辩称没有对被害人限制人身自由。经查，被害人杨某、泽某陈述称2015年6月11日晚上11时许，四被告在罗湖发展中心找到自己，后将二人强行带上车，拉回到宝安区某大厦能源公司内，将公司的大门锁上，将二人带至杨某的办公室，逼杨某写下欠条和车辆抵押的字条，直至次日早上8点多，安某江、孙某水一起陪同杨某、泽某外出办事。安某江在公安机关的供述称6月11日晚22时许，自己和孙某水、孙某红、张某凯以及杨某、泽某一起回到大厦，将公司的门从里面锁起来了，和杨某谈还钱的事，当天晚上杨某和泽某就在泽某办公室旁边的房间。安某江在公诉机关所作的讯问笔录中承认犯非法拘禁罪。孙某红在公诉机关的讯问笔录中承认非法拘禁了杨某和泽某，称6月11日在罗湖找到杨某和泽某，就把他们带回他们的宝安公司，让他们写还钱和抵押的证明，让二人在办公室待着，把门锁上不让他们走。孙某水和张某凯在公诉机关的讯问笔录中也都承认犯非法拘禁罪，张某凯供述称6月11日找到了杨某和他的秘书泽某，四人就把杨某和泽某带回宝安公司，一直和杨某谈还钱的事情，为了安全，睡觉时就把门锁上了。四被告当庭翻供没有合理理由。

四被告为了找杨某还钱于6月3日就开始住在能源公司里，杨某的陈述称自己6月2日就接到员工电话被告知来找自己要债，但直到6月11日被安某江等人找到期间,杨某并未主动返回公司,可见其主观上并不具备自愿和安某江等人返回公司协商还款的意思。安某江在公安机关所作的供述以及孙某红、张某凯、孙某水在公诉机关所作的供述,与被害人的陈述能够相互印证,被害人在回到公司办公室后,四被告将公司大门上锁,并将二名被害人留宿在公司直至第二天早上8点多。虽然期间有带被害人一起出去吃夜宵,但是被害人始终处于四被告的控制之下,不能自由离开,在夜宵结束后再次被带回公司,锁门看管直至次日早上8时许外出办事,这可视为被害人在持续的时间内被间接拘束、剥夺身体活动自由。民警到场一起吃夜宵过程中,由于被害人本身系欠债方存在过错,在其未受到严重人身威胁的情况下选择未向民警报案系被害人的意识自主,并不能就此否认被害人有被拘禁的客观事实。且证人欧某、康某的证言以及被害人的陈述均证实,6月12日晚22时许,因欧某、康某与安某江等发生了肢体冲突,双方报警,民警到场羁押后被害人才得以恢复行动自由,这足以认定四被告将被害人禁足在公司内,锁门使被害人不能离开的行为已经达到了限制人身自由的程度。安某江、孙某红、孙某水、张某凯的相关辩解,不予采纳。

对于并非由国家机关工作人员利用职权实施的非法拘禁犯罪,并不以拘禁持续时间超过24小时为入罪条件,时间持续的长短并不影响本罪的成立,但可作为量刑情节予以考虑。本案实施的并非时间过短、瞬间性的剥夺人身自由的行为,即使在拘禁期间被害人的手机能够正常通话联络,也不影响其被限制在公司内部不能自由离开的事实的认定。被害人从被带回公司到次日离开公司,在长达9个多小时内一直处于四被告的持续控制之下,被限制人身行动自由,四被告应承担非法拘禁罪的刑事罪责。对辩护人关于指控安某江犯非法拘禁罪证据不足,本案应定性为治安斗殴事件的辩护意见,不予采纳。

孙某红、张某凯曾因故意犯罪被判处有期徒刑以上刑罚,刑罚执行完毕后,在5年以内再犯应当判处有期徒刑以上刑罚之罪,属于累犯,应当从重处罚。孙某水有犯罪前科,量刑时应予以考虑。四被告共同实施犯罪,共同控制被害人的人身自由,均为主犯,安某江纠集他人实施犯罪,在主犯中所起的作用较大,量刑时应予以区分。鉴于本案系因讨要合法债务所引发,未认定有对被害人实施殴打、侮辱等情节,被害人事后亦出具谅解书对安某江、孙某水、孙某红表示谅解,可以对四被告从轻处罚。

宝安区人民法院裁判:(1)安某江犯非法拘禁罪,判处有期徒刑1年6个月;

(2)孙某红犯非法拘禁罪,判处有期徒刑1年6个月;(3)孙某水犯非法拘禁罪,判处有期徒刑1年6个月;(4)张某凯犯非法拘禁罪,判处有期徒刑1年6个月;(5)缴获的作案工具U型锁,予以没收,上缴国库。

判后,安某江等不服,上诉理由为:(1)原审判决事实不清,于法无据,本人仅是要债,不构成犯罪;(2)当晚锁门是习惯性的,并不是为了拘禁被害人;(3)杨某与泽某的口供前后矛盾,多有不实之处;(4)我们没有强行带走杨某,整个过程我们没有殴打、逼其下跪、威胁等,无论从语言上或者行为上,我们都没有任何不当行为;(5)原审对于对我方有利的事实和证据,或视而不见,或不调查取证。

深圳市中级人民法院认为:安某江、孙某水、孙某红、张某凯虽因索要债务而非法拘禁了杨某,但因四人的涉案拘禁行为情节显著轻微危害不大,故依法可以判定为是犯罪。具体理由如下:

第一,从原审认定的四人非法拘禁事实来看,一是认定四人为追索债务而拘禁杨某的时间总计八九个小时;二是认定指控四人在拘禁期间殴打杨某的证据不足。此乃原审认定的案件基本事实。

第二,从《刑法》及相关司法解释对非法拘禁行为定罪条件的规定来分析,详解如下:

一是《刑法》仅规定非法拘禁他人或者以其他方法非法剥夺他人人身自由的,处以相应刑罚,却未规定明确而详细的定罪条件。

二是相关司法解释对于公职人员利用职权实施非法拘禁的入罪条件有明确规定。

《最高人民检察院关于渎职侵权犯罪案件立案标准的规定》中规定国家机关工作人员利用职权非法拘禁,涉嫌下列情形之一的,应予立案:

(1)非法剥夺他人人身自由24小时以上的;

(2)非法剥夺他人人身自由,并使用械具或者捆绑等恶劣手段,或者实施殴打、侮辱、虐待行为的;

(3)非法拘禁,造成被拘禁人轻伤、重伤、死亡的;

(4)非法拘禁,情节严重,导致被拘禁人自杀、自残造成重伤、死亡,或者精神失常的;

(5)非法拘禁3人次以上的;

(6)司法工作人员对明知是没有违法犯罪事实的人而非法拘禁的；

(7)其他非法拘禁应予追究刑事责任的情形。

三是从其他法律对于非法拘禁行为的相关规定来看，亦并非全部入罪，而是区分情节轻重及危害大小据以不同处理。

《治安管理处罚法》第40条规定："有下列行为之一的，处十日以上十五日以下拘留，并处五百元以上一千元以下罚款；情节较轻的，处五日以上十日以下拘留，并处二百元以上五百元以下罚款：

(一)组织、胁迫、诱骗不满十六周岁的人或者残疾人进行恐怖、残忍表演的；

(二)以暴力、威胁或者其他手段强迫他人劳动的；

(三)非法限制他人人身自由、非法侵入他人住宅或者非法搜查他人身体的。"

《民事诉讼法》第120条规定，采取对妨害民事诉讼的强制措施必须由人民法院决定。任何单位和个人采取非法拘禁他人或者非法私自扣押他人财产追索债务的，应当依法追究刑事责任，或者予以拘留、罚款。

《行政机关公务员处分条例》第25条规定，有下列行为之一的，给予记过或者记大过处分；情节较重的，给予降级或者撤职处分；情节严重的，给予开除处分：(1)以殴打、体罚、非法拘禁等方式侵犯公民人身权利的……

四是《刑法》总则的效力当然及于分则。此点亦可从前述第三点得到佐证。

具体到本案，将《刑法》分则第238条非法拘禁罪的规定对照《刑法》总则第13条有关何者属于犯罪的规定进行分析，可以得出较为客观理性的结论。

《刑法》分则第238条规定："非法拘禁他人或者以其他方法非法剥夺他人人身自由的，处三年以下有期徒刑、拘役、管制或者剥夺政治权利。具有殴打、侮辱情节的，从重处罚。

犯前款罪，致人重伤的，处三年以上十年以下有期徒刑；致人死亡的，处十年以上有期徒刑。使用暴力致人伤残、死亡的，依照本法第二百三十四条、第二百三十二条的规定定罪处罚。

为索取债务非法扣押、拘禁他人的，依照前两款的规定处罚。

国家机关工作人员利用职权犯前三款罪的，依照前三款的规定从重处罚。"

《刑法》总则第13条将犯罪含义规定为："一切危害国家主权、领土完整和安全，分裂国家、颠覆人民民主专政的政权和推翻社会主义制度，破坏社会秩序和经济秩序，侵犯国有财产或者劳动群众集体所有的财产，侵犯公民私人所有的财产，侵犯公民的人身权利、民主权利和其他权利，以及其他危害社会的行为，依照法律应当受刑罚处罚的，都是犯罪，但是情节显著轻微危害不大的，不认为是犯罪。”

据此，《刑法》总则的该但书规定即“但是情节显著轻微危害不大的，不认为是犯罪”，其效力应当适用于分则中所有个罪。对此，比照国家机关工作人员非法拘禁他人是否全部入罪的上述相关法律规定，即可一目了然。在此不再赘述。

五是法律面前人人平等，对于非法拘禁行为所规定的不同种类处罚的适用，不能因人而异。

综观上述相关规定，就非法拘禁行为来说，于法于情于理，对于社会普通大众的要求程度不应当还高于对国家公职人员的要求程度；同理，处罚上也不应厚此薄彼。相反，《刑法》分则第 238 条有关非法拘禁罪的规定中，明确规定国家机关工作人员利用职权犯本条前三款罪的，依照前三款的规定从重处罚。立法用意已然昭昭，不言自明。

第三，对四人涉案追债行为的情节分析如下：

1. 本案所涉债务为借款，双方对此并无异议。

2. 四人来深圳向杨某追讨债务的整个过程中，曾前后多次向警方寻求帮助或见证。

四人在 2015 年 6 月 3 日上门找杨某追债，在杨某避而不见并与杨某的公司员工发生争吵的情况下，曾选择主动报警，从案卷材料来看，确有民警出警到场处置。民警马某对此有证言证实。这表明四人是本想通过正常途径解决债务纠纷。

此后多日，杨某一直避而不见，四人到处寻找。之后，于 6 月 11 日在他处终于找到了杨某，并与杨某一起回公司协商解决还债问题。可见，四人只想找到躲债的杨某要回借款。

从视频监控来看，双方是于 6 月 11 日 23 时 16 分左右一起回到公司，约 2 小时后，双方达成协议，并于 6 月 12 日 1 时 41 分一起离开公司出去吃夜宵。其间，双方在公司的时间仅为 2 小时左右。民警马某也证实 6 月 12 日凌晨 2 时左右安某江打电话给其说已与杨某已达成还款协议，要求民警与双方一起吃夜宵见证。民警马某为了解进展情况,确与双方一起吃了夜宵,双方当时有说有笑,并没有向其反映有被非法拘禁等可疑情况。

此后,凌晨3时左右,双方饭后又一起返回了公司。安某江等人将公司门锁上,一同在公司休息。8时左右,杨某与安某江、孙某水一同离开了公司去找有关客户筹款。之后,杨某并未能筹到款项还给安某江,双方再次返回公司楼下后,杨某一方又联系公司相关员工等人员赶来公司,与死缠索债不放的一方发生肢体冲突,双方均报警,警方赶来予以处置。

由此观之,首先,四人的行为紧紧围绕追债展开,在杨某久拖不还的情形下,不得已亲自从河南赶来深圳追债;其次,来到公司在找不到杨某的情况下报警求助;再次,在蹲守公司近一周多而杨某故意躲避的情况下,又四处寻找发现了杨某的行踪,进而带杨某一道回到公司协调解决,仅2小时左右达成意向后,安某江就联系此前协调处理的民警一起吃夜宵予以周知。再次,在杨某已答应筹款还钱的情况下,四人与杨某一道返回公司,准备跟随杨某取款。最后,一大早随杨某见客户筹款,未果,却被杨某一方召来的人员一顿打,致使其中两人不同程度损伤,又再次报警救助。综观整个过程,四人的拘禁行为时间较短,手段一般,情节显著轻微,所造成的社会危害亦不大。

第四,对于杨某在本案中的相关问题根据在案相关材料分析可知,首先,杨某在本案案发前的两三个月曾涉嫌冒充军人招摇撞骗,并且在本案案发后不久就因此而被公安机关网上追逃。其次,杨某已知四人于6月3日从外地来深追索债务后,故意避而不见,致四人对其诚信进一步失去信心。再次,6月11日,杨某被找到后回公司不得已达成了还款意向,双方一同与民警马某吃夜宵。在此期间,杨某有说有笑,并未向民警反映有被拘禁等可疑情况。又次,案件从始至终,杨某出尔反尔,对欠款一直拖欠未还。最后,杨某在侦查期间的部分陈述前后矛盾、避重就轻,可信度较低。

综上所述,安某江、孙某红、孙某水、张某凯的上述行为,结合前述相关法律及司法解释对涉及非法拘禁行为处置措施之规定,本案定性基本明了。四人的上述追债行为虽然有因不得已死缠不放之不理性行为,但与非法拘禁犯罪行为通常所要求的要件相较,依现有在案证据来看,尚有差距,拘禁行为时间较短,手段也一般,其情节显著轻微,所造成的社会危害性也不大,依据《刑法》第13条关于犯罪含义的规定,应当依法判定情节显著轻微危害不大,不认为是犯罪。故原审认定的案件基本事实虽然清楚，但唯在适用《刑法》分则条文时未充分考量总则的相关规定，在罪与非罪的判定上未能善运谦抑原则，致对非法拘禁罪法条的理解上出现偏差，机械适用，作出了对安某江等不利的判定，本院现依二审终审之裁判权依法予以纠正，并借由本案确立此后类案处理之参照案例。

裁判结果：(1)撤销深圳市宝安区人民法院(2016)粤0306刑初1714号刑事判决；(2)安某江无罪；(3)孙某红无罪；(4)孙某水无罪；(5)张某凯无罪。

判例解析：本案是针对索债型非法拘禁较为经典的无罪判例，诚如判决时说理部分所指出，本案可以成为非法拘禁罪类案裁判之参照。

关于非法拘禁的入罪标准，《刑法》分则本身未作明确规定，司法解释也付之阙如，仅最高人民检察院对于国家工作人员利用职权非法拘禁他人的定罪量刑标准做了规定，明确了以非法拘禁罪定罪处罚的六种情形（一种兜底），即非法剥夺他人人身自由24小时以上的；非法剥夺他人人身自由，并使用械具或者捆绑等恶劣手段，或者实施殴打、侮辱、虐待行为的；非法拘禁，造成被拘禁人轻伤、重伤、死亡的；非法拘禁，情节严重，导致被拘禁人自杀、自残造成重伤、死亡，或者精神失常的；非法拘禁3人次以上的；司法工作人员对明知是没有违法犯罪事实的人而非法拘禁的。其中第一种明确非法剥夺他人人身自由的时间标准是持续时间达24小时以上，其余五种虽然没有明确时间标准，但也不能认为其中对于非法拘禁的持续时间没有要求，而只不过是持续的时间较短而已。

那么，对于国家工作人员之外的普通人非法拘禁他人的，其入罪标准如何？是否仍需遵照关于国家工作人员的入罪标准执行？本案中，一审宝安区人民法院给出的结论是："对于并非是由国家机关工作人员利用职权实施的非法拘禁犯罪，并不以拘禁持续时间超过24小时为入罪条件，时间持续的长短并不影响本罪的成立，但可作为量刑情节予以考虑。"很明显，这一认定更接近于包括张明楷教授在内的理论通说的观点。

不过，二审判决没有采纳该观点。二审判决从体系解释的角度，得出了与一审判决完全不同的结论。从法律推理来看，二审判决的推理逻辑为：第一，《刑法》第238条第4款规定："国家机关工作人员利用职权犯前三款罪的，依照前三款的规定从重处罚。"这就意味着，国家工作人员利用职权非法拘禁他人，其行为的恶性较之普通人非法拘禁他人更为严重。第二，《最高人民检察院关于渎职侵权犯罪案件立案标准的规定》中对国家工作人员利用职权非法拘禁他人的立案标准作出了明确规定,包括非法拘禁他人 24 小时以上,使用械具或者捆绑等恶劣手段,实施殴打、侮辱、虐待行为,等等。第三,根据前面两点,作为非国家工作人员的普通人非法拘禁他人的入罪标准显然不应该高于国家工作人员。换言之,普通人非法拘禁他人,除了存在使用械具、捆绑、殴打、侮辱、虐待等情节外,只有非法拘禁时间超过 24 小时方构成犯罪。当然,二审判决并没有认为非法拘禁时间未超过 24 小时的不满足非法拘禁的犯罪构成,而是从法教义学的角度,从解释论的立场援引了《刑法》总则第 13 条的规定,认为未达到《最高人民检察院关于渎职侵权犯罪案件立案标准的规定》中非法拘禁罪立案标准的行为,属于情节显著轻微危害不大,不认为是犯罪。

就实体层面而言,本案有以下情节值得注意:首先,本案纯粹系因索债而引起的非法拘禁,而当事人采取非理性方式死缠不放索债的重要原因在于债务人杨某失去诚信,且一直避而不见;其次,索债之前以及过程之中,当事人多番寻求警方帮助,但无果;再次,本案自双方于 6 月 11 日晚上 11 点多回到公司起至第二天早上离开公司,中间时间不到 9 小时,中途双方达成和解后还一同吃夜宵,并且还邀请了派出所民警参加,其间双方有说有笑,并无异常情状;最后,被害人陈述对其实施了电击,但现场并未提取到电线,明显证据不足。相反,两名当事人反被杨某叫来的人打伤。可见,整个行为过程中并没有《最高人民检察院关于渎职侵权犯罪案件立案标准的规定》的其他五种情形,未达到情节严重的立案标准。

二、艾某非法拘禁案[①]

检察院认为:艾某和被害人王某存在经济纠纷。2017 年 5 月 1 日 21 时许,艾某和王某在深圳市宝安区福永街道水榭年华会所消费后,王某准备驾车离开时,艾某和“疯子”“黑凯”等人强行将王某推上车并控制在车的后排,在车上对其实施殴打并致伤,后将其至带广东省东莞市虎门镇华池酒店,艾某等人在该酒店大堂内强迫王某写了一张欠条并将一辆奔驰车作抵押后,艾某等人逃离现场,随后,艾某将奔驰车开回老家河南。同年 5 月 2 日凌晨 0 时许,被害人王某报案,民警经侦查,于 2018 年 2 月 7 日在河南省开封市将艾某抓获归案。经鉴定,

---

① 参见广东省深圳市宝安区人民法院刑事判决书,(2018)粤 0306 刑初 4619 号。

被害人王某所受损伤属轻微伤；涉案车辆价值人民币726,530元。

公诉机关认为，艾某的行为构成了非法拘禁罪，请求依法判处，并建议对其判处有期徒刑7个月至1年7个月。

法院查明：艾某和被害人王某之间存在经济纠纷。2017年5月1日21时40分许，艾某和王某在深圳市宝安区福永街道水榭年华会所消费后，王某准备驾车离开时，艾某和“疯子”“黑凯”（具体身份信息不详）等人强行将王某推上车并控制在王某的奔驰车后排座椅上。随后艾某等人驾驶王某的奔驰车于当晚22时许将王某带至广东省东莞市虎门镇华池酒店，艾某等人将王某带至该酒店大堂内，由王某向艾某书写借条一张并将其妻子吴某华名下的奔驰车一辆作抵押。23时20分许，艾某等人驾驶王某的奔驰车与王某一同离开华池酒店，并将王某放在东莞市太平派出所的金洲警务室门口，艾某等人随即驾驶涉案奔驰车离开，后王某前往该警务室报警。其后，艾某将奔驰车开回老家河南，并前往通许县公安分局刑警大队报案称其被王某诈骗几十万元，现其已将王某的奔驰车一辆予以扣押，通许县公安分局刑警大队接待警员未受理艾某的报案，建议艾某前往法院起诉二人之间的经济纠纷。

2017年5月15日，艾某向河南省开封市祥符区人民法院提起民事诉讼，请求法院判令王某、吴某华偿还借款43万元及利息，后祥符区人民法院裁定冻结王某、吴某华的银行存款43万元或查封其相应价值的财产，并将上述奔驰车予以查封，将车辆指定在艾某处保管。现该案已撤诉，涉案车辆已解封，该车尚在艾某处存放。

经鉴定，被害人王某右肩峰处肿胀；右肘后表皮脱落；右腕背稍肿；左小指甲下出血；左膝内侧、右膝内侧皮下出血、肿胀；所受的损伤属轻微伤；涉案车辆价值人民币726,530元。

案发后，保险公司已按吴某华名下的奔驰车被盗抢为由赔偿吴某华人民币653,000元。

法院认为：艾某虽因与被害人王某之间的经济纠纷而短暂地控制了王某的人身自由，但因其涉案的拘禁行为情节显著轻微危害不大，故依法可以判定为不是犯罪。具体理由如下：

首先，艾某自始供述称未殴打被害人王某。经查，王某陈述在车上时对方用枪状物将其打伤，在虎门一家酒店的大堂时对方用拳头打其胸口好几次，一个人站在其后面抓住其头发,艾某用脚踹其脚和肚子等部位。但证人欧某甲证实看到有人架着被害人往奔驰车后排座位上推,男子一直在挣扎,用脚踹车门;证人熊某甲证实其看到一辆奔驰车后排座位里有一红衣男子正在挣扎,旁边有两名男子在按着他;两名证人均无法证实被告等人有殴打被害人的行为。酒店大堂的监控录像显示,艾某等人当时系架着王某进入酒店,王某当时似乎无法独立行走,艾某等人将其带至酒店大堂的沙发上就座后,王某时而躺着休息,偶尔坐起,其中大部分时间其躺在沙发上,艾某等人在其旁边或对面的沙发上就坐,双方之间并无肢体接触,艾某等人并未对王某实施人身控制,限制其自由,王某在监控录像中的状态与艾某所称当时王某哮喘发作的情况比较吻合。且在酒店大堂时,大部分的时间仅艾某与王某二人留在酒店大堂,其余人员均陆陆续续离开、返回,且在酒店大堂的一个小时左右的时间里,监控录像亦不能证实艾某等人有殴打王某的行为,与王某所称在酒店大堂有遭到艾某等人殴打的陈述不符。伤情鉴定意见中提及王某右肩部及肢体有软组织挫伤,但该伤情亦有可能系王某在被艾某等人劫持上车时,其在极力反抗并拒绝上车的过程中被人控制、按压而产生的,在仅有王某的陈述的情况下,并不能确认其伤情系被艾某等人殴打所致。综上,本院认为公诉机关指控艾某等人对被害人实施殴打致伤的证据不足,不予认定。对于艾某没有殴打被害人的辩解以及辩护人的相关辩护意见,予以采纳。

其次,艾某因与被害人王某之间的经济纠纷而将王某劫持上车,但从艾某等人在福永街道水榭年华会所停车场劫持王某上车到抵达东莞华池酒店水疗大堂,在车上的时间共计 30 多分钟,随后艾某等人将王某带至酒店大堂。根据监控录像显示,酒店大堂系开放空间,案发时旁边有酒店服务人员及往来客人,且艾某等人与王某大部分时间均保持一定距离,并未限制王某的人身自由,亦无证据证实王某当时有呼救等行为。艾某等人虽有劫持王某上车的行为,但其在车上限制王某人身自由的时间仅 30 多分钟,随后双方就经济纠纷的协商地点为开放的酒店大堂。此外,王某虽否认二人存在债务纠纷,但根据在案证据显示,艾某在 2015 年 12 月曾出资 40 万元给王某用于工程投资,后因工程无法继续,本院仅确认双方之间存在经济纠纷。艾某在王某写下借条后将王某放在东莞一警务室门口,随后其将奔驰车开回老家河南,并前往通许县公安分局刑警大队报案称其被王某诈骗,现其已将王某的奔驰车一辆予以扣押,通许县公安分局刑警大队接待警员未受理艾某的报案，建议艾某前往法院起诉二人之间的经济纠纷，艾某又向河南省开封市祥符区人民法院提起民事诉讼，请求法院判令王某、吴某华偿还借款43万元及利息，并将涉案车辆提交法庭请求查封，法院后将车辆予以查封。上述行为表明艾某此前拘禁行为的目的系想通过借条的形式明确双方的债权债务并设置抵押物，其事后前往公安机关报警、法院起诉的行为亦系想通过正常法律途径解决债务纠纷。综观整个过程，艾某等人的拘禁行为时间较短，手段一般，情节显著轻微，所造成的社会危害亦不大。

综上所述，艾某的上述行为，虽然有因不得已死缠不放之不理性行为，但其行为与非法拘禁犯罪行为通常所要求的要件相较，尚有差距，拘禁行为时间较短，手段也一般，其情节显著轻微，所造成的社会危害性也不大，依据《刑法》第13条关于犯罪含义的规定，应当依法判定情节显著轻微危害不大，不认为是犯罪。

裁判结果：艾某无罪。

判例解析：本案系深圳市中级人民法院在作出上述安某江等无罪的判例之后，宝安区人民法院做出无罪宣告的一起非法拘禁案。从判决说理来看，显然宝安区人民法院已经接受了深圳市中级人民法院的观点。

从证据层面看，本案有以下地方值得注意：首先，王某右肩、右肘等处有肿胀、皮下出血，构成轻微伤，有鉴定意见予以证明。然则，王某的伤情是否系艾某殴打所致仍需要充分证据予以证明。对此两名证人看到车内有人在挣扎，但并未看到殴打行为。酒店监控录像显示王某大多数时间在沙发上躺着休息，与艾某并无肢体接触。王某陈述在酒店内遭到殴打与监控录像显示情况不符。综合证据情况看，首先，不能排除（或者说更有可能）王某的伤情是在被架上车时反抗挣扎所致，不能得出系被殴打所致的结论；其次，本案中非法拘禁的过程主要是艾某将王某强行劫持上车并带到东莞的过程，但整个过程仅30多分钟，之后双方便到了开放的酒店大堂内，其间王某的人身自由并未被限制；最后，从艾某将王某带到派出所门口放下，开车回到河南后立即报警，随即又到法院提起民事诉讼这一连续的行为来看，艾某的行为虽存在不理性之处，但其此番讨债行为迫于无奈之情状，以及寻求法律框架内救济之竭力，已至为明显。如此行为，自不能以犯罪论处。

三、张某非法拘禁案①

检察院认为:2012 年 1 月 13 日至 2012 年 1 月 21 日,张某为索要债务,在被害人栗某某家门口将栗某某堵住后,分别于张家口市桥西区西沙河大街兴盛旅馆、新华街鑫隆旅馆、头道兴隆巷宝兴旅馆、新华街新盛旅馆及张家口市桥东区商务街广元旅社等地非法剥夺被害人栗某某人身自由,强行让栗某某找出办法解决所欠债务问题,直至被害人栗某某被公安机关解救。张某为索要债务非法剥夺他人人身自由,构成非法拘禁罪,请依法判处。

张某认为其不构成非法拘禁罪,辩称:(1)系栗某某提议去旅馆商量还钱的事;(2)张某需要照顾孩子,晚上均不在旅馆,未限制栗某某人身自由;(3)在 2012 年 1 月 13 日至 2012 年 1 月 21 日期间张某同栗某某一起去过公安局,警察告诉栗某某其是自由的,可以回家,但他自己不愿意回家。

法院查明:2012 年 1 月 13 日至 2012 年 1 月 21 日,张某为索要债务,在被害人栗某某家门口将栗某某堵住后,其与张某甲(系张某父亲)分别在张家口市桥西区西沙河大街兴盛旅馆、新华街鑫隆旅馆、头道兴隆巷宝兴旅馆、新华街新盛旅馆及张家口市桥东区商务街广元旅社等地入住由栗某某选择的宾馆,并由栗某某支付相应费用,同进同出。外出就餐时亦由栗某某负责结账。栗某某通过打电话、找朋友帮忙等办法解决所欠债务问题,其间(2012 年 1 月 17 日)栗某某与张某、张某甲曾到公安机关解决栗某某与张某之间的债务纠纷,公安机关民警对双方进行了教育并告知双方依法解决债务问题。至 2012 年 1 月 21 日公安机关接到报警称栗某某在张家口市桥东区商务街广元旅社被非法拘禁,赶到现场后,发现在场人员为张某甲、张某乙(系张某长女)、栗某某,栗某某无体表外伤,没有被殴打迹象。公安干警电话通知张某到达现场后,将四人带回张家口市公安局桥东区分局花园街派出所。

法院认为:以拘押、禁闭或者其他强制方法,非法剥夺他人人身自由的行为构成非法拘禁罪。构成本罪的客观要件为非法剥夺他人身体自由,主观要件为有以剥夺他人人身自由为目的的故意。本案中张某及其父亲张某甲在跟随栗某某索要债务的过程中,依照现有证据查明从入住的宾馆,到餐饮地点均是由栗某

---

① 参见河北省张家口市桥东区人民法院刑事判决书,(2017)冀 0702 刑初 82 号。

某自由选择，张某无非法限制栗某某人身自由的行为，帮助张某一直跟随栗某某的张某甲在案发时系64岁且有病在身的老人，其行为及身体情况均不足以非法拘禁栗某某。且张某此跟随行为未对栗某某造成严重后果。从主观上看，张某自2012年1月13日至2012年1月21日跟随栗某某的目的是索要栗某某所欠其的借款，并无非法限制栗某某人身自由的主观故意。综上，本院认为认定张某的行为构成非法拘禁罪的证据不足，公诉机关指控的罪名不能成立。张某及辩护人的辩护意见，本院予以采纳。

裁判结果：张某无罪。

判例解析：本案系典型的跟随式索债行为。行为人以索债为目的，全程与债务人同进同出、紧密跟随。诚然，这种行为会给债务人带来不便并产生厌烦心理，行为人也正是利用由此给债务人带来的压力求得债权实现。但是，这种跟随式索债行为是否构成非法拘禁罪？对于该问题本案判例从主客观两方面分析得出了明确结论。主观方面，行为人是以索取债务为目的而紧紧跟随债务人，并没有限制债务人人身自由的主观目的；客观方面，债务人出入宾馆、用餐等均由其自由选择，人身自由并未受到限制。同时还需注意的一点是，帮助张某一直跟随的张某甲系有病在身的退休老人，客观上也缺乏限制债务人人身自由的能力。

四、吴某非法拘禁案①

检察院认为：2004年12月25日9时许，吴某为索要欠款，驾车将被害人曹某带至唐山市路北区大城山内无人之地，采取语言威胁、持刀威胁、暴力殴打的方式，要求被害人曹某先拿出5万元，直至当日14时许，吴某将被害人曹某带至路北区某小区19楼吴某住处的楼下，被害人曹某妻子李某赶至此处，答应吴某提出的当日19时之前将5万元交来的要求后，吴某才将曹某放离。

证据摘录(部分)：

1. 案件来源、报案材料证实：2008年8月24日，被害人曹某报案称2004年12月25日9时许，吴某伙同“小伟”从煤医道市场将其带至车上，后吴某将其拉至路北区大城山内，对其进行殴打、威胁，逼迫其替其兄曹某乙还债，直至当日16时才将其放离。当晚7点曹某把5万元凑齐给吴某送去了。

---

① 参见河北省唐山市路北区人民法院刑事判决书，(2011)北刑初字第312号。

……

3. 吴某的供述:(在向曹某追要欠款过程中)从来没有过(违法犯罪行为),我光明磊落。我不认可(曹某提供给侦查机关的录音),我不承认。因为这张光盘不合法,所以我不支持。因为这光盘上的内容是在未经我同意的情况下非法窃取的,也非常容易做假,断章取义,歪曲事实,我知道最高人民法院有过回复,不经过当事人同意,私自录音不能当作证据使用。

(我用汽车)就拉过一次(曹某),好几年了。具体哪年的记不清了。我从我家开着以前曹某乙的宝来轿车拉着曹某来过一次路北区分局,那天是星期天,我想把曹某交给经济犯罪侦查大队,但我没见到办案人,我俩没做停留,我直接把他送回家了,在到分局之前和之后,我俩没去过别的地方。我和曹某没去过大城山,从来没有威胁殴打过曹某,没有限制过曹某人身自由。

2004 年 12 月 25 日,曹某还了我 5 万元,那天晚上 7 点左右,曹某给我打电话,当时我在路北区某小区 19 楼 2 门 8 号居住,他说钱拿过来了,让我下楼去找他取,我让他上楼找我,然后他和他老婆李某敲门进了我家,还了我 5 万元,我也清点了,然后我们商定过后去公证处走公证程序,所以我收下钱之后,也没给他打收条。曹某是自愿给我送钱的,在这之前,我和曹某协商好了,去路北分局经侦大队解决他还我钱的事,所以在 2004 年 12 月 25 日下午 2 点左右,我下楼走到我家楼下处的板房(音像店)时碰见他,之后,他自愿和我一起坐我的宝来车直接来经侦大队了,到经侦大队后,到接警办公室发现关着门,没人,我俩便在楼道里最南头的沙发上坐着谈还钱的事情,等了有一个多小时,也没等到经侦大队的民警,我和曹某便走了,我开车拉着他直接到了我家附近,也是他家附近,然后他下车走了,一直到晚上 7 点左右他和他老婆去我家送那 5 万元,事情经过就是这样。

其实这录音就是我俩在经侦大队过道在沙发上坐着时他偷偷录下来的,里面奇怪的声响是从经侦大队的楼的二层的其他房间传出来的。录音内容是不是我俩的谈话内容我辨别不好。我从始至终没有任何违法之处。我不认识“小伟”,没听说过“小伟”这人。

4. 曹某的陈述:吴某于 2004 年 12 月 25 日从我手中敲诈勒索人民币 5 万元。第二次是 2004 年 12 月 25 日早上 9 点,吴某和一个叫“小伟”的又到我家商店找到我,把我叫到他的车上,问我准备好钱了吗? 我说没准备好。他说我是自己找死，怨不着别人。说完吴某就开车走，准备带我到路北公安分局，但车却开到大城山公园里。半道"小伟"下车了，把我拉到一个没人的角落，他就让我下车，并从车上拿下一把一尺来长的刀子，让我跪地上，但我没跪，他就用拳头打我头部，一边打一边说明年的今天就是我的祭日，并说曹某乙怎么样，不也让我收拾了。一直到下午2点，他始终不停地打我，打累了他就坐在车上歇会，我也不敢跑。我有录音光盘为证。到下午2点，他开车把我拉到他家楼下，当时"小伟"已到了，他让"小伟"打电话把李某叫来了，他又恐吓我妻子，说今晚7点5万元必须拿来，如果不给就杀你们全家，说完就让我俩找钱去了。当时我妻子非常害怕，就从她妹妹李某丙那借了5万元，晚上7点送到吴某家。

5. 证人李某（曹某之妻）证言：吴某将曹某带走后，一直未与其联系上（此处与被害人曹某陈述不一致）。下午2点吴某打电话要5万元。过了一个小时，"小伟"打电话，让到吴某家楼下。晚上7点把钱送到吴某家。

6. 证人平某（曹某朋友）证言：好几年前的一天，我给曹某打电话时他没接，这事本来挺正常，但后来记不清过了多长时间，我俩再联系的时候，他告诉我说是吴某带人把他带走了，我问为什么，他简单说了一下，意思是因为他哥向吴某借钱的事，正因为他对我说这事，我才对他没接我电话的事一直有印象，但当时具体情况我真的想不起来了。

……

14. 路北分局刑警大队出具的情况说明：2008年8月25日，曹某向我局刑警大队报案时，向办案人员李某东、朴某出具光盘一张，称该光盘上的内容是从其录音笔上下载出的他受害时录制的与吴某的对话内容。2010年7月14日，曹某向我局刑警大队办案人员王某星、王某刚提供其案发时所用的录音笔。该录音笔为译迅通牌，经我局与多家部门联系，该录音笔由于内容被覆盖，不能直接做音频鉴定，后我局遂用曹某提供的光盘，在提取了吴某和曹某的声音后，委托专门机构进行了音频鉴定。

法院认为：公诉机关指控吴某涉嫌于2004年12月25日9时许直至当日14时许在唐山市某区大城山，采取语言威胁、持刀威胁、暴力殴打的方式非法拘禁被害人曹某的主要事实，并提供了被害人曹某的陈述、视听资料及证人李某的证言等证据予以证明。本案的视听资料是侦查机关从被害人曹某录音笔刻录的光盘中提取的，是被害人曹某称在犯罪现场用录音笔记录的声音资料，录音资料能够证实被害人曹某被语言威胁、持刀威胁、被殴打,但录音笔记录声音的时间及地点均未提及,无法确定是否是案发现场的录音,且录音笔中资料已被覆盖,无法还原,故此录音资料系存有疑点并无法与原件核对的复制品,不能单独作为认定案件事实的依据;证人李某的证言与被害人曹某的陈述不完全相符,且证人李某与被害人曹某系夫妻关系,其证言的真实性不足以完全采信;证人平某的证言,系传来证据,其真实性不足以采信;仅凭被害人曹某的陈述不能完全认定案件事实。综上,公诉机关指控吴某犯非法拘禁罪的证据不足,指控罪名不能成立。吴某提交的证实其没有作案时间的证据,时间间隔长达近 7 年,唐山市路南区清真饭馆李某乙的证明材料及收据的真实性不能认定,故本院不予采信。因公诉机关指控吴某犯非法拘禁的罪名不能成立,故对刑事附带民事诉讼原告人的诉讼请求不予支持。

裁判结果:吴某无罪。

判例解析:本案系证据不足的存疑无罪判例。检察院指控吴某犯非法拘禁罪的主要事实是吴某驾车将债务人带至山区无人之处,持刀威胁、殴打逼迫还钱。从案件来源看,本案便较为反常,指控的行为发生在 2004 年 12 月,但被害人直到 2008 年 8 月才向公安局报案,时隔已近 4 年。为何相隔如此之久,没在第一时间报案,值得怀疑。在证据方面,本案的主要客观证据是曹某提供的一份录音,对此曹某称是事发现场的录音,能证实其被威胁、殴打之事实;吴某则称录音是曹某在经侦大队过道沙发上坐着时偷录的,里面奇怪的声响是从经侦大队的楼的二层的其他房间传出的。双方陈述存在明显差异,需要证据进一步证明。但该录音存在两方面的问题:一是未显示录音时间及地点,无法确定是否是案发现场的录音;二是该份录音光盘系从曹某的录音笔上刻录的,系复制件,而作为原件的录音笔中的内容已经被覆盖,复制件无法与原件核对。因此,该录音资料系存有疑点并无法与原件核对的复制品,不符合证据的真实性要求,不能单独作为认定案件事实的依据。证人证言方面,李某因与曹某系夫妻关系,其证言本身证明力不足,更何况还有与曹某陈述相矛盾之处。平某的证言系事后与曹某打电话时听曹某陈述得来,属传来证据,不能作为定案依据。

五、韩某、罗某方、刘某非法拘禁案[①]

检察院认为：2015 年 4 月 8 日至同年 9 月 18 日期间，被害人何某向被害人杨某甲借款共计人民币 17 万余元未按期偿还。2016 年 3 月 17 日，杨某甲找到韩某帮忙收取借款，并约定按照实际收债金额的 35% 作为费用。同年 3 月 18 日下午 2 时许，韩某安排罗某方、刘某等人到何某位于中山市东区起湾金湾路 27 号的家中追讨借款未果，遂将何某带至东区亨尾微贷网三楼大厅进行非法拘禁，次日下午 5 时许才将其释放。

同年 3 月 23 日下午 1 时许，韩某将被害人何某、杨某甲约至东区亨尾微贷网三楼大厅，询问何某是否私下还款人民币 7000 元给杨某甲。在何某、杨某甲否认后，韩某遂以杨某甲无诚信为由，与罗某方、刘某使用矿泉水瓶殴打何某、杨某甲，并要求他们交出 7000 元。杨某甲被迫向陈某借款人民币 7000 元并通过微信转款给韩某，当日下午 3 时许韩某收到钱款后才放杨某甲、何某离开。公诉机关认为，韩某、罗某方、刘某为索取债务结伙非法拘禁他人，具有殴打情节，均应以非法拘禁罪追究其刑事责任。

法院查明：2015 年 4 月 8 日至同年 9 月 18 日期间，被害人何某向被害人杨某甲借款共计人民币 17 万余元未按期偿还。2016 年 3 月 17 日，杨某甲找到韩某帮忙收取借款，并约定按照实际收债金额的 35% 作为费用。同年 3 月 23 日 13 时许，韩某、何某、杨某甲约至微贷网三楼大厅就何某是否已私下还款 7000 元给杨某甲之事进行对质。开始时，何某、杨某甲均否认此事。杨某甲电话告知父亲杨某乙他被人困住。杨某乙及杨某甲的叔叔杨某丙遂前往微贷网三楼。后何某改口称已私下还款 7000 元给杨某甲，杨某甲向陈某借款人民币 7000 元并通过微信转款给韩亮。韩某收到钱款后，杨某甲、何某等人离开。

同年 3 月 25 日，公安人员在深圳市将韩某抓获归案。后由韩某电话通知，同日将罗某方、刘某抓获归案。

法院认为：1. 关于 2016 年 3 月 18 日至 19 日非法拘禁的事实

经查，罗某方、刘某均供述在这段时间不在中山市区，被害人何某、杨某甲均未能明确指认出罗某方、刘某系该期间非法拘禁何某的男子，证人证言也仅证明

---

① 参见广东省中山市第一人民法院刑事判决书，(2016)粤 2071 刑初 2818 号。

当日曾有人向何某追债,事后公安机关多次要求何某及家属到案补充,但何某等人一直拒绝配合。杨某甲陈述何某告诉他是被韩某所拘禁,但并未提供确凿证据,而韩某对此予以否认。如何某、杨某甲陈述属实则他们手机中有何某被拘禁期间的微信视频,但何某声称视频被删除且手机已卖掉,而杨某甲则不愿提供手机供公安机关勘查,此点令人存疑。根据疑点利益归于被告的原则,公诉机关对韩某、罗某方、刘某在此期间构成非法拘禁罪的指控,因证据不足,不能成立。

2. 关于2016年3月23日非法拘禁的事实

经查,首先,杨某甲委托韩某向何某追讨欠款。何某、杨某甲均系主动到微贷网三楼商谈何某向杨某甲还款事宜;其次,何某、杨某甲均供述在此期间,韩某要求何某、杨某甲对质款项并让杨某甲还钱,而未提及二人被人非法拘禁;再次,证人杨某乙、杨某丙陈述杨某甲打电话说自己被人困住,但当他们到现场附近时,是杨某甲从三楼窗口看见他们并喊他们上去,他们上去后发现是在商谈还款事宜;最后,韩某、罗某方、刘某均否认有非法拘禁的行为,且罗某方、刘某供述他们是在杨某乙、杨某丙之后才到现场。综上,对此期间的非法拘禁事实,仅有杨某甲的陈述,根据疑点利益归于被告的原则,公诉机关对韩某、罗某方、刘某在此期间构成非法拘禁罪的指控,因证据不足,不能成立。

3. 关于被害人杨某甲曾系库充派出所辅警的事实

经查该情况属实,但本院认为侦查机关在办案程序上无瑕疵,不影响本案证据的认定。

综上,本院评议认为,公诉机关对韩某、罗某方、刘某构成非法拘禁罪的指控,因证据不足,不能成立。

裁判结果:韩某、罗某方、刘某无罪。

判例解析:本案系讨债公司员工被控非法拘禁的案例,检察院指控的核心事实有两处:一是韩某等人接受债权人杨某甲的委托,为讨债而将债务人何某非法拘禁;二是在得知何某有私下还款行为后,将何某、杨某甲一并拘禁。

关于何某被非法拘禁一节,在证据方面,证人证言仅证明当日有人向何某追债,而对于被拘禁的事实,何某本人及其家属拒绝配合公安机关提供证据,此情形令人存疑。同时,法院根据正常推理,认为若何某陈述属实,其手机内应有当日被非法拘禁的视频,但何某拒绝提供,且声称视频已删除,手机已卖掉。对于如此重要的直接证据,陈述已将之删除本身已是轻率之举,还进一步称连手机都已经卖掉，如此完全不留余地的做法，实在有违常理。同时，杨某甲也不愿提供手机供公安机关勘察，其行为亦令人生疑。根据疑点利益归于被告的原则，法院对该节指控不予认定。

关于何某、杨某甲被非法拘禁一节，首先，该节指控主要依据的是主观证据，缺乏客观证据；其次，何某、杨某甲系主动到场商谈还款事宜，其供述中亦称是韩某要求其对还款一事进行对质，未提及非法拘禁一事；最后，作为外部证人的杨某乙、杨某丙，在接到杨某甲称被人困住的电话赶到现场之后，发现是在商谈还款事宜。

另需指出的是，债权人、债务人见面商谈还款事宜，与债权人将债务人非法拘禁，两者间是存在明显差异的。见面商谈，尤其是在商谈陷入僵局的时候，可能出现双方一时之间没能离开的情况。但是，非法拘禁的认定，必须考量债权人的行为是否达到了足以限制债务人人身自由，足以使得债务人不敢离开或无法离开的程度。如果未达到这种强制程度，则不能认定为非法拘禁。

六、廖某、简某非法拘禁案①

检察院认为：从 2015 年 8 月始，由被害人姚某担保，廖某陆续借给陈某人民币 19.7 万元。2015 年 9 月 24 日 9 时许，廖某为追讨债务，伙同同案人谢某某等人将姚某强行从邵阳市大祥区红旗路百步蹬地段挟持至其位于邵阳市双清区城东乡百合村的家中，途中廖某等人对姚某实施了殴打。同日 10 时 30 分许，到达廖某家楼下时，简某（廖某之子）对姚某实施了推搡。在廖某授意下，简某起草了一份向廖某出具的 20 万元的欠条，并要求姚某照抄。同日中午廖某、简某与姚某等人在双清区“矮子饭店”吃饭，并与陈某商谈还款事宜。饭后，廖某、简某等人继续挟持姚某指认陈某的住处。当日 20 时许，廖某再次将姚某带至其家中，由廖某、简某对其实施看守。当日 21 时许，姚某借解手之机逃脱。2016 年 7 月 13 日，廖某向公安机关投案。检察院认为，廖某、简某的行为已构成非法拘禁罪，提请依法判处。

法院查明：从 2015 年 8 月始，由被害人姚某担保，廖某陆续借给陈某人民币 19.7 万元。2015 年 9 月 24 日 9 时许，廖某为追讨债务，伙同同案人谢某某等人

---

① 参见湖南省邵阳市大祥区人民法院刑事判决书，(2016)湘 0503 刑初 227 号。

将姚某强行从邵阳市大祥区的红旗路百步蹬地段挟持至其位于邵阳市双清区城东乡百合村的家中，途中廖某等人对姚某实施了殴打。同日10时30分许，到达廖某家楼下时，简某（廖某之子）因知情姚某与其母亲有不正当的男女关系，现在又骗了母亲的钱不还，气愤之下对姚某实施了推搡。10分钟后，廖某等人带姚某到廖某自己家里。在廖某授意下，简某起草了一份向廖某出具的20万元的欠条，并要求姚某照抄。同日中午廖某、简某与姚某等人在双清区“矮子饭店”吃饭，并与陈某商谈还款事宜。饭后，因陈某先行离开，廖某等人继续挟持姚某指认陈某的住处。当日20时许，廖某再次将姚某带至其家中商量还钱事宜，家中只有廖某、简某对姚实施看守。当日21时许，姚某假借解手之机逃脱。在2015年10月12日公安机关对姚某被非法拘禁一事立案的当日，经办案民警口头传唤，简某主动到邵阳市大祥公安分局配合调查。2016年7月13日，廖某主动向公安机关投案，并如实供述了上述事实。

法院认为：廖某为追讨债务，伙同他人共同非法限制被害人的人身自由，其行为已构成非法拘禁罪。公诉机关指控的罪名均成立，本院予以确认；案发后，廖某主动向公安机关投案，并如实供述了自己的罪行，系自首，依法可以从轻或者减轻处罚。在共同非法拘禁犯罪中，廖某起主要作用，系主犯；简某事先并未与其母亲廖某共谋，对其母亲非法拘禁被害人的行为并不知情，主观上没有犯罪的故意，其在自己家楼下对被害人实施推搡、要求被害人按其写好的格式出具借条、与其母亲一起就还钱问题在家中与被害人交涉等行为，是基于被害人与其母亲廖某存在不正当两性关系之气愤，及为了替母亲追讨出借款的急迫心理而实施的行为，为人之常情，并不过分。此案中被害人存在一定的过错责任。根据本案中的起因、相关事实与情节、社会危害大小、社会影响恶劣程度及拘禁的时间长短、案发的地点等因素，本院认为简某在本案中的情节显著轻微，危害不大，符合法律规定的“不认为是犯罪”的情形。

裁判结果：（1）廖某犯非法拘禁罪，判处有期徒刑6个月12天；（2）简某无罪。

判例解析：本案中，廖某构成非法拘禁罪，主要原因在于廖某将姚某强行弄上车带至其家中，途中还对姚某实施了殴打行为，致使姚受轻微伤。之后继续将姚某挟持在家中，还有人看守。参照《最高人民检察院关于渎职侵权犯罪案件立案标准的规定》中有关国家工作人员非法拘禁罪立案标准的规定，廖某的行为构成非法拘禁罪当无疑义。

本案值得注意的是廖某的儿子简某是否构成犯罪？简某事前与廖某并无通谋，其对姚某推搡，起草欠条让姚某照抄，对姚某实施看守，客观上虽对廖某的非法拘禁行为起到了帮助作用，属于事后加入的帮助犯。但本案存在的特殊之处是，廖某与姚某具有不正当男女关系，对作为儿子的简某而言，面对给其父亲“戴绿帽子”的姚某，其无疑是十分气愤的。加之姚某对廖某欠钱不还，更强化了他这一愤愤不平的心理。本案判决非常值得肯定的一点是，裁判者认为简某“基于被害人与其母亲廖某存在不正当两性关系之气愤，及为了替母亲追讨出借款的急迫心理而实施的行为，为人之常情，并不过分”。对于刑事案件的评判，存在当事人视角和理性人视角两种不同的判断方法，所谓当事人视角，是指裁判者将自身代入当事人当时所面临的情境之中，再对当事人的行为进行考察与评判；而理性人视角，则是以一个局外人的立场，以理性人的姿态对当事人的行为进行考察与评判。通俗地讲，可以认为理性人视角是“事后诸葛亮”，是一种“上帝视角”。在刑事司法中，要对当事人的行为作出公正评价，应该也只能采取当事人视角。现实中很多案件之所以引发民意强烈反弹，就在于裁判者采取的是事后诸葛亮式的理性人视角。本案中，简某在行为当时所面临的主客观情境是：在面对给父亲戴“绿帽子”，又对母亲欠钱不还的债务人时，正常人会如何行动？裁判者则站在简某的角度，认为简某的行为是人之常情，并不过分，从而得出简某的行为情节显著轻微、不构成犯罪的结论，也因此让这份判决具有了温度。

李　华

盈科律师事务所创始合伙人、盈科全国业务指导委员会主任。

李华律师作为盈科全国业务指导委员会主任，负责盈科体系内的专业化建设，带领盈科律师，构建出完整的专业化法律服务体系，包括研究院、专业委员会及综合性法律中心，推动盈科律师专业化的法律服务，以适应法律服务市场不断细分的需要。在此基础上，通过集成各专业委员会纵深化的法律服务能力为客户提供综合性的法律服务。

曾荣获全国律师行业优秀党员律师、北京市优秀律师、朝阳区优秀律师、朝阳区首届优秀女律师、朝阳区优秀党员的荣誉称号。

本书作者简介

刘 高

中国政法大学法学硕士，现为执业律师，盈科长沙金融证券与基金法律事务部副主任，在《法学家》《民事审判指导与参考》等核心刊物发表论文十余篇，获中国消费者协会2018年度“最美消费维权人物”提名，擅长于金融证券领域，在金融证券民商事争议解决、行政诉讼及金融犯罪辩护等方面有深入研究和丰富经验。

YINGKE® 盈科